पटना

खोया हुआ शहर

अरुण सिंह

वाणी
प्रकाशन

पेपरबैक प्रथम संस्करण : 2019
पेपरबैक द्वितीय संस्करण : 2021
पेपरबैक तृतीय संस्करण : 2026

vaniprakashan.com

वाणी प्रकाशन

4695, 21-ए, दरियागंज, नयी दिल्ली-110 002

फ़ोन : + 91 11 23273167, 23275710

शाखाएँ

अशोक राजपथ, पटना-800 004, बिहार

कॉफ़ी हाउस कैम्पस, महात्मा गांधी मार्ग, प्रयागराज-211 001, उत्तर प्रदेश

महात्मा गांधी अन्तरराष्ट्रीय हिन्दी विश्वविद्यालय, वर्धा-442 001, महाराष्ट्र

sales@vaniprakashan.in
vaniprakashan@gmail.com

PATNA : KHOYA HUA SHAHAR
by Arun Singh

ISBN : 978-93-88434-21-8
Culture/History/Art

मूल्य : ₹ 299

स्केच : संजय सिंह

सिटी प्रेस, दिल्ली-110 095 में मुद्रित

वाणी प्रकाशन का लोगो मक़बूल फ़िदा हुसैन की कूची से

'हिन्दुस्तान में भी बहुत कम ऐसे स्थान हैं जिनके पास पटना की तरह ऐतिहासिक स्मृतियाँ हैं। मीर कासिम के शिकार पीड़ितों के ख़ून से सनी मिट्टी के नीचे उस प्राचीन बौद्ध राजधानी पाटलिपुत्र के खंडहर हैं, जिसकी महानता की भविष्यवाणी बुद्ध ने अपनी मृत्यु के कुछ महीने पहले की थी।'

—वाल्टर केली फ़र्मिंगर 'द डायरी ऑफ़ थ्री सर्जन ऑफ़ पटना' में।

प्रस्तावना

(तृतीय संस्करण)

इतना समय बीतने के बाद भी इस पुस्तक की माँग पाठकों के बीच बनी हुई है, यह सुखद अनुभूति है। शायद इसका अर्थ यह है कि इस दौड़ती–भागती दुनिया में भी लोग कुछ पलों के लिए ठहर कर अपने अतीत की एक झलक पा लेने को उत्सुक हैं। कुछ मायनों में इस पुस्तक का स्रोत भी अपने शहर को लेकर मेरी ख़ुद की उत्सुकता रही है। और यह विश्वास भी कि अतीत में झाँक कर हम ख़ुद को पहचान पाते हैं और समृद्ध होते हैं।

तीसरा संस्करण आपके हाथों में है। दूसरे संस्करण में मैंने पुर्तगालियों के पटना आगमन पर दो चैप्टर जोड़े थे। यह मैंने पाठकों के सुझाव पर किये थे। किताब में पटना में ट्राम चलाने की योजना पर एक चैप्टर है। यह चैप्टर मैंने नक़्श–ए–पैदार के हवाले से लिखा था। बाद के दिनों में शोध के दौरान यह स्पष्ट हुआ कि पटना में ट्राम का परिचालन 1886 ई. से लेकर 1903 ई. तक होता रहा। खराब प्रबन्धन, ट्राम की धीमी गति और विलम्ब से चलना इसके बन्द होने का कारण बना। वर्तमान संस्करण में पिछले संस्करणों में मौजूद इससे जुड़ी त्रुटि को सुधार दिया गया है। पटना पर मेरी एक दूसरी पुस्तक *पटना : भूले हुए क़िस्से* में इस पर एक विस्तृत चैप्टर भी है।

आप सभी पाठकों का शुक्रिया। साथ ही वाणी प्रकाशन की कार्यकारी निदेशक अदिति माहेश्वरी गोयल और उनकी टीम का भी आभारी हूँ।

अरुण सिंह

हर्मिटेज
बोरिंग–पाटलिपुत्र रोड
पटना–800013
दिसंबर, 2025

बल्कि सुदूर गंगा के किनारे बसे पटना सहित बंगाल के अन्य पूर्वी और पश्चिमी इलाकों में थे।

इस संस्करण में हिन्दुस्तान और पटना में पुर्तगालियों की उपस्थिति पर दो चैप्टर शामिल किये गये हैं। विश्वास है—पाठकों को ये नये चैप्टर पसन्द आयेगे।

दूसरा संस्करण आपके हाथों में है। आप सभी पाठकों का शुक्रिया। साथ ही मैं वाणी प्रकाशन का भी कृतज्ञ हूँ जिन्होंने तत्परता दिखाते हुए दूसरा संस्करण लाने में देरी नहीं की।

अरुण सिंह

प्रस्तावना

(प्रथम संस्करण से)

मैं पैदा तो दुमका में हुआ लेकिन दो वर्ष की उम्र में पिता के तबादले के साथ पटना आ गया था। पटना आने के दो वर्ष के भीतर ही पिता का कैंसर से निधन हो गया। पिता रहे नहीं, इसलिए अब कहीं तबादला भी नहीं होना था–सो पटना का होकर रह गया।

घर में आने वाले अख़बारों में कलकत्ता (अब कोलकाता) से प्रकाशित 'द स्टेट्समैन' भी होता था। उसमें एक साप्ताहिक कॉलम होता था, जो मुझे बेहद प्रिय था। उस कॉलम में कलकत्ता के ऐसे इमारतों के स्केच और उनकी जानकारी होती थी जो ऐतिहासिक होने के साथ–साथ वास्तुशिल्प के लिहाज़ से भी महत्त्वपूर्ण थे।

तब पटना में भी ऐसे कई मकान थे। गाँधी मैदान के चारों ओर, उससे सटे फ्रे़ज़र रोड, एक्ज़ीविशन रोड, बाँकीपुर में कई ऐसी इमारतें थीं। ये इमारत ऐसे थे जो स्थापत्य या ऐतिहासिक दृष्टि से महत्त्वपूर्ण थे। पटना में रह रहे अंग्रेज़ों, यहाँ के रईसों, नवाबों, ज़मींदारों और शौक़ीन लोगों ने जो मकान बनवाये थे, उनमें उन लोगों ने यहाँ की जलवायु और यहाँ के परिवेश का पूरा–पूरा ख़याल रखा था।

इन इमारतों के सामने सड़क से गुज़रते हुए एक अजीब–सी अनुभूति होती थी। यद्यपि पटना उन दिनों इतना विकसित नहीं था। फिर भी गोथिक, ग्रीक, इण्डो–इस्लामिक और इण्डो–सेरासेनिक शैलियों में बने ये अद्भुत भवन शहर की गरिमा को बढ़ाते थे। बड़े–बड़े अहातों में बने उन मकानों को हम पहचान सकते थे। किन्तु धीरे–धीरे कुकुरमुत्तों की तरह बेढंगी इमारतों का बनना शुरू हुआ। पुरानी इमारतें नेपथ्य में जाने लगीं या फिर उन्हें बेदर्दी से तोड़ दिया जाने लगा। ये एक–एक कर लुप्त होती चली गयीं।

जब मैं पत्रकारिता के पेशे में आया तो 'नवभारत टाइम्स' के स्थानीय सम्पादक अरुण रंजन ने मुझे पटना की वैसी जगहों, इमारतों के बारे में लिखने को कहा जो ऐतिहासिक या सांस्कृतिक दृष्टिकोण से महत्त्वपूर्ण थे। यह सिलसिला ज़्यादा दिनों तक नहीं चल सका। अरुण रंजन का स्थानान्तरण नयी दिल्ली नवभारत टाइम्स में हो गया और मेरा लिखना बन्द हो गया।

नब्बे के दशक में जब 'प्रभात ख़बर' का पटना संस्करण शुरू हुआ तो उसके प्रधान सम्पादक हरिवंश ने मुझे ठीक वैसा ही कॉलम शुरू करने को कहा जैसा 'द स्टेट्समैन' में छपता रहा था। 'द स्टेट्समैन' में छपे स्केच बहुत ख़ूबसूरत हुआ करते थे। उन्हें शायद रथिन मित्र बनाया करते थे। पटना में संजय सिंह भी पटना की इमारतों के स्केच बना रहे थे। मेरे कॉलम में उन्हीं के स्केच होते थे। तब मैं यह कॉलम ज़्यादा दिनों तक जारी नहीं रख सका था।

फिर करीब पाँच वर्ष पहले एक सुबह 'प्रभात ख़बर' के रजनीश उपाध्याय का फ़ोन आया। 'हिस्ट्री एण्ड हेरिटेज' नाम से शुरू हुए साप्ताहिक कॉलम का ज़िम्मा मुझे दिया गया था। इस बार यह सिलसिला शुरू हुआ तो करीब साढ़े चार वर्षों तक चला। शोध के क्रम में जैसे–जैसे मैं इतिहास के पन्ने पलटता, एक नया पटना सामने दिखता। पटना के लिए मेरा प्यार बढ़ता चला गया। मैं पटना को अब तक कितना जानता था! वी. एस. नायपॉल कहते भी हैं, 'विथ नॉलेज अप्रेसिएशन ग्रोज़।'

इस पुस्तक में उसी कॉलम में छपे आलेखों का संग्रह है। यह पुस्तक वरिष्ठ रंगकर्मी अनीश अंकुर और वाणी प्रकाशन की निदेशक अदिति माहेश्वरी गोयल के कारण सम्भव हो सकी है। मैं इन दोनों का आभारी हूँ। इसके साथ ही मैं जन सरोकार से जुड़े सामाजिक कार्यकर्ता ग़ालिब, रंगकर्मी जयप्रकाश और विनीत का भी आभारी हूँ। इन लोगों ने उत्प्रेरक का कार्य किया।

दक्षा वैदकर विभूते और मोईन आज़ाद को मैं कैसे भूल सकता हूँ। इन्होंने कॉलम की निरन्तरता बनाये रखने में मेरी मदद की। मैं अपनी पत्नी चंचल सिंह का आभारी हूँ जिनकी वजह से मैं यह सब लिख पाया। मेरे बेटे अनूप आनन्द सिंह ने पुस्तक के लिए कई बहुमूल्य सुझाव दिये, मैं उसका भी आभारी हूँ।

अरुण सिंह

हर्मिटेज
बोरिंग–पाटलिपुत्र रोड
पटना–800013

अनुक्रम

पटना की कहानी मनूची की जुबानी

वेनिस में पैदा हुआ निकोलाई मनूची 14 वर्ष की उम्र में घर से भागकर समरकन्द होते हुए ईरान पहुँचा था। यात्रा और नयी–नयी जगहों को देखने का शौक़ीन मनूची अपने अंग्रेज़ स्वामी के साथ 12 जनवरी, 1653 ई. को हिन्दुस्तान आया।

कुछ ही महीनों के बाद उसके अंग्रेज़ स्वामी की मृत्यु हो गयी। इधर–उधर भटकने के बाद मनूची तत्कालीन मुग़ल बादशाह शाहजहाँ के दरबार में नौकरी के लिए गया। दाराशिकोह ने उसे अस्सी रुपये माहवार पर तोपखाने के गोलन्दाज़ की नौकरी पर रखा। औरंगज़ेब द्वारा दाराशिकोह की हत्या के बाद उसने वह नौकरी छोड़ दी। मनूची हिन्दुस्तान में 1708 ई. तक रहा। उसने क़रीब–क़रीब अपनी पूरी ज़िन्दगी ही हिन्दुस्तान में बिता दी। वह पटना भी आया था। उसने संस्मरणों की एक किताब लिखी–'मुग़ल इण्डिया 1653–1708।' इस पुस्तक में उसने पटना की कई रोचक कहानियाँ भी लिखी हैं।

मनूची ने लिखा, 'चार दिनों तक गंगा नदी पर नाव की सवारी करते हुए मैं इलाहाबाद से पटना पहुँचा। पटना एक बहुत बड़ा शहर है। इसका बाज़ार भी बहुत बड़ा है। यहाँ बहुत सारे व्यापारी रहते हैं। यहाँ बहुत ही उम्दा क़िस्म का सफ़ेद सूती वस्त्र तैयार किया जाता है।'

उसने पटना शहर के बारे में लिखा, इस शहर में दो कारख़ाने हैं। एक अंग्रेज़ों का, दूसरा डच लोगों का। सूती के कपड़ों के अतिरिक्त यहाँ उम्दा क़िस्म के रेशम के कपड़े तैयार किये जाते हैं। इसके साथ ही यहाँ बड़ी मात्रा में शोरे का उत्पादन भी होता है। शोरा यहाँ से बंगाल जाता है। बंगाल से शोरा जहाज़ों के मार्फ़त यूरोप के विभिन्न देशों में भेजा जाता है।

पटना में बनाये गये मिट्टी के कप शीशों के बने कपों से भी अच्छे होते हैं। ये कप काग़ज़ से भी हल्के और सुगन्ध से भरे होते हैं। अपने अनोखेपन के कारण इन कपों की माँग पूरी दुनिया के देशों में होती है।

पटना में मैंने अपने एक आर्मेनी दोस्त ख़्वाज़ा सफ़र को देखा। आगरा में उससे दोस्ती हुई थी। वह व्यापारी था और वह यहाँ अपने बकाये की वसूली के लिए आया था। उसके पास 25 हज़ार रुपये का एक रुक्का था, जिसकी वसूली उसे यहाँ के एक सर्राफ़ से करनी थी। पटना पहुँच कर उसे पता चला कि वह सर्राफ़ दिवालिया हो गया है। तब आर्मेनी ने एक चालाकी की।

उसने क़रीब 30 हज़ार रुपयों के कपड़े ख़रीदे। पटना के सारे व्यापारी उसे जानते थे। इसलिए उसने यह ख़रीदारी उधार में ही की। उन कपड़ों को उसने सूरत भेज दिया और स्वयं पटना में ही रह गया। जब व्यापारियों को पैसा चुकाने का समय आया तो उसने यहाँ के रिवाज का अनुसरण करते हुए सूर्योदय के समय अपने घर के दरवाज़े पर दो मोमबत्तियाँ जलाकर रख दीं। यह उसके दिवालिया हो जाने का प्रतीक था। माथे और कमर में एक सफ़ेद पतला कपड़ा लपेट वह अपने घर के बरामदे पर एक टूटी चटाई पर बैठ गया। उसने अपना चेहरा उदास और दुखी बना लिया।

यह ख़बर शीघ्र ही पूरे शहर में फैल गयी। कारण जानने के लिए व्यापारियों का हुजूम उसके घर के पास जमा हो गया। सवालों की झड़ी लग गयी। उसके बाद गालियों की। ख़्वाज़ा सफ़र ने बहुत ही धीरज और शान्ति के साथ बिना उत्तेजित हुए उनकी बातों का जवाब दिया। उसने धीरे से कहा कि वह दिवालिया हो गया है।

व्यापारी उसे छोड़ने के लिए तैयार नहीं थे। वे उसे अदालत में घसीट ले गये। उसी रात वह चुपके से जज को पाँच हज़ार रुपयों की रिश्वत दे आया। अगले दिन सुनवाई के समय ख़्वाज़ा ने अदालत में वह रुक्का पेश किया जिसका भुगतान उसे पटना के सर्राफ़ से लेना था। उसने अदालत को यह भी बतलाया कि यहाँ के उस सर्राफ़ की वजह से ही वह दिवालिया हो गया है। तब जज ने यहाँ के व्यापारियों को आदेश दिया कि वे अपना बकाया अपने समुदाय के उस सर्राफ़ से ही लें जिसके कारण ख़्वाज़ा दिवालिया हो गया है। उसने यह भी आदेश दिया कि यह न्यायोचित नहीं होगा कि एक विदेशी को यहाँ परेशान किया जाय। उसने ख़्वाज़ा सफ़र को मुक्त करने का आदेश दिया।

अगली सुबह ख़्वाज़ा सफ़र सूरत के लिए प्रस्थान कर गया। मनूची इसके बाद भी कई महीनों तक पटना में रहा और पटना की बहुत सारी कहानियाँ उसने अपने संस्मरण में लिखीं।

विलियम होजेज़ ने पटना में क्या कुछ देखा

अंग्रेज़ों ने जब हिन्दुस्तान पर कब्ज़ा जमाया तो यह उनके लिए ज़रूरी हो गया था कि वे यहाँ के रीति–रिवाजों, सामाजिक व्यवस्थाओं, अनुष्ठानों, प्रथाओं को समझें। उनके लिए यह भी ज़रूरी था कि वे यहाँ के ऐतिहासिक विरासत, संस्कृति और शिल्प को जानें। दूसरी ओर इंग्लैण्ड में रह रहे लोगों की भी उत्सुकता थी हिन्दुस्तान के बारे में जानने की। ब्रिटिश प्रशासन ने इंग्लैण्ड से कुछ प्रख्यात कलाकारों को हिन्दुस्तान बुलाया ताकि वे यहाँ के स्मारकों, सामाजिक और धार्मिक त्योहारों, यहाँ के रहन–सहन, यहाँ के लोगों की तस्वीरें बनायें। पहले बिहार और पटना आने वालों में विलियम होजेज़ और विलियम डेनियल थे। विलियम होजेज़ गवर्नर जनरल वारेन हेस्टिंग्स के साथ उसके काफ़िले में पटना आये।

वे नदी मार्ग से पटना आये। विलियम होजेज़ लिखता है, 'जब गवर्नर जनरल को लिए हुए हमारा बेड़ा पटना शहर के किनारे पहुँचा तो गंगा नदी के किनारे लोगों की लम्बी क़तार लगी हुई थी। नदी किनारे बने भवनों की खिड़कियाँ लोगों से भरी हुई थीं। सभी घरों की छतों पर, दीवारों पर लोग जमा थे। वहाँ इतनी भीड़ जमा हो गयी थी कि उसमें से गवर्नर जनरल का बाहर निकलना असम्भव सा हो गया था। ये सारे लोग उनका अभिनन्दन करने वहाँ इकट्ठे हुए थे। वहाँ उपस्थित जनसमूह गवर्नर जनरल की सादगी और नम्रता से अभिभूत था। वे गवर्नर जनरल के साथ चल रहे सिपाहियों के बावजूद उनके पास पहुँच जा रहे थे। यह उनके लिए आश्चर्यजनक था। यह उनके लिए हैरत की बात थी कि गवर्नर जनरल उनके बीच से पैदल जा रहा था। इसके पहले उन्होंने अपने नवाबों और ज़मींदारों को भी देखा था,

जो हमेशा ऊँचे विशाल हाथी के शानदार हौदे पर सवार होकर गुज़रते थे। उनके साथ चल रहे अनुचर और उनकी सेना उन्हें उस काफ़िले से हमेशा दूर रखा करती थी।'

विलियम होजेज़ पटना में काफ़ी दिनों तक रहा। वह मूलतः चित्रकार था। उन दिनों पटना में मुर्शिदाबाद से आये कलाकारों का एक समूह भी चित्रकारी में नये प्रयोग कर रहा था। वास्तव में ये सारे चित्रकार मुग़ल दरबार से विस्थापित होकर मुर्शिदाबाद होते हुए पटना आये थे। एक नयी चित्रकला शैली, पटना कलम का जन्म हो रहा था। होजेज़

को भी इनका साथ मिला। उसकी कई चित्रकारों से अच्छी दोस्ती भी हो गयी थी।

विलियम होजेज़ पटना और उसके आसपास के इलाकों में ख़ूब घूमा। पटना के गौरवशाली अतीत से वह वाकिफ़ था। पटना के बारे में उसने लिखा, 'पटना में बहुत ऊँचे–ऊँचे भवन हैं। किन्तु यहाँ की गलियाँ बहुत सँकरी और गन्दगी से भरी हुई हैं। सड़कों पर इक्के, पालकी, बैलगाड़ी और घोड़े की सवारी करते लोग दिखते हैं। यहाँ के बाज़ार सामानों से भरे रहते हैं। शाम के वक़्त लोग अपने–अपने घरों के आगे पानी का छिड़काव करके रखते हैं।'

पटना में रहते हुए वह मनेरशरीफ़ भी गया था। वहाँ मनेरशरीफ़ का मक़बरा देख वह बहुत प्रभावित भी हुआ था। मनेर से बक्सर होते हुए वह बनारस गया। 1783 ई. में विलियम होजेज़ इंग्लैण्ड लौट गया। 1788 ई. में उसकी 'सेलेक्ट व्यूज इन इण्डिया' नाम से पुस्तक छपी। हिन्दुस्तान में बिताये दिनों की याद की एक पुस्तक भी 1793 ई. में छपी। विलियम होजेज़ की बिहार और पटना की तस्वीरें नेशनल पोर्ट्रेट गैलरी लन्दन, रॉयल अकादेमी ऑफ़ आर्ट्स लन्दन में सुरक्षित हैं।

एक ईरानी यात्री की नज़रों में पटना

पटना शहर मौर्य साम्राज्य के दिनों से ही विदेशी यात्रियों के आकर्षण का केन्द्र रहा है। शुरू के दिनों में आने वालों में ग्रीक राजदूत मेगस्थनीज़, फाह्यान और ह्वेनसांग प्रमुख थे। इन लोगों ने यहाँ के बारे में विस्तार से लिखा। मेगस्थनीज़ ने अपने वृत्तान्त में मुख्य तौर पर यहाँ की राजनीति और शासन प्रबन्ध के बारे में लिखा। लेकिन चीनी यात्री फाह्यान और ह्वेनसांग ने बौद्ध धर्म के साथ यहाँ के लोगों और उनके जीवन के बारे में लिखा।

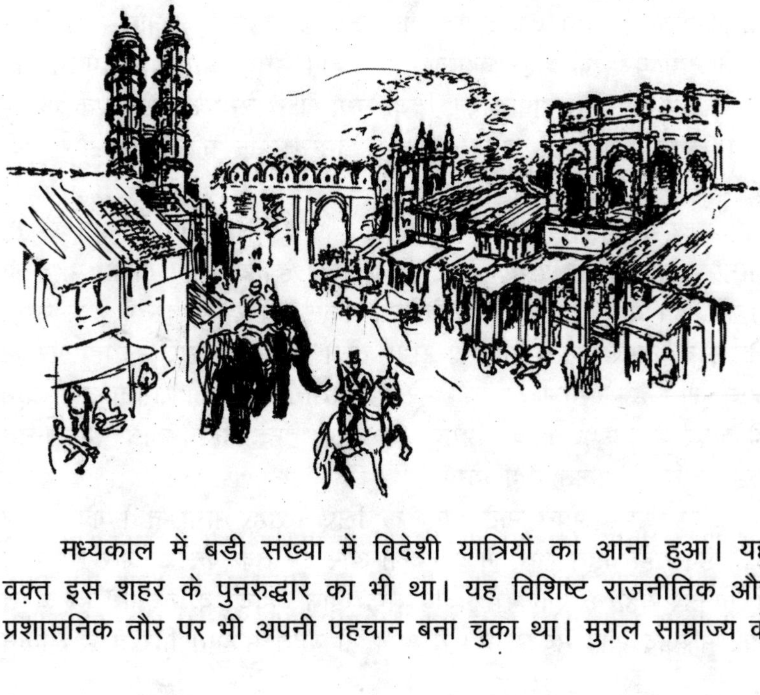

मध्यकाल में बड़ी संख्या में विदेशी यात्रियों का आना हुआ। यह वक़्त इस शहर के पुनरुद्धार का भी था। यह विशिष्ट राजनीतिक और प्रशासनिक तौर पर भी अपनी पहचान बना चुका था। मुग़ल साम्राज्य के

स्वर्ण काल के दिनों में पटना उत्पादन और व्यापार के लिए देश ही नहीं विदेशों में भी मशहूर हो चुका था। सत्रहवीं सदी में पटना का व्यापारिक सम्बन्ध एशिया, यूरोप और अफ्रीका के देशों से मज़बूत हो गया था। तब यह स्वाभाविक ही था कि विदेशी व्यापारियों, यात्रियों और पर्यटकों का ध्यान इस शहर की ओर आकृष्ट होता।

ऐसे ही यात्रियों में ईरान का रहने वाला धर्मशास्त्री अहमद बिन मुहम्मद अली बिन मुहम्मद बकी अल–अस्फ़हानी भी था। लेकिन वह अल–बहबहानी के नाम से ज़्यादा मशहूर था। ईरान के किरमान शहर का रहने वाला बहबहानी ने पटना में लम्बा वक़्त बिताया था। 1787–88 ई. में वह हिन्दुस्तान आया था। दकन, ख़ासकर हैदराबाद, उत्तर प्रदेश, बिहार, बंगाल, ढाका इत्यादि जगहों पर घूम–फिरकर वह पटना आया। पटना में उसने गुरुद्वारा के बग़ल में एक डेरा लिया। यहीं रहकर उसने अपने यात्रा–वृत्तान्त 'मिरात–ए–अहवाल–ए–जहाँनुमा' को पूरा किया।

बहबहानी 16 जनवरी, 1807 ई. को पटना पहुँचा। उसने पटना के बारे में लिखा, 'बिहार प्रान्त का सबसे बड़ा यह शहर पटना के नाम से जाना जाता है। मुग़ल बादशाह औरंगज़ेब के शहज़ादे अज़ीम–उश–शान अपने नाम पर एक शहर बसाना चाहते थे। उनके आदेश पर पटना का नाम बदल कर अज़ीमाबाद कर दिया गया था। इस पर क़रीब एक करोड़ ख़र्च किया गया। यह ख़र्च सरकारी इमारतों के जीर्णोद्धार और नयी इमारतों के निर्माण पर हुआ था।'

बहबहानी लिखता है, 'अज़ीमाबाद अभी भी पटना के नाम से ही जाना जाता है। यह रोचक और सस्ता शहर है। यहाँ का मौसम बहुत ही सुहाना है। यहाँ के बाज़ार में विभिन्न प्रकार की खाद्य वस्तुएँ और उम्दा क़िस्म के कपड़े मिलते हैं। ये सभी चीज़ें यहाँ से दूसरी जगहों पर ले जाये जाते हैं। बंगाल ही नहीं पूरे हिन्दुस्तान में इतनी क्षमता वाले कम ही शहर होंगे। पटना को अगर 'जन्नतुल हिन्द', हिन्दुस्तान का जन्नत कहा जाय तो ग़लत नहीं होगा।'

'यह शहर अपने मीठे पानी के लिए मशहूर गंगा नदी के किनारे बसा है। यहाँ बहुत सारी भव्य हवेली और दूर तक फैले बाज़ार हैं। गंगा के किनारे यहाँ के एक बड़े नवाब सैफ़ ख़ान बहादुर के बनवाये हुए बहुत सारे मस्जिद और मदरसे हैं। ये अभी भी बहुत मज़बूत दिखते हैं लेकिन

रखरखाव और देखभाल की कमी के कारण क्षतिग्रस्त भी हो गये हैं। कुछ मदरसों पर लोगों ने नाजायज़ कब्ज़ा भी कर लिया है।'

पटना प्रवास में उसके पास शहर के विद्वान और धार्मिक लोगों का आना–जाना लगा रहता था। इसमें युवा और बुजुर्ग दोनों होते थे। वे उनसे धार्मिक और अध्यात्म सम्बन्धी चर्चा किया करते थे। 'इस मायने में मैं पटना को बंगाल के शहरों और ख़ासकर राजधानी मुर्शिदाबाद से भी विशिष्ट मानता हूँ।' बहबहानी ने लिखा है।

बहबहानी ने गुरु गोविन्द सिंह की जन्मस्थली गुरुद्वारा के बारे में भी विस्तार से लिखा है। यह गुरुद्वारा उन दिनों लकड़ी का बना हुआ था। बहबहानी ने अपने वृत्तान्त में यहाँ रह रहे कई मुस्लिम नवाबों और अंग्रेज़ों के बारे में भी लिखा है, जिनसे उसकी घनिष्ठता हो गयी थी।

पटना से बहबहानी सासाराम होते हुए बनारस गया। सासाराम में उसने शेरशाह का मक़बरा देखा। उसने उसके स्थापत्य की भरपूर प्रशंसा भी की। उसने रास्ते में शेरशाह के बनाये सरायों को भी देखा। शेरशाह की उसने अपने वृत्तान्त में काफ़ी तारीफ़ भी की है। ईरान लौटकर भी वह पटना को नहीं भूल सका था।

तब पटना में लोग बैलों और पालकी की सवारी करते थे

आज पटना की सड़कों पर छोटे–बड़े, देशी–विदेशी वाहनों की असंख्य क़तार, रोज़ खुल रही भव्य दुकानें और चमकते दमकते मॉल और लोगों की अन्तहीन भीड़ को देखकर यह कल्पना करना भी कठिन प्रतीत होता है कि इसी पटना में लोग कभी पालकी और दो पहिये वाली बैलों से खींचे जाने वाले वाहन की सवारी करते थे।

क़रीब डेढ़ सौ वर्ष पहले जब थॉमस ट्विनिंग पटना आया था तो उसने यही सब कुछ देखा था। ब्रिटिश थॉमस ट्विनिंग 1850 ई. में हिन्दुस्तान आया था। इलाहाबाद जाने के क्रम में वह जलमार्ग द्वारा बंगाल से मुंगेर होते हुए पटना आया था। मौसम के ख़राब हो जाने से उसे पटना में चार दिनों तक मिस्टर ग्रिंडल का अतिथि बन कर रहना पड़ा। लौट कर उसने संस्मरणों की एक पुस्तक लिखी–'ट्रेवल्स इन इण्डिया ए हण्ड्रेड इयर्स एगो'। पटना को याद करते हुए उसने लिखा–'मैं ख़ुश था कि ख़राब मौसम के कारण मुझे पटना में रुकना पड़ा। यह मेरे लिए एक बढ़िया अवसर था कि मैं इसी बहाने एशिया के एक प्राचीनतम और विशिष्ट शहर को देख सकूँ। इसमें कोई शक नहीं कि पटना पूर्वी भारत का अति प्राचीन, विस्तृत और बड़ी आबादी वाला शहर है। गंगा नदी के किनारे बसे तीन लाख की आबादी वाले इस शहर की सड़कें लोगों से भरी रहती हैं।'

यहाँ के बाज़ार का वर्णन करते हुए उसने लिखा है, 'शाम के वक़्त सड़क और गलियों की छोटी–बड़ी दुकानें लैम्पों की रोशनी में बड़ी जीवन्त और रोचक दिखती हैं। शाम का वक़्त मुख्य रूप से दुकानदारी का होता है। दुकानों के आगे कपड़े, मोती–मनके, छोटे–छोटे ज़वरात और कौड़ी

ख़रीदने वालों की भीड़ रहती है। विभिन्न प्रकार के चावल, दाल, दूसरे अनाज, भुने हुए अनाज (यहाँ उसका आशय भूंजा से है) और घी ख़रीदते हुए लोग भी रहते हैं।' घी को लेकर ट्विनिंग को कौतूहल है। वह लिखता है, 'घी यहाँ के निवासियों के लिए आवश्यक है। यह दूध से बनाया जाने वाला बासी मक्खन से मिलता-जुलता है। इसे एक ख़ास तरीके से बनाया जाता है। यहाँ के लोग इसे दाल और करी में डालते हैं।'

वह लिखता है, 'मैंने यहाँ की सड़कों और गलियों में दो पहिये वाले वाहन को दो विशाल बैलों द्वारा खींचा जाता देखा। बैलों के बदन झालरदार कपड़ों से ढँके होते हैं और उनके नुकीले सींग हरे रंग से रँगे हुए। उनके सींगों को सोने या पीतल की टोपी पहनाई गयी होती है। यह वाहन एक शंकु के आकार के छतरी से ढँका होता है, जिसे दोनों तरफ़ से खोला जा सकता है। इसी के अन्दर सवारी एक गद्दे पर बैठती है।'

पटना की सड़कों पर उसने लोगों को पालकी की सवारी करते देखा। उसने लिखा है, 'कुछ लोगों को मैंने ख़ूब सजे-धजे पालकी में सफ़र करते देखा। पालकी के आगे-पीछे, दायें-बायें उनके मुलाज़िम साथ-साथ दौड़ते रहते हैं। कुछ बड़े लोगों के पालकी के साथ उनके अनुचरों को मैंने एक ख़ास क़िस्म का उपकरण (उसका आशय हुक़्क़ा से है) लिए हुए देखा। इस उपकरण में क़रीब आठ या दस फ़ीट लम्बा घुमावदार साँप के आकार का नली लगा होता है। उपकरण में ख़ुशबूदार तम्बाकू जल रहा होता है। उसका धुआँ पानी से भरे बर्तन से नली में होते हुए पीने वाले तक पहुँचता है। वहाँ तक पहुँचते हुए धुआँ ठण्डा हो जाता है। इस उपकरण को उनका अनुचर पालकी के साथ-साथ लिए हुए चलता है।

जहाँ मैं ठहरा था वहाँ से ऐसा दृश्य अक्सर ही दिख जाता था। मैं बँगले के दरवाज़े पर खड़ा हो इन्हें कौतूहल से देखा करता।'

ट्विनिंग लिखता है, 'मैं सुबह घोड़े पर शहर में निकलता और शाम को पैदल ही। शाम के वक़्त दुकानों के आगे जलते असंख्य लैम्पों की रोशनी मुझमें अनोखा अहसास जगाती थी। यह एक ऐसा अनुभव था, जो मुझे कहीं और नहीं हुआ था।' ट्विनिंग चार दिनों तक पटना में रहा। अपनी पुस्तक में उसने पटना के बारे में कई रोचक जानकारी दी हैं।

यूरोप के व्यापारियों के बीच पटना था बेहद लोकप्रिय

आज पटना का स्थान देश के अन्य बड़े शहरों की तुलना में भले ही काफ़ी नीचे हो, किन्तु अतीत में यह यूरोप के व्यापारियों में काफ़ी लोकप्रिय था। व्यापार के लिए पटना उनकी पसन्दीदा जगह थी।

हिन्दुस्तान में अंग्रेज़ों का आगमन 1612 में हुआ। सर थामस रो ने मुग़ल बादशाह जहाँगीर से आगरा में मिलकर उनसे व्यापार करने की अनुमति ली थी। आगरा में जमने के बाद उसने अपने दो विश्वसनीय सहयोगियों ह्यूज और पार्कर को 1620 में पटना में व्यापार के लिए भेजा, लेकिन ढुलाई ख़र्च महँगा होने के कारण वे सफल नहीं हो सके और आगरा लौट गये।

1632 में अंग्रेज़ों ने दूसरा प्रयास किया। इस बार उन्होंने सूरत के मार्फ़त व्यापार करने की ठानी। पीटर मुंडी नामक अंग्रेज़ व्यापारी सूरत से पारों से भरे आठ पीपे गाड़ियों में लाद कर पटना पहुँचा। अपने साथ वह ढेर सारा सिन्दूर भी लाया था। वह क़रीब एक महीना तक पटना में रहा लेकिन वह भी व्यापार में सफल नहीं हो सका।

1657 में अंग्रेज़ जब कोलकाता में पूरी तरह स्थापित हो गये, तब उन्होंने पटना के बाज़ार का भरपूर दोहन किया। उन्होंने पटना के बाज़ार से शोरा को यूरोप के बाज़ारों में भेजा। उन दिनों शोरा का उपयोग गन पाउडर बनाने में होता था। अंग्रेज़ों को इसमें भरपूर सफलता मिली, लेकिन अंग्रेज़ यहीं तक नहीं रुके।

1661 में उन्होंने अपने देश एक रिपोर्ट भेजी थी, जिसमें पटना के बाज़ार का विस्तृत वर्णन था। पटना में रहने वाले अंग्रेज़ व्यापारी भूटान से कस्तूरी लाकर उसे आगरा भेज दे देते थे। जहाँ से उनका व्यापार

पर्शिया (अब का ईरान) और वेनिस में होता था। जहाँ इनकी ज़बरदस्त माँग थी।

उन दिनों स्थानीय किसान अफ़ीम की खेती प्रचुर मात्रा में कर रहे थे। साथ ही इसे चीन से भी लाया जा रहा था। अंग्रेज़ बड़े पैमाने पर इसकी बिक्री कर रहे थे। 1660 से लेकर 1680 के बीच जॉब चरनॉक की देखरेख में शोरे का उत्पादन बड़ी मात्रा में किया जा रहा था। जॉब चरनॉक कारख़ाने का प्रमुख था। उन दिनों शोरे से लदा नावों का बेड़ा गंगा नदी में अक्सर दिखाई देता था। पटना का शोरा सस्ता और परिष्कृत था। इसलिए अंग्रेज़ों ने दूसरी जगहों से शोरा मँगवाना ही छोड़ दिया था।

1680 से यह अबाध गति से चलता रहा। लेकिन यहाँ सिर्फ़ अंग्रेज़ ही नहीं थे, दूसरे व्यापारी भी यहाँ थे। डच लोगों ने काफ़ी पहले से ही पटना को अपना उपनिवेश बना रखा था। 1666 में फ्रांसिसी तैवरनिये अपने चिकित्सक दोस्त बर्नियर के साथ पटना आया था। उसने पटना को हिन्दुस्तान के सबसे बड़े शहरों में पाया। उसने अपने संस्मरण में लिखा,

'पटना में डच लोगों ने एक विशाल घर बना रखा था। छपरा के एक कारख़ाने में शोरे को परिष्कृत करके उसका व्यापार कर रहे थे। पटना आने पर यहाँ की गलियों में हमें कुछ डच मिले। उन्होंने हमारी गाड़ी को रोक कर हमारा अभिवादन किया। वहीं खुली गली में हम लोग तब तक अलग नहीं हुए जब तक हम लोगों ने दो बोतल वाइन ख़त्म नहीं कर ली। इन देशों में इस तरह की आज़ादी है। यहाँ लोग उत्सव समारोह के मौक़े के बिना भी इस तरह से मिलते हैं।

1680 में जॉब चरनॉक पटना छोड़ क़ासिम बाज़ार (कोलकाता) चला गया। इसके जाते ही अंग्रेज़ व्यापारी स्थानीय प्रशासन से उलझ गये। अगले ही वर्ष बंगाल के एक गवर्नर शाइस्ता ख़ान ने अंग्रेज़ों के शोरे की ख़रीद पर प्रतिबन्ध लगा दिया। पटना स्थित शोरे के नये प्रमुख पीकॉक को उसने जेल में डाल दिया। कम्पनी के सभी सामानों पर टैक्स बढ़ा दिया।

1666 में शाइस्ता ख़ान के आदेश पर अंग्रेज़ों का सारा सामान ज़ब्त कर लिया गया। शाइस्ता ख़ान ने अंग्रेज़ों का व्यापार क़रीब–क़रीब ख़त्म ही करवा डाला था। किन्तु 1707 में औरंगज़ेब की मृत्यु के बाद स्थिति बदली। 1718 में अंग्रेज़ों ने फिर से शासन स्थापित कर लिया। बाद के दिनों में तो वे फिर हिन्दुस्तान पर हुकूमत करने लगे।

ब्रिटिश चित्रकार पटना यूँ ही नहीं आये

मुग़ल साम्राज्य के पतन का सबसे ज़्यादा फ़ायदा ईस्ट इण्डिया कम्पनी को हुआ। 1757 में प्लासी की लड़ाई में सिराज–उद–दौला की फ़ौज को हराकर उन्होंने बंगाल, बिहार और ओडिसा पर अपना आधिपत्य कायम कर लिया। 1764 में बक्सर की लड़ाई में ईस्ट इण्डिया कम्पनी की फ़ौज ने बंगाल, अवध के नवाब और मुग़ल बादशाह आलम की संयुक्त फ़ौज को हराया। अब वे वास्तविक शासक बन गये थे। यह मुग़लों की अंग्रेज़ों से पहली हार थी।

1765 ई. में शाह आलम से उन्होंने बंगाल सूबे की दीवानी हासिल की। जल्दी ही उन्होंने बंगाल के नवाब को दरकिनार कर सारे प्रशासन पर अपनी पकड़ मज़बूत कर ली। अब वे बनारस से लेकर पूर्वी बंगाल तक शासन करने लगे।

पहली बार ईस्ट इण्डिया कम्पनी को इतना विस्तृत इलाका शासन करने के लिए मिला। उन्होंने पाया कि शासन प्रबन्धन करना व्यापार करने से ज़्यादा लाभदायक है। व्यापारिक उपक्रमों से ज़्यादा मुनाफ़ा मालगुजारी वसूली और अन्य करों के संग्रह में है। यह स्थिति तब थी जब उन्होंने अपने सारे प्रतिद्वन्द्वियों डच और फ्रांसीसियों को सफलतापूर्वक अपदस्थ कर दिया था। अब कम्पनी का मुख्य काम एक ऐसी शासन व्यवस्था कायम करना था जो ज़्यादा से ज़्यादा करों का संग्रह व्यवस्थित और नियमित रूप से कर सके।

अब कम्पनी प्रशासन ने अपना ध्यान इलाके से सम्बद्ध शिल्प, कृषि, सामाजिक स्तरीकरण, सामाजिक अनुष्ठानों और प्रथाओं से सम्बन्धित जानकारियों को एकत्र करने में लगाया ताकि वे ऐसी नीतियाँ तैयार कर सकें जिससे सामाजिक और राजनीतिक शान्ति बनी रहे और वे ज़्यादा से ज़्यादा वसूली भी कर सकें। इसके साथ ही उन्हें किसी भी प्रकार

के विद्रोह का सामना भी नहीं करना पड़े। इसके लिए उन्हें हिन्दुस्तान को समझने की ज़रूरत थी। यह उनके लिए अनिवार्य था कि वे इलाके की ऐतिहासिक विरासत, संस्कृति और सामाजिक संस्कृति को जानें। कम्पनी और गवर्नर जनरल वारेन हेस्टिंग्स ने उपायों की एक श्रृंखला शुरू की।

इसके लिए कम्पनी ने इंग्लैण्ड के कुछ प्रख्यात कलाकारों को बुलाया ताकि वे इन इलाकों का विस्तृत भ्रमण कर ऐसे स्मारकों का स्केच और तस्वीर बनायें जो उस इलाके के वास्तुशिल्प के इतिहास का प्रतिनिधित्व करते हों। उन्हें यह भी ज़िम्मा दिया गया कि वे वहाँ के समाज का अध्ययन कर सामाजिक और धार्मिक त्योहारों की भी तस्वीर बनायें। इस तरह से यूरोपियन कलाकारों का यहाँ आना शुरू हुआ।

पहले बिहार और पटना आने वालों में विलियम होजेज़ और विलियम डेनियल थे। होजेज़ को कम्पनी ने नियुक्त किया था जबकि विलियम डेनियल ख़ुद आये थे। होजेज़ को इस काम का ज़िम्मा दिया गया था कि वे कम्पनी की मिल्कियत वाले इलाकों में भ्रमण कर महत्त्वपूर्ण स्मारकों का स्केच बनायें। साथ ही इलाकों के सामाजिक और सांस्कृतिक बुनावटों का भी अध्ययन करें। बिहार में विलियम होजेज़ राजमहल, भागलपुर, मुंगेर, पटना और उसके आसपास के इलाकों में ख़ूब घूमा। 1780 ई. लेकर 1783 ई. तक के चार वर्षों में उसने ढेर सारे चित्र बनाये और संस्मरण लिखे।

विलियम डेनियल एक स्थापित चित्रकार थे, वे अपने चाचा थॉमस विलियम, जो उतने ही स्थापित चित्रकार थे, के साथ अपनी क़िस्मत आजमाने हिन्दुस्तान आये थे। इन दोनों ने पटना, बिहार सहित पूरे देश में भ्रमण कर न केवल चित्र ही बनाये बल्कि यहाँ के अपने संस्मरणों को भी विस्तार से लिखा।

थॉमस विलियम और विलियम डेनियल के बनाये ये चित्र नेशनल पोर्ट्रेट गैलरी लन्दन, रॉयल अकादेमी ऑफ़ आर्ट्स लन्दन, फालमाउथ आर्ट गैलरी लन्दन, डलास म्यूज़ियम ऑफ़ आर्ट, टेक्सास में हैं। कुछ तस्वीरें पटना संग्रहालय और नवनिर्मित बिहार म्यूजियम में भी देखी जा सकती हैं।

लन्दन भेजा जाता था दीघा फार्म में तैयार सामान

प्लासी की लड़ाई में नवाब सिराज–उद–दौला को हराने के बाद अंग्रेज़ों का बंगाल पर आधिपत्य कायम हो गया। अब उन्हें शासन करने के लिए क़ाबिल प्रशासक और जीवन के विभिन्न क्षेत्रों के विशेषज्ञ की ज़रूरत थी। फलस्वरूप इंग्लैण्ड से कई सुशिक्षित व्यक्ति अपने परिवारों के साथ हिन्दुस्तान आये।

इनमें कई महिलाएँ भी थीं, जो अपने पति या रिश्तेदार के साथ आयी थीं। इनमें कई ऐसी भी थीं, जिनके पति या रिश्तेदार की नियुक्ति मद्रास, कलकत्ता और मुम्बई जैसे बड़े शहरों में नहीं थी। इसलिए इनके पास पर्याप्त समय होता था। इस समय का सदुपयोग वे स्थानीय समाज, लोग, उनके पर्व–त्योहार, सामाजिक रीति–रिवाज और धार्मिक संस्कारों का अध्ययन करने में करते थे। इसका परिणाम यह हुआ कि उन्नीसवीं सदी के शुरू के दशकों में कई ऐसी पुस्तक या आलेख आये, जिसमें इन्होंने अपने निष्कर्षों को डाला। इस तरह अंग्रेज़ों द्वारा लिखे जा रहे साहित्य में एक नया आयाम भी जुड़ा।

ऐसी महिला लेखकों में एमा रॉबर्ट्स का वृत्तान्त सबसे महत्त्वपूर्ण है। यह पुस्तक के रूप में 'सीन्स एण्ड करक्टेरिस्टिक्स ऑफ़ हिन्दोस्तान विद् स्केचेस ऑफ़ एंग्लो–इण्डियन सोसाइटी' 1837 में छप कर आयी। अपनी माँ के देहान्त के बाद एमा अपनी बहन और उसके पति कैप्टेन नहटन के साथ 1828 के फ़रवरी में हिन्दुस्तान आयी। कैप्टेन नहटन बंगाल आर्मी में थे।

एमा का इसी क्रम में पटना आना हुआ। पटना में चार्ल्स डी'ऑयली ने एमा की मेज़बानी की। एक दक्ष पर्यवेक्षक की तरह उन्होंने उन्नीसवीं

सदी के तीसरे दशक के तत्कालीन बिहार और ख़ासकर पटना का बड़ा ही अन्तरंग चित्रण किया है।

पटना के बारे में उन्होंने विस्तार से तो लिखा ही है लेकिन सबसे रोचक वर्णन उन्होंने दीघा में रह रहे एक अंग्रेज़ व्यवसायी मिस्टर हॉवेल के कारोबार के बारे में किया है। उन्होंने लिखा भी है, 'अगर पटना का वर्णन करते हुए मैं मिस्टर हॉवेल के बारे में नहीं लिखूँ तो यह सतही और अधूरा ही रहेगा।'

मिस्टर हॉवेल एक अंग्रेज़ कारोबारी था जो दीघा में डच शैली में बनी एक भव्य इमारत 'द वाइट पिलर हाउस' में रहता था। (वर्तमान में यह भवन दीघा, बाटा के अधीन है) उसने दीघा में एक विशाल फार्म बना रखा था। एमा ने लिखा है, 'हॉवेल दीघा में काफ़ी बड़े पैमाने पर अपना कारोबार चला रहे हैं जिसकी तुलना पूरे हिन्दुस्तान में कोई और ब्रिटिश कारोबारी नहीं कर सकते हैं।'

उन्होंने लिखा है, 'हॉवेल की नाव हिलसा मछली पकड़ने लिए हुगली नदी के मुहाने तक जाती है। उसके बाद उसे ठीक से तैयार करके हिन्दुस्तान के हर हिस्से में भेजा जाता है। हॉवेल के फार्म का तैयार किया हुआ चटनी, सॉसेज़, बेकन, हैम्स, बीफ़ इत्यादि बड़े पैमाने पर कलकत्ता भेजे जाते हैं। कलकत्ता से ये लन्दन तक भेजे जाते हैं। इनकी गुणवत्ता किसी भी तरह से इंग्लैण्ड में तैयार ऐसे खाद्य पदार्थों से कम नहीं होती है। हॉवेल ने वाइन बनाने में भी अपने हाथ आजमाये हैं।

यद्यपि यह बहुत उम्दा नहीं है। लेकिन फिर भी वैसा बुरा भी नहीं कि उसे चखा नहीं जा सके।'

एमा ने लिखा है, 'दीघा फार्म में पूरे वर्ष हज़ारों की संख्या में लोग अलग–अलग विभागों में काम करते हैं। निश्चित रूप से एक बहुत बड़ी रकम इन्हें तनख़्वाह के रूप में दी जाती होगी।'

हॉवेल के निधन के बाद उसका कारोबार शीघ्र ही बिखर गया। हॉवेल के 'द वाइट पिलर हाउस' को चैनपुर के राजा ने ख़रीद लिया। उनसे जूता बनाने वाली कम्पनी बाटा ने इसे ख़रीद लिया। तब से यह उसके मैनेजर का आवास है। अंग्रेज़ी के प्रख्यात लेखक विक्रम सेठ का बचपन इसी घर में बीता था। उनके पिता बाटा कम्पनी के मैनेजर हुआ करते थे।

सत्रहवीं सदी में ही कई ईरानी और इराकी पटना आ बसे

मौर्यों के वक़्त से ही विदेशी पर्यटक पटना आते रहे। मेगास्थनीस, फाह्यान, हुएनसांग, हे चो–ऐसे लोगों की एक लम्बी सूची है। मध्यकाल में विदेश से आने वाले पर्यटकों की संख्या में काफ़ी वृद्धि हुई। यह वह वक़्त था, जब पटना की शोहरत देश की सरहदों को लाँघ कर विदेशों तक पहुँच गयी थी। यह मुग़ल काल का स्वर्णिम युग था।

बिहार और पटना उत्पादन और व्यापार के केन्द्र के रूप में देश ही नहीं विदेशों में भी जाना जाने लगा। सत्रहवीं सदी सदी में बिहार की शोहरत और उसका महत्त्व हिन्दुस्तान के एक ऐसे सूबे के रूप में हो गया था, जिसके व्यापारिक सम्बन्ध यूरोप, एशिया और अफ़्रीका जैसे महादेशों के साथ थे। पटना राजनीतिक और प्रशासनिक रूप से भी काफ़ी महत्त्वपूर्ण हो गया था।

इन्हीं दिनों ईरान और इराक से भी कई पर्यटक आये। कुछ पर्यटक तो आकर लौट गये, लेकिन कइयों को पटना इतना अच्छा लगा कि वे यहीं बस गये। एक ईरानी पर्यटक मिर्ज़ा मुहम्मद सादिक ने ऐसे लोगों के बारे में विस्तार से लिखा है। मिर्ज़ा का जन्म 1609 में गुजरात के एक ईरानी परिवार में हुआ था। उसके वालिद मुहम्मद सालेह इस्फ़हनी शहज़ादा खुर्रम के मातहत सूरत शहर के प्रभारी थे। शहज़ादे के हुक्म पर मुहम्मद सालेह इस्फ़हनी की नियुक्ति 1612–13 में पटना के दीवान–ऐ–खालिस के ओहदे पर हुई। मिर्ज़ा मुहम्मद सादिक अपने वालिद के साथ पटना आये। वे पटना में चार वर्षों तक रहे। यहाँ उनकी पढ़ाई जारी रही।

मुहम्मद सादिक ने अपने वृत्तान्त में पटना की कुछ ज़्यादा ही तारीफ़ की है। पटना की तारीफ़ में उन्होंने एक कविता ही लिख डाली।

इस कविता की शुरुआत उन्होंने कुछ इस तरह से की है, 'महबूबा के हसीन चेहरे से भी हसीन है शहर पटना, और यहाँ के बाशिन्दे उससे भी हसीन।' आगे की पंक्तियाँ कुछ इस प्रकार हैं–'दर्द और दुख छोड़, सब कुछ सहेजे है यह शहर; गंगा बहती है इसके किनारे, शहर बसन्त का लगता है बाग़ीचा।'

मुहम्मद सादिक ने अपने वृत्तान्त में उन लोगों के बारे में लिखा है, जिनसे वह पटना प्रवास के दौरान मिला। कुछ तो यहीं के बाशिन्दे थे और कुछ पर्यटक।

सबसे पहले उसने ईरानी मूल के अपने गुरु मीर मुइज्जुद दिन मुहम्मद येजदी के बारे में लिखा है। वे पटना के मशहूर शिक्षक थे। लेखक को उन्होंने कई विषयों की अच्छी तालीम दी थी। वे एक क़ाबिल कवि भी थे। उनके पास बड़ी संख्या में विद्यार्थी तालीम हासिल करने आते थे। वे मूलतः ईरानी थे, लेकिन पटना को ही उन्होंने अपना ठिकाना बना लिया था। वह लेखक से बहुत स्नेह रखते थे। दुर्भाग्यवश शहर के कुछ गुण्डों ने उनकी हत्या कर दी।

मुहम्मद सादिक ने ईरान के कज्वीन सूबे के मूल निवासी मुहम्मद हुसैन काजिनी का भी ज़िक्र किया है। कज्वीन सूबा अपनी कैलिग्राफ़ी के लिए मशहूर रहा है। मुहम्मद हुसैन भी कैलिग्राफ़ी में पारंगत थे। वह हिन्दुस्तान चले आये और शहज़ादा परवेज़ के यहाँ नौकरी करने लगे। शहज़ादा की मौत के बाद कुछ दिनों तक बंगाल में रहने के बाद वे पटना आ गये।

पटना को ही उन्होंने अपना स्थायी घर बना लिया। मुहम्मद सादिक ने इनसे कैलिग्राफ़ी की शिक्षा हासिल की।

एक मशहूर शायर हकीम आरिफ़ अल–हुसैनी का भी ज़िक्र लेखक ने किया है। इराक के मूल बाशिन्दे आरिफ़ अकबर के वक़्त में हिन्दुस्तान चले आये थे। कुछ वर्षों तक वे जहाँगीर के दरबार में भी रहे। फिर वे पटना आ बसे। वे लेखक के वालिद से मिलने अक्सर उनके घर आते थे। मुशायरों में उनके नाम की धूम थी।

एक हकीम का भी ज़िक्र मुहम्मद सादिक ने किया है। ईरान के मूल निवासी नदीन गिलानी क़ाबिल हकीम के साथ उच्च कोटि के शायर भी थे।

मिर्ज़ा क़ासिम इस्फ़हनी का भी ज़िक्र लेखक ने किया है। शिराजी के नाम से लिखने वाले मिर्ज़ा क़ाबिल शायर और संगीतज्ञ भी थे। वे ज़्यादा दिनों तक जीवित नहीं रह सके।

अपने वालिद के एक ख़ास दोस्त मीर याह्या बिन मीर हाशिम, कुम्मी, मुसावी का भी ज़िक्र लेखक ने किया है। वे इराक के प्रख्यात सैयद थे। हिन्दुस्तान आने के बाद वे कुछ दिनों तक दकन में रहे। फिर जहाँगीर की नौकरी की। उनकी बहाली ओडिसा में हुई। रिटायर होने के बाद वे पटना आ बसे।

एक और ईरानी इब्राहिम हुसैन का भी ज़िक्र लेखक ने किया है जिनका कलमी नाम डैरी था। वह पटना में रहते थे और लेखक के वालिद के ख़ास दोस्तों में थे। वे शहज़ादा परवेज़ की नौकरी में थे। उन्हें ख़ुश–ख़बर ख़ान की उपाधि मिली हुई थी।

मिर्ज़ा मुहम्मद सादिक ने और भी लोगों का ज़िक्र किया है, जिन्होंने पटना को अपना ठिकाना बनाया।

वे विदेशी थे, लेकिन पटना से उनकी मुहब्बत ने उन्हें पटना का बना दिया। इनके वंशज यहाँ के लोगों में इस तरह घुलमिल गये कि अब उन्हें फ़र्क़ करना मुश्किल होगा।

जब गुरु नानक पटना आये

उन्नीसवीं सदी के शुरू के दिनों में जब ईरानी यात्री बहबहानी पटना आया तो उसने गुरुद्वारे के नज़दीक एक मकान में अपना ठिकाना बनाया था। उसने यहाँ के भव्य हवेलियों, मस्जिदों, मन्दिरों, मदरसों के साथ गुरु गोबिन्द सिंह की जन्मस्थली के बारे में विस्तार से लिखा था। उन दिनों तक यह सिखों का दूसरा बड़ा तीर्थ स्थल बन चुका था।

सिख धर्म, भक्ति आन्दोलन–जिसकी जड़ें शताब्दियों वर्ष पुरानी थीं, का ही परिणाम था। इसका 15वीं और 16वीं सदी तक व्यापक विस्तार हो चुका था। जिन दिनों यूरोप में मार्टिन लूथर और जॉन कैल्विन ईसाईयत की रूढ़ियों और कुरीतियों से जूझ रहे थे उन्हीं दिनों हिन्दुस्तान में रामानन्द और सन्त कबीर, चैतन्य और गुरु नानक हिन्दू धर्म में व्याप्त पाखण्ड, मूर्ति–पूजा का विरोध मुखर स्वर में कर रहे थे।

सिख धर्म के संस्थापक गुरु नानक ने अपने शिष्य मरदाना के साथ अपनी धार्मिक यात्रा की शुरुआत पूरब दिशा से ही की। ऊँचे पहाड़ों, घने जंगलों, रेगिस्तानों, बाढ़ के पानी से उपलायी नदियों को पार करती हुई उनकी यह यात्रा जारी रही। 1496 में उन्होंने ननकाना साहिब से इस यात्रा की शुरुआत की थी।

बनारस होते हुए वे गया आये। गया में ब्राह्मणों ने उन्हें अपने पितरों की आत्मा की मुक्ति के लिए पितृदान करने के लिए कहा। ब्राह्मणों ने उन्हें कई तर्क दे कर पितृदान की महिमा बताई। किन्तु गुरु नानक ने उनके तर्कों का खण्डन करते हुए उन्हें समझाया कि मुक्ति का रहस्य मृतात्मा को दान देने से और दिये जलाने से नहीं, बल्कि ईश्वर की सच्ची श्रद्धा में है।

गुरु नानक गया में कुछ दिनों तक रुकने के बाद बोधगया, राजगीर होते हुए पटना आये। पटना में क़रीब चार महीनों तक रुके। पटना में उनका प्रवेश पश्चिम दरवाज़ा से हुआ। वे यहाँ अपने भक्त जैतामल के यहाँ ठहरे। (यह जगह आज का गुरुद्वारा गायघाट है।) यहाँ सुबह–शाम उनके उपदेश होते। पटना के निवासियों पर उनका ज़बरदस्त प्रभाव पड़ा। पटना का एक समृद्ध जौहरी सालिस राय उनसे बहुत प्रभावित हुआ। उसने अपना महल, जहाँ आज गुरुद्वारा पटना साहिब है, गुरु नानक को सौंप दिया। वह सिख धर्म में दीक्षित भी हो गया। पटना से जाते वक़्त गुरु नानक ने उसे अपना उत्तराधिकारी भी बना दिया।

गुरु नानक के बाद के अन्य गुरु व्यस्तता के कारण बाहर नहीं निकल सके। नौवें गुरु तेगबहादुर को परिस्थितियों की वजह से अपने पूरे परिवार के साथ दूर पूरब की ओर यात्रा पर निकलना पड़ा। पहले सासाराम, गया और फिर पटना। पटना में उनके प्रवेश के साथ कई किंवदन्तियाँ भी हैं। कहते हैं, पटना के करीम बख़्श और रहीम बख़्श के सूखे बग़ीचे में गुरु के पैर पड़ते ही वह हरा भरा हो गया। गुरु की अलौकिकता से अभिभूत नवाब ने वह बग़ीचा गुरु को सौंप दिया। यह जगह आज गुरु का बाग़ कहलाता है। गुरु के सम्मान में पटना के सिखों ने सालिस राय के दिये जगह, जहाँ हरमन्दिर था, पर एक विशाल हवेली का निर्माण करवाया।

गुरु तेगबहादुर अपने परिवार के साथ इस हवेली में रहने आ गये। यहीं गुरु गोबिन्द सिंह जी का जन्म हुआ।

गुरु गोबिन्द सिंह महान देशभक्त सन्त थे। वे निडर योद्धा, बुद्धिमान राजनेता, बड़े रचनाकार और कुशल कवि थे। सिखों के बीच पटना की प्रसिद्धि इतनी हो गयी, जितना पहले कभी नहीं हुई थी। यह सिख धर्म के अनुयायियों के लिए पवित्र तीर्थस्थल बन गया। सिख धर्म के चार बड़े तख़्तों में यह दूसरा सबसे बड़ा तख़्त बन गया।

उसके बाद से यह श्रद्धालुओं और पर्यटकों के लिए आकर्षण का केन्द्र बन गया। अलग–अलग वक़्त में पटना आने वाले विदेशी चित्रकारों ने हरमन्दिर साहिब की तस्वीरें भी बनायीं। ऐसी ही तस्वीर 1820 में पटना के तत्कालीन अफ़ीम एजेण्ट चार्ल्स डी'ऑयली ने भी बनायी थी।

तब भी पटना की सड़कों पर शोर बहुत था

पटना की सड़कों से गुज़रते हुए आप हर वक़्त बेतहाशा भीड़, शोरगुल, चीख़–पुकार से घिरे रहते हैं। कभी गाड़ियों के हॉर्न तो कभी टेम्पो और मोटर साइकिल की तेज़ आवाज़। कोई भी सड़क या गलियाँ इससे बची हुई नहीं हैं। आज से क़रीब दो सौ साल पहले पटना आयीं ब्रिटिश लेखिका एमा रॉबर्ट्स का भी अनुभव इससे कुछ अलग नहीं था।

पटना के बाज़ार के बारे में उन्होंने लिखा है, 'जो लोग धूल और गर्मी का सामना बहादुरी के साथ कर सकते हैं, वे सटे हुए मकानों वाले शहर पटना की शाम का आनन्द मज़े के साथ उठा सकते हैं। शहर की गलियाँ ऐसे मर्दों की आबादी से भरी हुई रहती हैं, जो धूल का आनन्द लेने के लिए अपने–अपने घरों से बाहर उमड़ पड़ी होती है। या फिर ये लोग अपने घरों के बरामदों पर हुक्क़ा का धुआँ उड़ाते हुए गलियों में आते–जाते लोगों को घूरा करते रहते हैं।'

उन्होंने लिखा है, 'स्थानीय निवासी देशी पालकी, टाँगे या रथों पर सवार होकर अपने अनुचरों के साथ बाज़ार में निकलते हैं। साथ चल रहे इनके अनुचर मर्दों और बच्चों की भीड़ को चिल्ला–चिल्ला कर रास्ता बनाते हुए आगे–आगे चलते रहते हैं। हिन्दुस्तान में कुछ भी बिना शोर मचाये नहीं होता है। सड़क पर चल रहे यात्रियों के शोर को चौकीदारों की चीख़ और गलियों के कोने पर बैठे फ़क़ीरों की पुकार और भी बढ़ाती रहती है।'

अपनी बहन और उसके पति कैप्टेन नहटन के साथ 1828 के फ़रवरी में हिन्दुस्तान आयी ब्रिटिश लेखिका एमा रॉबर्ट्स ने अपनी पुस्तक 'सीन्स एण्ड करक्टेरिस्टिक्स ऑफ़ हिन्दोस्तान विद् स्केचेस ऑफ़ एंग्लो–इण्डियन सोसाइटी' में पटना के बाज़ार का वर्णन कुछ इस तरह से किया है।

कैप्टेन नहटन बंगाल आर्मी में थे। इसी क्रम में उनका दानापुर रेजिमेंट में आना हुआ था। अपनी बहन और कैप्टेन नहटन के साथ एमा

भी दानापुर आयी थीं। दानापुर में अचानक एमा की बहन का देहान्त हो गया।

एमा कलकत्ता लौट गयीं। यहाँ का बौद्धिक परिवेश उन्हें रचनात्मक गतिविधियों के लिए बहुत उपयुक्त लगा। उनका सम्पर्क यहाँ रहने वाले ब्रिटिश और एंग्लो–इण्डियन समुदाय के लोगों से हुआ। उन्होंने यहाँ रहकर विभिन्न पत्रिकाओं और जर्नल्स, ख़ासकर एशियाटिक जर्नल के लिए लगातार लिखा। इनके लेखों को पर्याप्त प्रशंसा मिली। अचानक एमा की तबीयत ख़राब हो गयी। वे वापस इंग्लैण्ड चली गयी।

इंग्लैण्ड में भी एमा अंग्रेज़ बुद्धिजीवियों के बीच अपने हिन्दुस्तान सम्बन्धित सूचनात्मक लेखों के कारण बहुत लोकप्रिय हो गयी थीं। 1833 में वे फिर हिन्दुस्तान लौट कर आ गयीं। हिन्दुस्तान में कुछ दिनों तक वे मुम्बई के गवर्नर सर जेम्स करनेक की अतिथि रहीं। कुछ दिनों के बाद वे पटना चली आयीं। इस बार पटना में वे तत्कालीन अफ़ीम एजेण्ट और शौक़िया चित्रकार चार्ल्स डी'ऑयली की अतिथि बन कर रहीं।

उन दिनों चार्ल्स डी'ऑयली गंगा किनारे बनी एक ख़ूबसूरत कोठी में रहते थे। यह अब मगध महिला कॉलेज के परिसर में है। एक दक्ष पर्यवेक्षक

की तरह एमा रॉबर्ट्स ने उन्नीसवीं सदी के तीसरे दशक के तत्कालीन बिहार और ख़ासकर पटना का बड़ा ही रोचक चित्रण किया है।

एमा ने पटना में बनी मेज़पोशों और मोमबत्तियों का उल्लेख किया है जिनकी माँग पूरे देश और इंग्लैण्ड में भी थी। उन्होंने पटना की यान्त्रिक कला के बारे में भी लिखा है। उन्होंने लिखा, 'पटना में बहुत सारे दक्ष कारीगर हैं जो उत्तम कोटि के यन्त्र बनाते हैं। उन्होंने चिड़ियों के पिंजरों का ख़ास कर के उल्लेख किया है।' एमा ने लिखा है, 'ये कारीगर पिंजरों को दक्षता और ख़ूबसूरती के साथ बनाते हैं। उनके ढाँचे हाथी दाँत और ख़ूबसूरत रंगीन मनकों से मढ़े हुए होते हैं। हिन्दुस्तानी, चाहे वे अमीर हो या ग़रीब चिड़ियों को पालतू बना कर रखना पसन्द करते हैं। उपयुक्त मौसम आने पर स्थानीय लोग दूर पहाड़ी इलाकों में जाकर दुर्लभ क़िस्म के पक्षियों को पकड़ कर लाते हैं और उन्हें देश के अन्य हिस्सों में बेचकर पैसा बनाते हैं।'

एमा ने लाल नाम की चिड़िया का ज़िक्र किया है। उन्होंने लिखा है, 'ये लोग इसे लाल नाम से पुकारते हैं। माणिक के रंग के होने के कारण इसकी बहुत माँग है। इसे पटना में आसानी से पाया जा सकता है।'

पटना के अफ़ीम के व्यापार का भी एमा ने उल्लेख किया है। लिखा है, 'पटना अफ़ीम की बहुत बड़ी मण्डी है। अफ़ीम के व्यापार ने बहुत सारे स्थानीय लोगों को काफ़ी समृद्ध बना दिया है। इन लोगों ने अफ़ीम से बहुत पैसा बनाया है और ठाठ के साथ नवाबों की तरह रहते हैं। मैं अफ़ीम एजेण्ट चार्ल्स डी'ऑयली की अतिथि थी। वहाँ ऐसे बहुत सारे लोग आते थे।'

एमा पटना में काफ़ी दिनों तक रही थीं। यहाँ से जाने के बाद वे बहुत दिनों तक जीवित नहीं रह सकीं। हिन्दुस्तान की आबोहवा उन्हें बार–बार बीमार बना रही थी। स्वास्थ्य लाभ के लिए 1840 के सितम्बर में वे पुणे गयीं। पुणे पहुँचने के अगले दिन ही उनका निधन हो गया।

उस वर्ष पटना में भूख से लाख से भी ज़्यादा लोग मर गये थे

उस वर्ष सिर्फ़ पटना और उसके आसपास के इलाकों में एक लाख से ज़्यादा लोग भूख से मर गये थे। 1670 के अक्टूबर महीने से लेकर नवम्बर 1671 के बीच पड़े भयानक अकाल में पटना और उसके आसपास का इलाका बुरी तरह उजड़ गया था। इलाहाबाद से लेकर राजमहल तक का बड़ा इलाका इस भयानक दुर्भिक्ष से प्रभावित हुआ था। लेकिन इस दुर्भिक्ष का कारण सिर्फ़ फ़सलों का बर्बाद होना नहीं था। उससे ज़्यादा यह जमाखोरी और प्रशासनिक भ्रष्टाचारों की वजह से था। एक तरह से यह मानव निर्मित अकाल था।

उन्हीं दिनों इंग्लैण्ड से दो व्यापारी जॉन मार्शल और थॉमस बाउरे व्यापार के लिए हिन्दुस्तान आये थे। पटना तब तक व्यापार का एक बड़ा केन्द्र बन चुका था, इसलिए यह स्वाभाविक ही था कि वे पटना आते। उन दिनों जॉब चरनॉक भी पटना में रह कर ईस्ट इण्डिया कम्पनी के लिए शोरे का कारोबार सँभाल रहा था। थॉमस ने जो कुछ हिन्दुस्तान में देखा, सुना था उसे उसने अपने 'लॉगबुक एण्ड जर्नल—वॉयेज फ्रॉम इंग्लैण्ड टू बंगाल' में दर्ज किया था। 1671 के मध्य में वह पटना आया था।

पटना के उस भयानक अकाल का उल्लेख उसने अपने लॉगबुक में किया है। थॉमस का मानना था कि यह दुर्भिक्ष अनाज की कमी से कम, मानव निर्मित ज़्यादा था। क्योंकि पिछले वर्ष के सूखे के बावजूद चावल पर्याप्त मात्रा में उपलब्ध था। ज़ाहिर था कि अनाजों का संग्रह किया गया था और उसे रोक कर रखा गया था। बाज़ार पूरी तरह सरकारी अधिकारियों और कुछ बड़े व्यापारियों के नियन्त्रण में था।

जबकि मार्शल इस अकाल की वजह स्थानीय नवाब की धूर्तता को मानता था। उसने नवाब की बड़ी बेग़म को इसकी वजह बताया है। उसने

अपने वृत्तान्त में लिखा है, 'नवाब की बड़ी बेग़म ने कई बड़े–बड़े गोदामों को अनाजों से भर रखा था। उसने उन अनाजों के बेचने पर पाबन्दी लगा रखी थी। उसकी शर्त यह थी कि वह अनाजों को तब बेचेगी जब उसके चावल या गेहूँ के वज़न के बराबर उसे चाँदी मिलेगी।'

उसने लिखा है, 'उन दिनों रैयतों की हालत अच्छी नहीं थी। किसानों के अपने घर या गाँव में अनाजों के संग्रह के लिए कोई गोदाम नहीं था। इस स्थिति में उन्हें सरकारी मुलाज़िमों और यहाँ तक कि उनकी पत्नियों पर अनाज के लिए निर्भर रहना होता था। ये सरकारी मुलाज़िम और उनकी पत्नियाँ अनाजों का संग्रह कर रखते थे।' आज इसे आप जमाखोरी कह सकते हैं।

जमाखोरी के कारण ही यह इलाका भयानक अकाल का शिकार हो गया। जबकि पटना और उसके आसपास के इलाकों की ज़मीन बहुत उर्वर थी। यहाँ इतना चावल पैदा होता था कि उसे बंगाल तक भेजा जाता था। 1671 के मई महीने में पटना में अच्छे क़िस्म के चावल की कीमत 4 रुपये मन से बढ़कर 5.5 रुपये मन हो गयी थी। जुलाई में यह बढ़कर 11 रुपये मन तक हो गया। मोटा चावल और गेहूँ 5 रुपये मन, तक बिकने लगा। बीफ़ डेढ़ रुपये मन, बकरे का मांस ढाई रुपये मन, घी 7 रुपये मन, सरसों तेल 7 रुपये मन, एक रुपये का 5 मुर्गी या 8 मुर्गा मिलने लगा। एक ऐसा भी वक़्त आया, जब यह सब भी बाज़ार में मिलना बन्द हो गया। फलस्वरूप भयानक स्थिति उत्पन्न हो गयी।

1671 के 7 अगस्त को निराश होकर पटना के दो व्यापारियों ने कुएँ में छलाँग लगाकर आत्महत्या कर ली। हज़ारों लोग गलियों और खुले मैदान में भूख से दम तोड़ने लगे। अक्टूबर 1670 से लेकर नवम्बर 1671 के चौदह महीनों के बीच कुल मिलाकर 1,35,000 लोग पटना और उसके आसपास के इलाकों में मर चुके थे। 11 दिसम्बर, 1671 को मार्शल ने शहर के कोतवाल से यह आँकड़ा हासिल किया था। पिछले 12 महीनों में मरने वालों की संख्या 1,03,000 थी। जिनमें 50,000 मुसलमान थे और 53,000 हिन्दू। हाजीपुर के 4,000 घर की आबादी में 1,800 लोग मर चुके थे।

सिंघिया से पटना लौटने के क्रम में मार्शल ने गंगा नदी के किनारे रेत पर 10 गज़ के भीतर क़रीब 32 या 33 लाशों को देखा था। अब इस भयानक स्थिति से बचने के लिए लोग दो ही काम कर सकते थे। या तो यहाँ से पलायन या फिर गुलामी। मार्शल लिखता है, 'अनाज के लिए लोग पटना से ढाका चले गये। 1,500 लोगों ने एक ही दिन में शहर छोड़ दिया।'

थॉमस लिखता है, 'लोगों ने मुट्ठी भर चावल के लिए खुशी–खुशी अपने बच्चों को बेच दिया। साधारण गुलाम चार से पाँच आने में बिक गये। जबकि बढ़िया गुलाम एक रुपये तक में बिके।'

एक ख़ूबसूरत बच्चे के माता–पिता ने अपने बच्चे को आठ आने में बेचने का प्रस्ताव मार्शल को ही दिया था। लेकिन मार्शल तैयार नहीं हुआ। उस बच्चे का पिता 80 वर्ष का एक बूढ़ा था। 22 मई, 1671 को मार्शल ने अथमलगोला के समीप एक बनारसी या बिरंची नाम के लड़के को उसके बड़े भाई से ख़रीदा। वह लिखता है, 'उसका भाई उसे आठ आने में बेच रहा था लेकिन मैंने उसे एक रुपया दिया और उसके साथ मिठाई के लिए अलग से चार आना पैसा भी, क्योंकि यह गुलामों को ख़रीदते वक़्त देने का रिवाज था। दो पैसा उस सराय वाले को जहाँ यह सौदा हुआ था और एक पैसा हज्जाम को, जो लड़के का मुंडन करता।'

पटना में भी मार्शल ने एक 7–8 वर्ष के ब्राह्मण के लड़के को चार रुपये में ख़रीदा। उसके पिता की मृत्यु हो चुकी थी। उसकी माँ देवकी ने उसे भूख से मरने से बचाने के लिए बेच दिया था। मार्शल ने उसका नाम बदलकर अब्राहम कर दिया। इस अकाल का प्रभाव कपड़े के उत्पादन और शोरे के व्यापार पर भी पड़ा। इसके बहुत से कारीगर भूख से मर गये थे। पटना को इस अकाल से उबरने में बहुत वक़्त लगा।

पटना का अफ़ीम और
चीन का कुख्यात अफ़ीम युद्ध

सन् 1541 ईसवी में शेरशाह ने जब पटना के महत्त्व को समझते हुए यहाँ क़िले का निर्माण करवाया तो उसने कभी सपने में भी नहीं सोचा होगा कि क़रीब तीन सौ वर्षों के बाद चीन में हुए कुख्यात 'अफ़ीम युद्ध' में पटना में बने अफ़ीम की महत्त्वपूर्ण भूमिका होगी।

क़िले के निर्माण के बाद पटना तेज़ी से तरक्की करते हुए एक महत्त्वपूर्ण बड़ा शहर बन चुका था। इसके 45 वर्ष बाद 1586 में अंग्रेज़ व्यापारी राल्फ फिच जब पटना आया तो उसने कुछ अफ़ीमचियों को शहर में एक किनारे पड़े देखा। पटना उस वक़्त तक अफ़ीम और उम्दा क़िस्म के सूती कपड़े के बड़े केन्द्र के रूप में स्थापित हो चुका था।

मुग़ल साम्राज्य में अफ़ीम का उत्पादन बड़े पैमाने पर होता था और यह चीन और पूरब के दूसरे देशों को निर्यात किया जाता था। 16वीं सदी के उत्तरार्द्ध में अफ़ीम उत्पादन पर सरकार का नियन्त्रण था। मुग़ल साम्राज्य के पतन के बाद इस पर से सरकार का नियन्त्रण ख़त्म हो गया और यह पटना के कुछ बड़े व्यापारियों द्वारा नियन्त्रित होने लगा। वे ही

इसका उत्पादन करते और इसे बेचते। पटना वस्तुतः अफ़ीम व्यापार का पर्याय बन गया था।

1757 में प्लासी युद्ध के बाद जब ईस्ट इण्डिया कम्पनी को बंगाल की दीवानी मिली तो उसका हिन्दुस्तान की उन जगहों पर भी नियन्त्रण हो गया जहाँ अफ़ीम का उत्पादन होता था। उस वक़्त पटना के कुछ व्यापारी रैयतों से सीधे–सीधे अफ़ीम ख़रीद कर उसे डच व्यापारियों को चिनसुरा, फ्रांसीसियों को चन्द्रनगर और अंग्रेज़ों को कलकत्ता में बेचते थे। मुग़लों के वक़्त वे सालाना पेशकश देते थे। 1773 में वारेन हेस्टिंग्स ने अफ़ीम पर व्यापारियों का नियन्त्रण ख़त्म कर उसे कम्पनी के अधीन कर लिया।

ब्रिटेन में चीन की चाय, सिल्क और पोर्सिलेन की जबर्दस्त माँग थी। ब्रिटेन के आभिजात्य लोगों के बीच इन वस्तुओं का क्रेज था। जबकि चीन में ब्रिटेन या यूरोप में बनी किसी भी वस्तुओं की कोई माँग नहीं थी। चीन अपनी ज़रूरत की चीज़ों का कमोबेश उत्पादन कर ले रहा था। ब्रिटेन या यूरोप के व्यापारियों की पहुँच चीन के अन्दर के इलाकों में नहीं थी। उनका वहाँ आना वर्जित था। चीन चाय, सिल्क और पोर्सिलेन से बने सामानों के एवज़ में ब्रिटेन से चाँदी लेता था। फलस्वरूप ब्रिटेन से चाँदी बड़ी मात्रा में चीन जाने लगा। इस तरह ब्रिटेन के बाज़ार में भयानक असन्तुलन पैदा हो गया।

चीन में अफ़ीम की माँग थी। ब्रिटेन इसका फ़ायदा उठाने लगा। हिन्दुस्तान के बड़े इलाके पर नियन्त्रण के बाद ईस्ट इण्डिया कम्पनी ने यहाँ के अफ़ीम के व्यवसाय को नियन्त्रित कर लिया। उसने पटना को अफ़ीम उत्पादन का प्रमुख केन्द्र बनाया। उसने अफ़ीम को परिष्कृत करने के लिए एक बड़ा कारख़ाना भी लगाया। उसने यहाँ के किसानों को पोस्ता (अफ़ीम) की खेती और मज़दूरों को अफ़ीम के कारख़ाने में लगाया। एक निपुण कारीगर से एक दिन में अफ़ीम के सौ गोले तैयार करवाये जाते थे। तब इन अफ़ीमों को नेपाल से आयातित लकड़ी से बने बड़े–बड़े सन्दूकों में भर कर गंगा नदी के सहारे कलकत्ता भेज दिया जाता था।

चीन के लोग अफ़ीम की लत के शिकार हो चुके थे। चीनी तस्कर उनका लाभ उठाने लगे। और ब्रिटिश उन चीनी तस्करों का। ईस्ट इण्डिया कम्पनी चोरी–छुपे चीन के बन्दरगाहों तक अफ़ीम पहुँचाने लगी। वहाँ से बिचौलियों के मार्फ़त यह चीन के अन्दरूनी इलाकों में पहुँचने लगा। कम्पनी अफ़ीम का भुगतान चाँदी में लेती थी।

अब चाँदी का बहाव उलटी दिशा में होने लगा। पहले जो चाँदी ब्रिटेन से चीन आ रही थी, वह अब वापस ब्रिटेन जाने लगी। कुछ दिनों के बाद चीन में बढ़ती अफ़ीमचियों की संख्या और ब्रिटेन की ओर चाँदी के प्रवाह ने तत्कालीन चीनी शासक दाओगुआंग को चौकन्ना कर दिया। उसने लिन झीयु को इन सबसे निबटने के लिए नियुक्त किया। उसने दो–तीन दिन के अन्दर ही पटना से भेजे गये अफ़ीम के 20,000 (क़रीब 1,210 टन) बड़े सन्दूकों को ज़ब्त कर लिया और कई व्यापारियों को जेल में डाल दिया। इसके बाद शुरू हुआ वह कुख्यात अफ़ीम युद्ध।

बाद के दिनों में इसका असर पटना के अफ़ीम के कारख़ानों पर भी पड़ा। लेकिन तब तक अंग्रेज़ इससे काफ़ी कमा चुके थे। पटना में अफ़ीम का कारख़ाना वर्तमान गुलज़ारबाग़ प्रेस के परिसर में था।

1850 के आसपास ईस्ट इण्डिया कम्पनी के तत्कालीन अफ़ीम एजेण्ट डॉ. डी.आर. लॉयल ने पटना के स्थानीय चित्रकार शिवलाल से अबरख पर अफ़ीम कारख़ानों, अफ़ीम बनाने के तरीकों पर बहुत सारे चित्र बनवाये थे। इनमें कुछ चित्र पटना कलम शैली में बने हुए हैं।

मैनचेस्टर के बने कपड़ों से भी बढ़िया था पटना का कपड़ा

बीबीसी के लिए हिन्दुस्तान में रहकर लम्बे बरसों तक रिपोर्टिंग करने वाले प्रख्यात पत्रकार मार्क टल्ली ने अपनी एक पुस्तक 'नो फुल स्टॉप्स इन इण्डिया' की भूमिका में एक जगह लिखा है, 'मुझे लगता है कि मुझ पर कुछ लोग भारत के स्वर्ण युग की वकालत करने का आरोप लगायेंगे, जो कि वास्तव में नहीं था।'

यह एक ब्रिटिश नज़रिया है। मार्क टल्ली का मानना है कि हिन्दुस्तान में कभी स्वर्ण युग जैसी कोई चीज़ नहीं थी। लेकिन इतिहास का बड़ा सच यह रहा है कि सदियों से हिन्दुस्तान पर विदेशियों का आक्रमण होता रहा और वे यहाँ की अपार सम्पदा को लूट कर ले जाते रहे। हाँ, मुग़ल इसके अपवाद ज़रूर रहे जो अन्ततः यहीं बस गये। ईस्ट इण्डिया कम्पनी भी तो यहाँ व्यापार करने आयी थी, और व्यापार के लिए कोई किसी ग़रीब मुल्क में नहीं जाता। यहाँ इतना उत्पादन तो हो ही रहा था कि हम अपने खपत भर उत्पादन के बाद भी निर्यात कर सकते थे।

ब्रिटिश व्यापारी पीटर मुंडी भी व्यापार के सिलसिले में ही 1632 में पटना आया था। सत्रहवीं सदी के मध्य तक पटना की ख्याति एक बड़े व्यापार केन्द्र के रूप में हो चुकी थी। पटना और उसके आसपास के इलाकों में शोरा, अफ़ीम, पॉटरी, चावल, सूती और रेशमी कपड़े, दरी और कालीन का उत्पादन बड़े पैमाने पर होता था। इन सबके व्यापार के लिए पटना की शोहरत विदेशों तक पहुँच चुकी थी।

अंग्रेज़ व्यापारियों को अफ़ीम और शोरे की ज़रूरत थी। अफ़ीम को वे चीन में बेच कर भारी मुनाफ़ा कमा रहे थे। शोरा उन्हें बारूद के लिए

चाहिए था। इन दोनों वस्तुओं का वे प्रचुर मात्रा में दोहन कर रहे थे। लेकिन पटना के सूती और रेशमी कपड़ों का उद्योग उन्हें खटक रहा था। दरअसल उन्हें अपने यहाँ मैनचेस्टर में निर्मित कपड़ों को खपाने की चिन्ता थी।

उन दिनों पटना में उच्च कोटि के सूती और रेशमी कपड़ों का उत्पादन हो रहा था। इनकी खपत देश के साथ विदेशों में भी हो रही थी। यहाँ उत्कृष्ट और अपरिष्कृत दोनों तरह के कपड़े का उत्पादन हो रहा था। पटना 'पटना छींट' नामक कपड़े के ब्राण्ड के लिए देश में प्रसिद्ध था। इसके अतिरिक्त यहाँ कई तरह के कालीन और दरियों का भी उत्पादन हो रहा था। 1633 में मनूची जब पटना आया था तो उसने यहाँ के सफ़ेद उत्कृष्ट कोटि के कपड़ा का उल्लेख अपने संस्मरण में भी किया था।

वस्तुतः कपड़ा उद्योग कुटीर उद्योग की तरह था। एक बड़ी आबादी इसके साथ जुड़ी हुई थी। सैयद गुलाम हुसैन ख़ान (1727–28 से 1797–98) ने अपनी किताब 'मुताखेरिन' में विस्तार से लिखा है कि किस प्रकार ईस्ट इण्डिया कम्पनी ने पटना और उसके आसपास के हथकरघा उद्योग का विऔद्योगीकरण किया।

अठारहवीं सदी में पटना और गया की क़रीब 19.5 प्रतिशत आबादी अपनी आजीविका के लिए हथकरघा उद्योग में लगी हुई थी जो घट कर क़रीब 9 प्रतिशत रह गयी। वहीं इतिहासकार अमिय बाग़ची के अनुसार पटना और गया की 62.3 प्रतिशत आबादी जो हथकरघा उद्योग में लगी थी

घटकर 15.1 प्रतिशत रह गयी। उन्नीसवीं सदी के बीतते–बीतते यह घट कर एक चौथाई रह गयी।

1790 की रिपोर्ट के अनुसार शहर में कपड़े की 11,000 दुकानें थीं। जिनमें धूनियों की 153 दुकाने थीं जो रज़ाई के लिए रुई तैयार करते थे। 124 दुकानें कपड़े बेचने वालों की थीं। 71 दुकान कालीन बेचने वालों की थीं। रिपोर्ट के अनुसार पटना ज़िले में 175 जुलाहों का गाँव था।

1830 से कम्पनी ने मैनचेस्टर, इंग्लैण्ड में बने कपड़ों को पटना के बाज़ार में डालना शुरू किया। यह यहाँ के कपड़ों से चार गुना कम कीमत पर बेचा जाने लगा। 1860 आते–आते पटनावासियों की निर्भरता मैनचेस्टर में बने कपड़ों पर हो गयी। इंग्लैण्ड से आयातित सस्ते कपड़ों की वजह से यहाँ का हथकरघा उद्योग नष्ट हो गया। कम्पनी की एक रिपोर्ट में इसे 'डेथ बाय मैनचेस्टर' लिखा गया था।

कपड़े के उद्योग में लगे लोग बेरोज़गार होने लगे, उनके सामने भुखमरी की समस्या उत्पन्न हो गयी। यह जानना रोचक होगा कि इन्हीं उद्योगों में लगे लोगों का पलायन पूरब की ओर बंगाल में होने लगा। वे हुगली और हावड़ा की जूट फैक्टरी में काम करने लगे। कुछ कुली बन गये और कुछ घरेलू नौकर।

सत्रहवीं सदी में आज का पटना कुछ ऐसा था

आज भले ही पटना की गिनती धूल–गर्दों से भरे प्रदूषित शहरों में की जाती है और इसकी पहचान अनियोजित ढंग से बसे शहर की है। लेकिन 17 और अठारहवीं सदी में इसकी शोहरत इसकी स्वस्थ आबोहवा को लेकर थी। घने पेड़ों के बीच बसे पटना की आबादी तब दो लाख की थी।

इस आबादी में थोड़े से उच्च वर्ग, मध्यम वर्ग और बड़ी संख्या निम्न वर्ग के लोगों की थी। पटना में कुछ रईसों ने आलीशान इमारत बना रखी थीं। कुछ शानदार मस्जिद और सराय भी थीं। लेकिन बड़ी आबादी ऐसे लोगों की थी जिन्होंने साधारण ढंग के छोटे घर बना रखे थे। इनमें कुछ अमीर व्यक्ति भी शामिल थे। अधिकांश घर मिट्टी और फूस के बने थे, जिन्हें खपड़ा से ढँका गया था।

मुग़लों के वक़्त में राल्फ फिच और अबुल फ़ज़ल का पटना आना हुआ था। फिच ने अपने वृत्तान्त में पटना के बारे में लिखा था, 'पटना में अधिकांश घर साधारण ढंग के हैं, जो मिट्टी से बने और फूस से ढँके हुए हैं। हाँ, यहाँ की गलियाँ काफ़ी चौड़ी और साफ़–सुथरी हैं।' अबुल फ़ज़ल ने भी यही कुछ देखा था। उसने लिखा था, 'घर छोटे थे और खपड़ों से ढँके हुए थे।'

1631 में पटना आये डच ईस्ट इण्डिया कम्पनी के निदेशक जोहन्नेस डे लैत ने पटना का वर्णन कुछ इस तरह से किया है, 'चौड़ी सड़कों वाली एक शानदार जगह, यद्यपि घर छोटे और साधारण ढंग के मिट्टी, फूस और खपड़ों से बने हुए, लेकिन साथ ही लम्बे आकार में बसा हुआ समृद्ध शहर भी।'

मनूची ने 1663 में पटना को एक बड़े शहर के रूप में पाया जहाँ बड़ी संख्या में दुकानें थीं। शहर के बाशिन्दों में बड़ी संख्या व्यापारियों की थी। 1665 की सर्दियों में जब टॉवेर्नियर पटना पहुँचा तो उसने पटना शहर की लम्बाई चार मील पायी। उसने पटना को बंगाल के सबसे बड़े शहर के रूप में पाया, जो अपने व्यापार के लिए मशहूर था। उसने इसे हिन्दुस्तान के सबसे बड़े शहरों में माना। यद्यपि वह यह भी कहता है कि यहाँ के घर दूसरे शहरों की तुलना में अच्छे नहीं थे। ये अधिकांश फूस, बाँस और मिट्टी के बने थे।

कुछ रईसों और अमीर व्यापारियों को छोड़ दिया जाय तो शहर की बड़ी आबादी का रहन–सहन साधारण था। खाद्य पदार्थों की कीमतें कम थीं। जिससे आम लोगों का गुज़ारा भी आराम से हो जाता था। बेगारी की प्रथा थी। कामगारों को कम पैसे मिलते थे। शिल्पकारों की क़द्र थी लेकिन उन्हें बहुत पैसे नहीं मिलते थे। हाँ, कुछ शिल्पकारों को रईसों और नवाबों ने ज़रूर प्रश्रय दे रखा था।

कुल मिलाकर आम लोगों का जीवन शान्तिपूर्वक बीत रहा था। दिन में आम लोगों का भोजन चना चबेना था। शाम के वक़्त चावल, दाल, सब्ज़ी की खिचड़ी बनाकर पूरा परिवार मिल बैठ कर खाते थे। जाड़ों के दिनों में घर के आगे गोबर से बने उपले जलाकर वे सर्दी का मुक़ाबला करते थे।

शहर के आम लोग गधे, खच्चर, घोड़े और ऊँट की सवारी करते थे। कभी–कभी वे बैलगाड़ी की सवारी भी करते थे। जब घर की औरतों को जाना होता था तब उसे पर्दों से ढँक दिया जाता था। हाँ, रईसों की बात और थी। जब वे पालकी पर सवार होकर अपने अनुचरों के साथ शाम को हवा खाने निकलते थे तो सड़क के किनारे खड़ी आम जनता उन्हें हसरतों से देखती थी।

चार सौ ईसा पूर्व से ही व्यापार का बड़ा केन्द्र था पटना

चार सौ ईसा पूर्व से ही पटना (पाटलिपुत्र) व्यापार एवं वाणिज्य का बड़ा केन्द्र था। बेशक यह मगध की राजधानी थी लेकिन एक बड़ी आबादी और पर्याप्त सुरक्षा व्यवस्था के कारण पटना व्यापार का महत्त्वपूर्ण केन्द्र बन गया था। चन्द्रगुप्त मौर्य के वक़्त में उसके द्वारा बनाये गये छह प्रशासनिक विभागों में से चार विभाग प्रत्यक्ष रूप से व्यापार से जुड़े हुए थे। प्रत्येक विभाग में पाँच सदस्य होते थे। पहला विभाग सीधे–सीधे औद्योगिक कला और कलाकारों से जुड़ा था। वह उनसे जुड़े मामलों और कलाकारों के हितों की चिन्ता करता था। दूसरा विभाग विदेशी पर्यटकों और व्यापारियों

के आवागमन को देखता था और उनकी ज़रूरतों को पूरा करता था। तीसरा विभाग मृत्यु और जन्म का निबन्धन करता था। चौथे विभाग को बाज़ार और व्यापार को सही ढंग से संचालित करने का ज़िम्मा मिला हुआ था। वे दुकानदारों और व्यापारियों के बाट और माप को नियन्त्रित करते थे। पाँचवाँ विभाग उत्पादन और बेची जा रही वस्तुओं के कर निर्धारण के मामलों को देखा करता था।

बहुत हद तक पटना का महत्त्व इसके गंगा नदी के दक्षिणी भाग में बसे होने के कारण था। गंगा नदी के किनारे बसे होने के कारण जल मार्ग द्वारा किये जाने वाले व्यापार के लिए यह उपयुक्त था। कहा भी जाता है कि अजातशत्रु ने भी पाटलिपुत्र की स्थापना के लिए जगह का चुनाव गंगा नदी के कारण ही किया था। शुरू से समुद्री व्यापार के लिए इसे उपयुक्त माना गया। मौर्यकाल के पूर्व से ही चंपा (भागलपुर) और पाटलिपुत्र, दो ही ऐसे बन्दरगाह थे जहाँ से तिजारत के लिए जहाज़ श्रीलंका और जावा–सुमात्रा जाते थे। इसके अतिरिक्त पटना सड़क मार्ग द्वारा राजगीर, बिहार और गया से जुड़ा हुआ था। यद्यपि सड़कें अच्छी नहीं थीं फिर भी यातायात की सुविधा थी। उन दिनों श्रावस्ती से वाया वैशाली राजगीर जाने के लिए पाटलिपुत्र में ही नदी को पार करना होता था।

वस्तुतः पटना नदी मार्ग और सड़क मार्ग दोनों से जुड़ा होने के कारण संग्रह और वितरण का प्रमुख केन्द्र बन गया था। कौशाम्बी और वाराणसी गंगा द्वारा पाटलिपुत्र से जुड़े थे। गंगा के मार्फ़त वे समुद्र से जुड़े थे जहाँ समुद्री जहाज़ होते थे। ये विशाल समुद्री जहाज़ एक साथ पाँच सौ व्यापारियों को ले जाने में सक्षम थे।

गुप्तकाल में कुछ शहर अपने व्यापारिक गतिविधियों के कारण समृद्ध हो गये थे। बिहार में वैशाली और पाटलिपुत्र उनमें थे। यहाँ कई व्यापारिक घराने सफलतापूर्वक अपने–अपने व्यापार का संचालन कर रहे थे। ये घराने सहयोगी बैंकों का भी काम कर रहे थे। चन्द्रगुप्त प्रथम ने आपसी लेनदेन के लिए सोने के सिक्कों को लागू किया था जिसे पाटलिपुत्र में ही ढाला जाता था। गुप्तकाल के बाद पाँचवीं सदी में हूणों ने पाटलिपुत्र को काफ़ी क्षति पहुँचायी। मुग़लों ने अपने शुरू दिनों में बिहारशरीफ को अपना केन्द्र बनाया। यह शेरशाह था जिसने पटना को फिर से स्थापित किया। जिसकी वजह से पटना फिर से व्यापार और वाणिज्य का महत्त्वपूर्ण केन्द्र बन गया।

पटना के सिल्क के दीवाने थे पर्शिया के रईस

सत्रहवीं सदी में पटना सिल्क और सूती कपड़ों का समृद्ध और स्थापित व्यापार केन्द्र था। कई देशों के व्यापारी यहाँ स्थायी तौर पर रह रहे थे। उन दिनों पटना सिटी आज की तरह नहीं था। इसे कॉस्मोपॉलिटन शहर का दर्जा हासिल था। शहर में सैफ ख़ान का एक मशहूर सराय था, जहाँ विदेशी व्यापारी रहते थे। यह सराय आज के पाँच सितारा होटलों जैसी सुविधाएँ मुहैया कराता था।

1620 में अंग्रेज़ों ने अपने दो व्यापारियों, जॉन पार्कर और रॉबर्ट ह्यूज को पटना और उसके आसपास के इलाकों से विभिन्न तरह के सूती और सिल्क कपड़ों की ख़रीद के लिए भेजा। कपड़ों की प्रचुरता देख यहाँ उन्होंने एक कारख़ाना भी खोलना चाहा किन्तु वे सफल नहीं हो सके। दोनों व्यापारी वापस लौट गये।

यह उनका पहला वाणिज्यिक मिशन था। इसके पहले उन्होंने बंगाल में सिल्क कपड़ों के परिशोधन के लिए एक कारख़ाना खोल रखा था। दूसरा प्रयास ठीक इसके दो साल बाद ही एक अन्य व्यापारी पीटर मुंडी ने किया। वह 1632 के सितम्बर महीने में पटना पहुँचा।

उसने लिखा है, 'पटना उन दिनों का सबसे बड़ा वाणिज्यिक केन्द्र था। अम्बेरटी (साधारण सूती कपड़े का एक क़िस्म) के अतिरिक्त यहाँ कई प्रकार के उम्दा सूती कपड़े जैसे सहर, हम्माम, चौताहा, रावत, रामसुख, कस्सा और दुपट्टा इत्यादि पटना और उसके आसपास के इलाकों में उपलब्ध हैं। कस्सा, जिसे मसलिन भी कहा जाता है, ढाका से मँगवाये जाते हैं। पटना और उसके पचास मील के दायरे में सूती कपड़े के उत्पादन और बिक्री के कई केन्द्र हैं। पटना के आसपास के सारे शहरों और गाँवों

में सूती कपड़ों का उत्पादन होता है। घर–घर में कपड़ों के करघे लगे हुए हैं।'

पटना सिल्क के व्यापार के लिए भी मशहूर था। यहाँ मुर्शिदाबाद, सैदाबाद और ओडिसा से भी सिल्क का आयात किया जाता था। सत्रहवीं सदी के शुरू के वर्षों में यहाँ प्रति वर्ष 1000–2000 मन कच्चे सिल्क का उत्पादन होता था।

पटना से पूरब दस मील की दूरी पर बैकुण्ठपुर (सम्भवतः आज का बैकठपुर, जहाँ प्रसिद्ध मन्दिर है) सिल्क के उत्पादन का प्रमुख केन्द्र था। यहाँ से मुग़ल व्यापारी इसे ख़रीद कर ईरान (तब का पर्शिया) ले जाते थे। पर्शिया के रईसों में यहाँ का सिल्क बहुत ही लोकप्रिय था। बाद में यह अंग्रेज़ों में भी लोकप्रिय हो गया। इसके पहले अंग्रेज़ चीन से सिल्क का आयात करते थे। चीनी सिल्क के बदले चाँदी लेते थे। इसलिए अंग्रेज़ यहाँ के सिल्क की ख़रीद बड़ी मात्रा में करने लगे। यह यहाँ के व्यापारियों के लिए स्वर्णकाल था।

ब्रिटिश, डच, डेन और फ़्रांसिसी व्यापारिक घरानों का मिलन–स्थल था पटना

शेरशाह ने पटना के सामरिक और वाणिज्यिक महत्त्व को समझते हुए 1541 में यहाँ क़िले का निर्माण करवाया था। इसके बाद वह ज़्यादा दिनों तक जीवित नहीं रह सका था। लेकिन पटना प्रगति के रास्ते पर बढ़ चुका था। इसके क़रीब सौ वर्षों के बाद शाइस्ता ख़ान (1639–1649) के सूबेदारी के वक़्त तक पटना का बाज़ार बहुत समृद्ध हो चुका था।

शोरे के उत्पादन और निर्यात के लिए पटना की ख्याति यूरोप और दुनिया के दूसरे देशों तक फैल चुकी थी। शोरा का प्रयोग गनपाउडर (बारूद) के निर्माण में होता था और यूरोप में इसकी बहुत माँग थी। शोरा मुख्य रूप से गंगा नदी के मार्फ़त सारण ज़िले से पटना लाया जाता था। वैसे पटना के आसपास के इलाकों में भी इसका उत्पादन होता था। पटना में गंगा नदी के बन्दरगाह से यह यूरोप के विभिन्न देशों में भेज दिया जाता था। सत्रहवीं सदी में पटना यूरोप के ब्रिटिश, डच, डेन और फ़्रांसिसी व्यापारिक घरानों का मिलन–स्थल था। पटना में 1657 में शोरे का पहला कारख़ाना खोलने का श्रेय डचों (हॉलैण्डवासी) को जाता है। उन्होंने अशोक राजपथ पर यह कारख़ाना खोला। उस इमारत में अब पटना कॉलेज है। बाद के दिनों में अंग्रेज़ों ने डचों की नकल करते हुए और कारख़ानों की स्थापना की।

शुरू के वर्षों में डच शोरे को छपरा में परिष्कृत कर पटना लाते थे और फिर यहाँ उसका निर्यात किया जाता था। पटना में तैवरनिये (1665) की भेंट आर्मेनिया के चार व्यापारियों से हुई थी। इससे यह पता चलता है कि सिर्फ़ इंग्लैण्ड, हॉलैण्ड, फ्रांस के व्यापारी ही पटना नहीं आते थे बल्कि दूसरे देशों के भी व्यापारियों का यहाँ आना–जाना था। तैवरनिये

ने अपने वृत्तान्त में पटना के भूटान और तिब्बत से भी व्यापारिक रिश्तों की बात लिखी है।

शोरे को पटना में इकट्ठा किया जाता था और यहाँ से उसे विशाल नौकाओं में भरकर हुगली भेजा जाता था। एक नौका पर 4,000 से 6,000 मन तक शोरा लादा जाता था।

अठारवीं सदी तक पटना न केवल अन्तर्राज्यीय बल्कि अन्तर्राष्ट्रीय व्यापारिक केन्द्र बन चुका था। एशिया और यूरोप के विभिन्न देशों के साथ इसके व्यापारिक सम्बन्ध थे। पश्चिम में यह गंगा नदी के जरिये बनारस, इलाहाबाद और आगरा के साथ ही पश्चिम एशिया, मध्य एशिया और ईजिप्ट से जुड़ा हुआ था और पूरब में सड़क मार्ग से आगरा से लेकर चिटगाँव तक जुड़ा हुआ था।

यह हिन्दुस्तान का स्वर्णकाल था, जब विश्व अर्थव्यवस्था में भारत की हिस्सेदारी 23 फ़ीसदी थी। यह पूरे यूरोप की हिस्सेदारी से अधिक थी। लेकिन जब ब्रितानी भारत छोड़कर गये तो यह घटकर चार फ़ीसदी से भी कम रह गयी थी। उस 23 फ़ीसदी की हिस्सेदारी में पटना का क्या योगदान रहा होगा, पाठक स्वयं समझ सकते हैं।

पटना के अफ़ीम से अंग्रेज़ चीन की चाय ख़रीदते थे

सत्रहवीं सदी बीतते–बीतते ब्रिटेन में चीन की चाय बहुत लोकप्रिय हो गयी थी। ब्रिटेन को चाय की ख़रीद के लिए चाँदी में भुगतान करना होता था। इस तरह चाय की ख़रीद में ब्रिटेन का बहुत सारा चाँदी चीन को चला जा रहा था। अंग्रेज़ एक ऐसी चीज़ की तलाश में थे जिसे चीनी चाँदी के बदले स्वीकार कर सकें। इसके लिए उन्होंने अफ़ीम का सहारा लिया।

उन दिनों चीनी अफ़ीम का सेवन करते थे। यह एक महत्त्वपूर्ण औषधि थी जो नींद में सहायक थी, दर्द और तनाव को ख़त्म कर सकती थी। लेकिन इसके लगातार सेवन से इसकी लत भी लग जाती थी। अंग्रेज़ों ने चीनी तस्करों का एक ऐसा सिंडिकेट तैयार किया जो चीनियों को अफ़ीम का अभ्यस्त बनाने लगी। शीघ्र ही लाखों चीनियों को इसकी लत लग गयी। अंग्रेज़ तो यही चाहते ही थे।

मुग़ल काल से ही पटना और उसके आसपास अफ़ीम का उत्पादन हो रहा था। लेकिन इसकी खपत स्थानीय बाज़ार में कम थी। अफ़ीम का सेवन करने वालों को सामाजिक तौर पर बहिष्कृत कर दिया जाता था। लेकिन डचों द्वारा पटना से इसका निर्यात बड़े पैमाने पर किया जा रहा था। वे स्थानीय किसानों को अफ़ीम की खेती के लिए प्रोत्साहित किया करते थे। किसानों को भी भारी मुनाफ़ा हो रहा था, इसलिए अधिकतर किसान दूसरे फ़सलों को छोड़ अफ़ीम की खेती करने लगे।

शुरू के दिनों में अंग्रेज़ों ने अफ़ीम में कुछ रुचि ली। लेकिन डचों के एकाधिकार के कारण वे कुछ ज़्यादा नहीं कर सके। प्लासी युद्ध में मिली जीत और बंगाल की दीवानी मिलने के बाद ईस्ट इण्डिया कम्पनी

का हिन्दुस्तान के उन जगहों पर नियन्त्रण हो गया, जहाँ अफ़ीम की खेती होती थी। सबसे पहले उन्होंने अफ़ीम के उत्पादन और निर्यात पर से डचों के नियन्त्रण को ख़त्म किया। अफ़ीम से लदे उनके जहाज़ों को बंगाल में ही रोक दिया गया। मजबूरन डचों ने इस धन्धे से अपने को अलग कर लिया।

अब ईस्ट इण्डिया कम्पनी का अफ़ीम के उत्पादन पर पूरी तरह नियन्त्रण हो गया। उन्होंने अफ़ीम की खेती को प्रोत्साहन देना शुरू किया। बिहार के कई हिस्सों में रैयतों को अफ़ीम की खेती के लिए बाध्य भी किया जाने लगा। यह अफ़ीम 'पटुआ अफ़ीम' कहा जाता था। अब जो भी अफ़ीम का उत्पादन होता उस पर कम्पनी का अधिकार होता। उनकी अनुमति के बगैर अफ़ीम की खेती करने पर कठोर दण्ड दिया जाता था।

कम्पनी ने अफ़ीम की कीमत तय कर रखी थी। उसी निर्धारित कीमत पर, जो कि आम तौर पर एक डॉलर प्रति पौण्ड (क़रीब आधा किलो) होती थी, कम्पनी अफ़ीम ख़रीद लिया करती थी। अफ़ीम को तैयार करने के लिए अंग्रेज़ों ने पटना में अफ़ीम की एक फैक्टरी लगाई। यह वर्तमान गुलज़ारबाग़ प्रेस के परिसर में था। अफ़ीम की यह फैक्टरी बहुत ही उन्नत

क़िस्म की थी। यहाँ बहुत बड़े पैमाने पर अफ़ीम का उत्पादन होने लगा। परिष्कृत अफ़ीम को कम्पनी भारी मुनाफ़े के साथ कलकत्ता के मार्फ़त चीन निर्यात कर देती थी। कम्पनी के राजस्व का मुख्य स्रोत अफ़ीम और ज़मीन से मिलने वाला टैक्स ही था।

कम्पनी ने पटना में अपने अफ़ीम एजेण्ट बहाल कर रखे थे। इन्हीं एजेण्टों में एक मशहूर चित्रकार और पटना में लिथो प्रेस के संस्थापक चार्ल्स डी'ऑयली भी थे। बाद के दिनों में 1911 में चीन के साथ समझौता हो जाने के बाद कम्पनी ने धीरे–धीरे अफ़ीम का उत्पादन बन्द कर दिया। अफ़ीम के कारख़ाने बन्द कर दिये गये।

पटना कभी कपड़ों का बहुत बड़ा उत्पादन केन्द्र था

पटना सिटी के इलाकों में घूमते हुए आज यह यक़ीन कर पाना मुश्किल होगा कि कभी यह इलाका कपड़ों का बहुत बड़ा उत्पादन केन्द्र और बाज़ार था, जहाँ से दूर देशों में कपड़ों का निर्यात किया जाता था।

1790 की एक रिपोर्ट के अनुसार यहाँ 11,000 दुकानें थीं जिनमें 153 दुकानें धुनियों की थीं जो रज़ाई के लिए रुई तैयार करते थे। 50 दुकानों में कपड़ों पर छापा का काम होता था। इसके अतिरिक्त 7 दुकानों में रुई बेचा जाता था। 124 दुकान बजाजों के थे, जो कपड़े बेचा करते थे। 71 कालीन के कारख़ाने थे जहाँ दिन–रात कालीन तैयार किये जाते थे।

इसके बीस वर्षों के बाद जब बुकानन इस इलाके में सर्वेक्षण का काम करने आया तो उसने यहाँ कपड़ों के कई कारख़ाने देखे जहाँ उम्दा क़िस्म के कपड़े तैयार किये जा रहे थे। उस वक़्त ब्रिटेन से आयातित कपड़ों का यहाँ कोई नामोनिशान नहीं था।

बुकानन की रिपोर्ट के अध्ययन से यह पता चलता है कि पटना ज़िला में बुनकरों के 175 गाँव और मोहल्ले थे जहाँ के निवासी उत्पादन के काम में लगे हुए थे। यद्यपि इसके दस वर्षों के बाद ही यहाँ ब्रिटेन से आयातित कपड़े बिकने लगे थे क्योंकि उस पर कोई टैक्स न लगने की वजह से वे बेहद सस्ते होते थे।

1830 आते–आते ब्रिटेन से प्रचुर मात्रा में कपड़ों का आयात किया जाने लगा। अगले तीस वर्षों में यानी 1860 तक पटनावासियों की निर्भरता पूरी तरह ब्रिटिश कपड़ों पर हो गयी। एक आँकड़े के अनुसार जितना कपड़ों का उत्पादन यहाँ के कारख़ाने कर रहे थे उससे चार

गुना ज़्यादा ब्रिटेन से आयातित कपड़ा यहाँ के बाज़ार में भर दिया गया। टैक्स न लगने की वजह से ये बेहद सस्ते थे इसलिए स्थानीय निवासी इन्हें ख़रीदने लगे।

यह यहाँ के हथकरघा उद्योग के लिए बड़ा आघात था। रही सही कसर कानपुर और मुम्बई के कारख़ानों में बने सस्ते कपड़ों ने पूरी कर दी। 1870 के आसपास इन कारख़ानों के कपड़ों से यहाँ के बाज़ार भर गये थे। मशीन में बने सस्ते धागों ने भी यहाँ के हथकरघा उद्योग को क्षति पहुँचाई।

सिर्फ़ मोटिया कपड़े इस आक्रमण को झेल गये थे। यह अभी भी सस्ते और आयातित कपड़ों की तुलना में मज़बूत होते थे। यह ग़रीबों का कपड़ा था। वही इसके ख़रीदार होते थे। इसे स्वदेशी धागों और मशीन के बने धागों को मिलाकर बनाया जाता था।

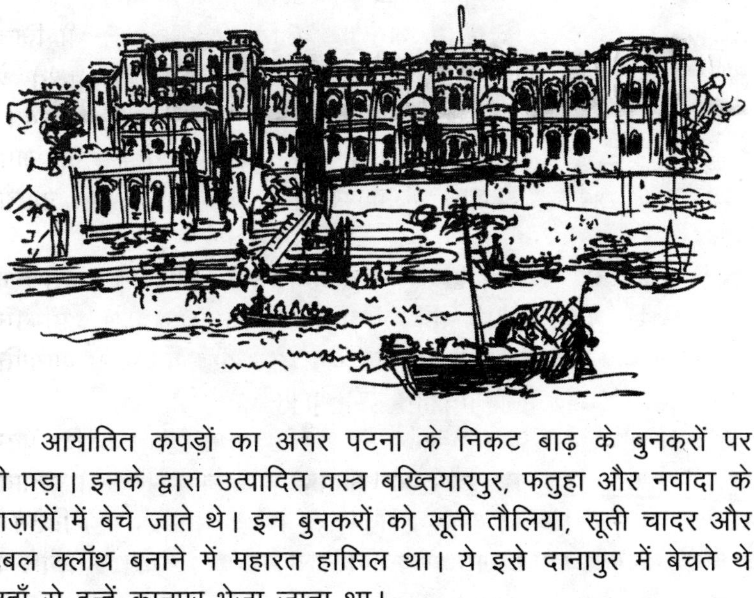

आयातित कपड़ों का असर पटना के निकट बाढ़ के बुनकरों पर भी पड़ा। इनके द्वारा उत्पादित वस्त्र बख्तियारपुर, फतुहा और नवादा के बाज़ारों में बेचे जाते थे। इन बुनकरों को सूती तौलिया, सूती चादर और टेबल क्लॉथ बनाने में महारत हासिल था। ये इसे दानापुर में बेचते थे जहाँ से इन्हें कानपुर भेजा जाता था।

हथकरघा उद्योग के पतन ने स्थानीय आबादी के एक बड़े हिस्से को नुक़सान पहुँचाया। धुनिया, जो रुई साफ़ करते थे, सूत कातने वाले जिनमें महिलाएँ होती थीं और बुनकर जो मुस्लिम जुलाहे और हिन्दू ततवा होते थे, सबों का रोज़गार छिन गया था।

बुकानन की रिपोर्ट के अनुसार पटना के 278 धुनियों, 23,400 सूत कातने वालों, 2,010 बुनकरों के घर और 2,692 कारख़ानों पर इसका असर पड़ा। इस तरह यहाँ का फलता–फूलता उद्योग मैनचेस्टर में बने कपड़ों और बाद में हिन्दुस्तान के कारख़ानों के सस्ते कपड़ों से पूरी तरह नष्ट हो गया।

पटना के मुग़लकालीन बाज़ार अब भी हैं

मुग़लकाल से ही पटना में छोटे नियमित बाज़ारों की स्थापना विशिष्ट इलाकों में हो गयी थी। ये बाज़ार अनाज और जीवन की अन्य आवश्यक वस्तुओं की ज़रूरतों को पूरा करने के लिए थे।

पटना (अब पटना सिटी) की सबसे बड़ी मण्डी मारूफगंज की स्थापना 1764 में नवाब एकराम–दौला ने की थी। इसे ईस्ट इण्डिया कम्पनी का संरक्षण मिला हुआ था। मारूफगंज ने पहले से स्थापित नवाबगंज और मण्डीगंज के बाज़ार पर प्रभाव डाला और जल्दी ही पटना शहर के सबसे बड़े बाज़ार के रूप में स्थापित हो गया। नाव से उतरने वाले अधिकांश सामानों की खेप यहीं आती थी।

शहर के दो तिहाई तेलहन व्यापार (7,28,237 मन) पर नियन्त्रण मारूफगंज मण्डी का था। यह इस मण्डी की क्षमता को भी दर्शाता है। चीनी, नमक और अन्य अनाजों की इस मण्डी में कोई कमी नहीं थी।

मारूफगंज के दक्षिण में बसा मंसूरगंज दूसरे स्थान पर आता है। यह मुख्य रूप से तेलहन (1,04,968 मन), (56,873 मन), चीनी (8,000 मन) और अन्य अनाजों पर केन्द्रित था। यहाँ बिहार के दक्षिणी ज़िलों से सामान आयात होता था।

गंगा के किनारे बसे अन्य बाज़ारों में कर्नलगंज एक और नियमित बाज़ार था। यह तेलहन (1,37,370 मन) का बंगाल और बिहार के उत्तरी ज़िलों से आयात के लिए विख्यात था।

मारूफगंज, मंसूरगंज और कर्नलगंज के बाद सादिकपुर और महाराजगंज का नाम व्यापार के लिए मशहूर था। ये भी तेलहन और अनाजों के व्यापार में थे। अलाबक्शपुर, अरफाबाद और गुलज़ारबाग़ अन्य बाज़ार थे जो तेलहन, अपरिष्कृत चीनी और जूते के व्यापार में थे।

शहर के बीच में बसा चौक, इसके नज़दीक मिरचाईगंज और इन दोनों के पूरब बसा क़िला सूती कपड़ों के व्यापार के लिए विख्यात था। यह सूती कपड़ों के आयात का बड़ा केन्द्र भी था। कपड़ों का सारा व्यापार मारवाड़ियों के हाथों केन्द्रित था। दूसरे अन्य आयातों में लोहा, ताँबा, पीतल, मसाले और रेशम थे। दूसरे अन्य विविध अंग्रेज़ी सामानों में छाते, चाकू, कैंची, चलने की छड़ें, क्रॉकरी के बर्तन, काँच के बने पदार्थ, हार्डवेयर थे। ये सारे सामान या तो बड़े नावों के मार्फ़त या बैलगाड़ियों से यहाँ लाये जाते थे।

ये आँकड़े प्रख्यात इतिहासकार गुलाम हुसैन की मशहूर पुस्तक शेर–उल–मुतखरिन से लिए गये हैं। ये आँकड़े तब के हैं जब पटना की आबादी एक लाख से भी कम थी।

एक रिपोर्ट के अनुसार पटना की आबादी बीसवीं सदी के शुरू के वर्षों में 1,70,654, 1881 में 1,65,192, 1,891 में 1,34,785, 1901 में 1,36,153, 1911 में 1,19,976 थी। 1961 में यह आबादी 3,00,000 की हो गयी थी।

अज़ीम-उश-शान ने पटना को दिल्ली की तरह बनाना चाहा था

पटना दुनिया के उन सबसे पुराने शहरों में से एक है जिसका एक क्रमबद्ध इतिहास रहा है। पाटलिपुत्र के नाम से विख्यात प्राचीन पटना की स्थापना 490 ईसा पूर्व में मगध सम्राट अजातशत्रु ने की थी। पाटलिपुत्र मगध, नन्द, मौर्य, शुंग, गुप्त और पाल साम्राज्यों की राजधानी रही। पाटलिपुत्र शुरू से ही शिक्षा और कला का एक केन्द्र बना रहा। आपको यह जानकर आश्चर्य होगा कि 300 ईसा पूर्व मौर्यों के वक़्त में पाटलिपुत्र की आबादी 4 लाख तक पहुँच गयी थी। आप इसकी तुलना 1911 में पटना की जनसंख्या से कर सकते हैं। उस वक़्त इसकी आबादी महज़ 1,00,976 बची रह गयी थी। ज़ाहिर है इन बीच के वर्षों में पटना ने कई उतार-चढ़ाव देखे होंगे।

सातवीं सदी के बाद पाटलिपुत्र लगातार उपेक्षित होता रहा। 1540 में शेरशाह ने जब मुग़ल साम्राज्य को अपने नियन्त्रण में लिया तो पटना के सामरिक और वाणिज्यिक महत्त्व को समझते हुए उसने इस शहर को पुनर्जीवित किया। उसने इसे पटना नाम दिया और 1541 में यहाँ एक क़िले का निर्माण करवाया। इसके बाद वह ज़्यादा दिनों तक जीवित नहीं रह सका था। 1545 में एक दुर्घटना में उसकी मौत हो गयी। लेकिन पटना प्रगति के रास्ते पर बढ़ चुका था। इसके क़रीब सौ वर्षों के बाद शाइस्ता ख़ान (1639-1649) के सूबेदारी के वक़्त तक पटना का बाज़ार बहुत समृद्ध हो चुका था और इसकी शोहरत दूर के देशों तक पहुँच चुकी थी।

सोलहवीं और सत्रहवीं सदी में ही पटना बैंकिंग और व्यापार के केन्द्र के तौर पर स्थापित हो चुका था और साथ ही साथ यह ज्ञान, सांस्कृतिक

महत्त्व और राजनीति का केन्द्र भी बन चुका था। इन सबने मिलकर इस शहर को वैभव और ऐश्वर्य से समृद्ध किया। यह शहर महलों, हवेलियों, आलीशान इमारतों और बड़े वाणिज्य संस्थानों से भरा पड़ा था।

शेरशाह ने यहाँ क़िले का निर्माण करवाकर इसे समृद्धि ज़रूर दी थी लेकिन उसे पूर्णता तक पहुँचाने का काम औरंगज़ेब के पोते अज़ीम–उश–शान ने किया। औरंगज़ेब ने उसे 1697 में बिहार बंगाल और ओडिसा की सूबेदारी दी। अज़ीम–उश–शान पटना को मुग़लों की राजधानी शाहजहानाबाद (दिल्ली) की तरह ख़ूबसूरत और भव्य बनाना चाहता था। उसने दिल्ली से हुनरमन्द कारीगरों को बुलवाकर शेरशाह के क़िले का नवीकरण करवाते हुए मरम्मत करवायी। उसने इस क़िले में शाहजहानाबाद के लाल क़िले की तरह दीवाने–ख़ास और दीवाने–आम का भी निर्माण करवाया।

अज़ीम–उश–शान ने पेशे के आधार पर अलग–अलग मोहल्ले बसाये। अफ़गानों की एक जाति के नाम पर उसने लोदी कटरा बसाया। यहाँ उसने अफ़गानों को बसाया। मुग़लपुरा में उसने मुग़ल सिपाहियों और मुग़ल अधिकारियों को बसाया। कश्मीरी कोठी में उसने कश्मीरी व्यापारियों को बसाया। कमानगर गली में उसने तीर–धनुष बनाने वालों को बसाया।

अज़ीम–उश–शान ने पटना को एक नया नाम भी दिया–अज़ीमाबाद। यह उसके अपने नाम पर था। पटना का नाम यद्यपि ख़त्म नहीं हुआ था लेकिन अज़ीमाबाद नाम कुलीनों और शासक वर्गों के बीच अठारहवीं और उन्नीसवीं सदी में प्रचलित रहा। 1712 में अपने पिता के निधन के बाद अज़ीम–उश–शान ने ख़ुद को सम्राट घोषित किया। लेकिन कुछ ही दिनों के बाद उसकी हत्या रावी नदी में डुबो कर कर दी गयी। अज़ीमाबाद को शाहजहानाबाद की तरह बनाने का उसका सपना अधूरा ही रहा।

जब तक बंगाल मुग़लों के अधीन रहा यह अज़ीमाबाद ही कहलाता रहा। मुग़लों के पतन और ब्रिटिशों के आगमन के बाद यह फिर से पटना हो गया।

दिल्ली से आये लोगों ने पटना को और भी किया समृद्ध

सोलहवीं और सत्रहवीं सदी में पटना बैंकिंग और व्यापार के केन्द्र के तौर पर स्थापित हो चुका था और साथ ही साथ यह ज्ञान और सांस्कृतिक महत्त्व का केन्द्र भी बन रहा था। यह वह वक़्त था जब बिहार के सूबेदार सैफ ख़ान (1628–1632) ने यहाँ एक मदरसे की नींव रखी थी जो आगे चल कर अरबी तालीम का बड़ा केन्द्र बना। बाद के दिनों में नवाब जैनुद्दीन अहमद ख़ान ने एक विशाल लाइब्रेरी बनवाकर इसे और भी समृद्ध किया। इस मदरसे से अठारहवीं सदी के नामचीन विद्वान मौलाना सैयद कमालुद्दीन, मिर्ज़ा यूसुफ़ जरीफ़, शेखपुरा के मोहम्मद नसीर, पटना के मोहम्मद अब्दुलाह इत्यादि जुड़े। उन्हीं दिनों और भी कई मशहूर ख़ानकाहों, ख़ानकाह शाह बकर हजीं, शाह अर्जन का ख़ानकाह, ख़ानकाह मंगल तालाब इत्यादि का निर्माण हुआ।

फुलवारीशरीफ़ के ख़ानकाह ने भी नवाबों और क़द्रदानों से मिले दान से अपने को समृद्ध किया। इस ख़ानकाह को शाह मोहम्मद मखदूम, उनकी बीवी वलियाह और इनके बेटे शाह अयातुल्लाह जौहरी जैसे सूफ़ी फ़क़ीर और विद्वानों ने मशहूर बनाया। इन मदरसों और सूफ़ी ख़ानकाहों ने इस्लामिक अध्ययन और साहित्यिक गतिविधियों में महत्त्वपूर्ण भूमिका निभाई जिसने आगे चल कर अठारहवीं सदी के कई लेखकों, शायरों और कवियों पर अपना प्रभाव डाला। अठारहवीं सदी के मध्य में पटना का सामाजिक और सांस्कृतिक जीवन और भी समृद्ध हो गया जब दिल्ली में औरंगज़ेब के वंशजों में उत्तराधिकार के लिए संघर्ष से गृहयुद्ध के हालात उत्पन्न हो जाने से बड़ी संख्या में कुलीन परिवारों, व्यापारियों,

कवियों, शायरों, कलाकारों, सैनिकों और सूफ़ी सन्तों ने पटना को अपना ठिकाना बनाया।

अपनी पुस्तक 'मर्चेंट्स, पॉलिटिक्स एण्ड सोसाइटी इन अर्ली मॉडर्न इण्डिया : बिहार, 1733–1820' में कुमकुम चटर्जी लिखती हैं, 'पटना में ऐसे लोग बड़ी संख्या में आये। ऐसे ही लोगों में मशहूर सूफ़ी शायर मीर बकर हजीं, सूफ़ी फ़क़ीर रुकनुद्दीन इश्क़, मोहम्मद अली फिदवी, मोहम्मद जफ़र ख़ान रागिब थे। इसके साथ ही उन्हीं दिनों सिताब राय जैसे रईस और उन्नीसवीं सदी के मशहूर शायर शाद अज़ीमाबादी का परिवार भी मुग़लों की राजधानी दिल्ली को छोड़ पटना आ बसा था।' कुमकुम चटर्जी ने आगे लिखा है, 'जो कलाकार दिल्ली से विस्थापित होकर पटना आये थे, उन्होंने स्थानीय चित्रकला की एक शैली 'पटना कलम' को जन्म दिया।'

पटना सिटी के पूरब दरवाज़ा मोहल्ला को इन कुलीन लोगों ने अपना ठिकाना बनाया। यह पूरा इलाका उनकी वजह से दिल्ली के किसी मोहल्ले की तरह दिखने लगा था। इन आप्रवासियों ने जिनमें कवि, शायर, कलाकार, लेखक और रईस थे–दरबार उन्मुख संस्कृति से पटना को परिचित करवाया। इन लोगों ने यहाँ की उर्दू–फ़ारसी साहित्यिक परम्परा को और भी समृद्ध किया।

अठारहवीं सदी का पटना बुकानन की नज़रों में

ब्रिटिश ईस्ट इण्डिया कम्पनी ने जब हिन्दुस्तान पर कब्ज़ा जमाया तो उनके लिए यह ज़रूरी हो गया था कि वे यहाँ के रीति–रिवाजों, सामाजिक व्यवस्थाओं, अनुष्ठानों, प्रथाओं को समझें। उनके लिए यह भी ज़रूरी था कि वे यहाँ की ऐतिहासिक विरासत, संस्कृति और शिल्प को जानें। दूसरी ओर इंग्लैण्ड में रह रहे लोगों की भी उत्सुकता थी हिन्दुस्तान के बारे में जानने की। इसी क्रम में तत्कालीन गवर्नर जनरल लार्ड वेलेस्ले ने बुकानन को ईस्ट इण्डिया कम्पनी के अधीन इलाकों के इतिहास, कला–संस्कृति, व्यापार, सामाजिक तथा धार्मिक रिवाजों, कर्मकाण्डों, रीति–रिवाजों, कृषि, वास्तुशिल्प और प्राकृतिक संसाधनों के सर्वेक्षण के काम में लगा दिया।

स्कॉटलैण्ड में पैदा हुए पेशे से डॉक्टर रहे बुकानन 1794 में ईस्ट इण्डिया कम्पनी की नौकरी में सर्जन के तौर पर शामिल हुए थे, लेकिन

उसकी रुचि प्राकृतिक इतिहास और भूविज्ञान में थी। इसलिए हिन्दुस्तान आते ही उसे सर्वेक्षण के काम में लगा दिया गया। इसी क्रम में 1811 में वह पटना आया।

अपने सर्वेक्षण में उसने लिखा, 'पटना में 97,500 मुस्लिम और 2,14,500 हिन्दुओं का निवास है। एक वाणिज्यिक शहर होने के नाते यहाँ तरह–तरह के पेशे में लोग लगे हुए हैं। यहाँ 30,000 व्यापारी, 78,000 शिल्पकार, 66,000 मज़दूर, जो खेतों और अन्य जगहों पर काम कर रहे थे। समाज पेशे के आधार पर विभिन्न वर्गों से बना था।'

बुकानन लिखता है, 'अन्य ज़िलों में यह तीन वर्गों सुखबास, खोशबाश और चास में सीमित था लेकिन पटना में यह चार अलग श्रेणियों अशरफ़, बुकल, पौनिया और जोतिया में बँटा था। अशरफ़ भद्र लोगों का वर्ग था, जिसमें उच्च जातियों के मुसलमान और हिन्दू शामिल थे। मुसलमानों में सैयद, पठान और मुग़ल थे। हिन्दुओं में ब्राह्मण, क्षत्री, राजपूत और कायस्थ थे।'

बुकानन ने लिखा, 'कुछ निम्न जाति के समृद्ध धनी व्यापारी ख़ुद को अशरफ़ की श्रेणी में मानते थे लेकिन समाज में उन्हें मान्यता नहीं मिली हुई थी और उन्हें निम्न श्रेणी का ही माना जाता था। अशरफ़ समुदाय के लोग शारीरिक श्रम न करना गर्व की बात मानते थे। आमतौर पर उनके पास खेती योग्य काफ़ी ज़मीन होती थी जिसमें वे अपने नौकरों या ग़ुलामों से खेती करवाते थे। लेकिन कुछ ग़रीब अशरफ़ भी थे जो अपने खेतों में ख़ुद कुदाल चला कर खेती करते थे। वे ख़ुद से अनाज बोते, उन्हें पानी देते और फ़सल काटते थे। कभी–कभी हल चलाने के लिए किराये पर मज़दूर भी रख लेते थे।'

बुकानन ने अपनी रिपोर्ट में लिखा, 'बुकल निम्न जाति के व्यापारी हुआ करते थे। ये आमतौर से खेतीबारी से दूर रहते थे। पौनिया शिल्पकार थे। उनके पास खेती योग्य ज़मीन भी होती थी, जिसमें आमतौर पर वे स्वयं खेती करते थे।'

बुकानन लिखता है, 'जब उनके पास पर्याप्त पेशेगत काम नहीं होता था तब एक भाई खेती करता था, दूसरा पेशेगत काम में लगा रहता। जोतिया मुख्य रूप से हरवाहे होते थे। इनके पास ख़ुद की ज़मीन नहीं होती थी। ये दूसरों के खेतों में मज़दूरी करते थे। इसके साथ ये घरों में नौकरों का काम, दैनिक मज़दूरी इत्यादि भी करते थे। कुछ ऐसे भी उच्च

जाति के ग़रीब थे जो अपने से निम्न जाति के लोगों के यहाँ नौकर का काम करते थे। मैंने स्वयं कई उच्च ब्राह्मणों को निम्न जाति के लोगों के यहाँ जूठे बर्तनों को धोते देखा।'

बुकानन अठारहवीं सदी के पटना को एक मिश्रित समाज के रूप में पाता है जहाँ अमीर और ग़रीब, उच्च और निम्न जातियों के लोग अपनी–अपनी आर्थिक और सामाजिक क्षमताओं के अनुसार मिल–जुलकर साथ रह रहे थे।

उन्नीसवीं सदी में अंग्रेज़ों ने पटना को नये सिरे से बसाया

औरंगज़ेब ने जब अपने पोते अज़ीम–उश–शान को 1697 में बिहार, बंगाल और ओडिसा की सूबेदारी दी तो उसने पटना को दिल्ली की तरह बनाना चाहा था। अज़ीम–उश–शान ने पेशे के आधार पर अलग–अलग मोहल्ले बसाये थे। लोदी कटरा, मुग़लपुरा, जरगरटोला, मीर शिकार टोली इत्यादि। वह ज़्यादा दिनों तक जीवित नहीं रह सका था। 1712 में उसकी हत्या नदी में डुबो कर कर दी गयी थी। अज़ीमाबाद को वह अपने सपने के अनुरूप नहीं बना सका था। इसके क़रीब 100 वर्षों के बाद बुकानन सर्वेक्षण के क्रम में जब पटना आया तो स्थिति बहुत बदल चुकी थी। उसने यहाँ के स्थानीय निवासियों के घरों को बहुत ख़राब स्थिति में पाया। उसने लिखा, यहाँ मैंने जो भवन देखे वे आमतौर पर ईंट या पत्थरों के बने हुए थे, जिनमें छोटे–छोटे कमरे, खिड़कियाँ और सीढ़ियाँ थीं। ये सारे मिट्टी के गारे से बनाये गये थे। बुकानन लिखता है, 'यह अत्यधिक ग़रीबी का स्पष्ट नमूना था।'

वह लिखता है, 'दो मंज़िले मकानों को कोठा कहा जाता था। इन कोठों में दो कमरे एक–दूसरे के ऊपर बनाये गये थे। इन मकानों में लकड़ी के दरवाज़े और खिड़कियाँ थीं। लेकिन ये बहुत ढंग से बने हुए नहीं थे और इन्हें रंगा भी नहीं गया था। लेकिन फिर भी ये मकान जाड़ों और बरसात में आरामदेह थे।' बुकानन लिखता है, 'क्योंकि पश्चिम दरवाज़ा तक शहर घनी आबादी से भरा हुआ था इसलिए अंग्रेज़ों ने पश्चिम में गोलघर की दिशा में अपने आवासों का निर्माण शुरू किया। इस तरह पटना का विस्तार पश्चिम दिशा में होने लगा।'

बुकानन ने 1812 में पटना का जो नक़्शा तैयार किया था उसमें अफ़ीम के गोदाम से गोलघर तक गंगा के किनारे बहुत कम भवनों को

दिखलाया है। जो भवन बनाये गये थे वे अंग्रेज़ों के थे। कम्पनीबाग़ से गोलघर तक गंगा के किनारे सिर्फ़ यूरोपियनों के आवास थे। शहर की आबादी बहुत घनी थी। कहीं भी कोई ज़मीन ख़ाली नहीं थी। यहाँ तक कि बुकानन ने भी यह स्वीकार किया है। उसने लिखा है, 'ज़मीन की अनुपलब्धता की वजह से ज़मीन की कीमत में पिछले पन्द्रह वर्षों में कई गुना वृद्धि हो गयी थी।'

अब शहर में यूरोपियन समुदाय में अंग्रेज़ ही थे। जिन डच और डेनों ने यहाँ अपने कारोबार जमाये थे, अब यहाँ से चले गये थे। इसके क़रीब दस वर्षों के बाद 1824 में जब बिशप हेबर पटना आया उस वक़्त तक अंग्रेज़ों ने शहर के विकास के लिए दिशा निर्देश तय कर लिए थे। उन्होंने रेसकोर्स (वर्तमान का गाँधी मैदान) का निर्माण कर लिया था। तत्कालीन कमिश्नर मेटकॉफ़ ने इसका निर्माण करवाया था। अंग्रेज़ों ने इसके आसपास अपने आवासों और प्रशासनिक भवनों का निर्माण शुरू करवा दिया था। उन्नीसवीं सदी के अन्त तक यह शहर का केन्द्र बन चुका था जिसके चारों ओर शहर का विकास हुआ। गंगा के किनारे या तो अंग्रेज़ों के बँगले थे या फिर गोदाम। फिलवक़्त उन्हीं कोलोनियल इमारतों में से कुछ को ध्वस्त कर मुख्यमंत्री नीतीश कुमार एक भव्य कन्वेंशन सेण्टर का निर्माण करवा रहे हैं।

उन्नीसवीं सदी में पटना की होली

होली का त्योहार विदेशियों के लिए हमेशा आश्चर्य और कौतूहल का विषय रहा है। 1858 ई. में पटना में रहने वाले एक ब्रिटिश अधिकारी ने होली के दिन का बड़ा ही रोचक वर्णन किया है। उसने लिखा है, 'होली के दिन मेरे सेवक मुझे होली की बधाई देने आये। वे मेरे लिए लाल रंग का पाउडर और बेर लेकर आये थे। मैंने उनका उपहार स्वीकार किया। किन्तु यह मेरे लिए महँगा था। क्योंकि यहाँ का दस्तूर था कि बदले में मुझे भी उन्हें उपहार देना था। यह भारत का अलिखित नियम था। इसका उल्लंघन मैं कैसे करता?'

उसने आगे लिखा है, 'होली के दिन हिन्दुओं के बीच मदिरा का सेवन आम बात थी। मेरे यहाँ काम करने वाले अधिकारी और सेवकों का उस दिन मदिरा के नशे में होना इस बात की पुष्टि कर रहा था। हमेशा अनुशासित रहने वाले मेरे कर्मचारी उस दिन अपना संयम खो रहे थे।'

बिशप हेबेर ने भी अपने जर्नल में होली के बारे में लिखा है। उसने लिखा, 'मैंने पहले बहुत शराबी पुरुषों को देखा किन्तु होली के मौक़े पर इन हिन्दुस्तानियों के रंग कुछ और ही हो जाते हैं। इस आनन्दोत्सव में वे पूरी तरह लिप्त हो जाते हैं।' वह लिखता है, 'मेरे गार्ड के सिपाही मार्च के वक़्त बग़ल से गुज़रती महिलाओं को अश्लील गाना गाकर फिकरे कसते हैं।

वे अभद्र भाषा का भी प्रयोग करते हैं। महिलाओं के साथ इस तरह का व्यवहार वे अन्य दिनों में शायद ही करते हैं।'

इसके भी बहुत पहले 1030 ई. के आसपास ईरानी मूल का यात्री अल–बिरूनी अपनी भारत यात्रा के क्रम में पटना से गुज़रा था। उसने अपने वृत्तान्त में उन दिनों पटना में मनाई जाने वाली होली के बारे लिखा था। उसने होली को यहाँ का एक महत्त्वपूर्ण त्योहार बताया था।

मुग़लकाल में होली के क़िस्से उत्सुकता जगाने वाले हैं। अकबर का जोधा बाई और जहाँगीर का नूरजहाँ के साथ होली खेलने का वर्णन मिलता है। शाहजहाँ के समय तक होली खेलने का अन्दाज़ ही बदल गया था। शाहजहाँ के समय में होली को ईद–ए–गुलाबी या आब–ए–पाशी (रंगों की बौछार) कहा जाता था। अन्तिम मुग़ल बादशाह बहादुरशाह ज़फ़र को उनके मंत्री रंग लगाने जाया करते थे।

उर्दू इतिहासकारों की नज़रों में पटना

पटना जो पाटलिपुत्र और अज़ीमाबाद के नाम से भी जाना जाता रहा है, हमेशा से विदेशियों के आकर्षण का केन्द्र रहा है। समय–समय पर विदेशी सैलानी यहाँ आते रहे। ऐसे सैलानियों की एक लम्बी सूची है। मेगास्थनीज, फाह्यान, हुएनसांग, हे चो, अलबरूनी से लेकर पीटर मुंडी, मनूची, एमा रॉबर्ट्स और बुकानन तक। इन सबों ने अपने–अपने ढंग से यात्रा–वृत्तान्त और यहाँ के संस्मरण लिखे। बुकानन (1811–12) ने तो विस्तार से पटना के बारे में लिखा है।

इन सबों के बारे में हम पढ़ते और सुनते रहे हैं। लेकिन इन सबों में एक ख़ास क़िस्म की विरक्ति का भाव रहा है। ये वृत्तान्त ऐसे लोगों द्वारा लिखे गये थे, जो विदेशी थे और जिन्होंने सरसरी नज़रों से इस शहर को देखा था। इन सबों से अलग उन्नीसवीं सदी के अन्त में दो लेखकों अली मोहम्मद शाद और सैयद बदरुल हसन द्वारा उर्दू में लिखे गये 'नक़्श–ए–पैदार' और 'यादगार–ए–रोज़गार' को उतनी प्रसिद्धि नहीं मिली। क्योंकि ये उर्दू में थे इसलिए उर्दू न जानने वाले लोगों तक इनकी पहुँच नहीं हो पायी।

विदेशी वृत्तान्तों से अलग ये ज़्यादा प्रामाणिक और मर्म को छूने वाले हैं क्योंकि ये यहाँ के मूल निवासी द्वारा लिखे गये हैं। 1816 के आसपास 'नक़्श–ए–पैदार' को पटना के प्रख्यात शायर अली मोहम्मद शाद ने लिखा था। बिहार के तत्कालीन लेफ्टिनेण्ट गवर्नर ने शाद को बिहार और पटना का प्रामाणिक इतिहास लिखने का काम सौंपा था जिसे वे प्रिंस ऑफ़ वेल्स के पटना आगमन पर उन्हें उपहार स्वरूप सौंपना चाहते थे। किन्हीं कारणों से यह अपने वक़्त पर नहीं लिखी जा सकी इसलिए इसके प्रकाशन में काफ़ी विलम्ब हुआ। यह 1924 में छप कर तैयार हुआ। दो खण्डों में लिखी इस पुस्तक के पहले खण्ड में बिहार का इतिहास और दूसरे खण्ड में पटना शहर का विस्तृत इतिहास है।

'यादगार–ए–रोज़गार' को लिखा था पटना सिटी कोर्ट के आनररी मजिस्ट्रेट सैयद बदरुल हसन ने। छह खण्डों में लिखी इस किताब में पहले चार में पटना के चार प्रमुख मोहल्लों, चौक, खाजेकला, सिटी कोर्ट और पीरबहोर पर विस्तृत जानकारी है। इस पुस्तक में शहर, उसके वाशिन्दों और उनके रहन–सहन के बारे में गहराई के साथ लिखा गया है।

ये दोनों लेखक शहर के प्रतिष्ठित मुस्लिम ज़मींदार ख़ानदानों से थे। उनके लेखन में इस वर्ग के लोगों की मानसिकता की भी झलक मिलती है। लेकिन फिर भी ये पूरी तटस्थता के साथ लिखी गयी हैं। इनमें शहर में निवास करने वाले हिन्दू, मुसलमान ही नहीं सिखों और ईसाइयों के बारे में भी विस्तार से लिखा गया है।

तब साम्प्रदायिक दंगों के लिए कोई जगह न थी

उर्दू के दो इतिहासकारों सैयद बदरुल हसन और अली मोहम्मद शाद ने पटना का प्रामाणिक इतिहास पूरी गहराई और विश्लेषण के साथ लिखा है।

पटना सिटी कोर्ट के आनररी मजिस्ट्रेट सैयद बदरुल हसन की 'यादगार–ए–रोज़गार' किताब में पटना के चार प्रमुख मोहल्लों, चौक, खाजेकला, सिटी कोर्ट और पीरबहोर पर विस्तृत जानकारी है। छह खण्डों में लिखी इस किताब में शहर, उसके वाशिन्दों, उनके आपसी रिश्तों, उनकी तालीम, उनकी आर्थिक स्थितियों और उनके रहन–सहन के बारे में गहराई के साथ लिखा गया है।

सैयद बदरुल हसन की पुस्तक में शहर में रहने वाले हिन्दू और मुसलमानों के बीच सौहार्दपूर्ण सम्बन्धों के बारे लिखा है और यह भी कि दोनों एक–दूसरे के सामाजिक आयोजनों, समारोहों और धार्मिक आयोजनों में किस तरह बढ़–चढ़ कर हिस्सा लेते रहे हैं। लेखक ने यह भी बतलाया है कि दोनों समुदायों के बीच के झगड़ों को कभी भी साम्प्रदायिक रूप न देकर उसे हमेशा दो व्यक्तियों के बीच हुए झगड़ों की तरह देखा जाता रहा। उसने शहर में हुए दो अन्तर्जातीय विवाहों का भी उदाहरण दिया है। लेखक ने मुसलमानों के दो प्रमुख सम्प्रदायों शिया और सुन्नियों के बीच के सद्भाव का भी उल्लेख किया है। उसने इन दोनों के बीच हुए या हो रहे वैवाहिक सम्बन्धों का भी ज़िक्र किया है।

लेखक ने शहर में रहने वाले ईसाई मिशनरियों की गतिविधियों के बारे में भी लिखा है। उसने उनकी प्रशंसा करते हुए लिखा है कि किस तरह लोग मिशनरियों की सेवा भावना से अभिभूत होकर ईसाई

धर्म अपना लेते हैं। ईसाई बने लोगों के साथ उनके सौहार्द्रपूर्ण सम्बन्धों की भी लेखक ने चर्चा की है। इसके ठीक विपरीत मुसलमानों के बारे में लेखक ने लिखा है कि किस तरह मुस्लिम धर्म अपनाने वाले व्यक्ति को या तो वे हिकारत के साथ देखते हैं या फिर ज़रूरत से ज़्यादा मुहब्बत दिखलाते हैं।

लेखक ने पटना में रहने वाले कुछ उन यूरोपियनों के बारे में भी लिखा है जिन्होंने स्थानीय हिन्दू परिवारों में शादी की थी। उसने शहर में रहने वाले सिखों के बारे में भी लिखा है और बतलाया है कि किस तरह सिख और मुस्लिम धर्म में कई समानताएँ हैं। सिखों के बारे में उसने लिखा है कि सिख पश्चिमी ढंग की पढ़ाई का बहिष्कार करते हैं और आमतौर पर व्यापार से जुड़े हुए थे।

लेखक ने शहर में रहने वाले विभिन्न सम्प्रदाय के लोगों के पूर्वाग्रह और उनके बीच के तनाव की भी चर्चा की है। उसने लिखा है कि मुस्लिम हिन्दुओं को अपनी मस्जिदों के अगल–बगल दुकान किराये पर दे देते हैं लेकिन वहीं दूसरी ओर हिन्दू मुसलमानों को मन्दिर के आसपास कोई दुकान या रहने के लिए मकान नहीं देना चाहते। लेखक ने यह भी पाया कि किस तरह बाहर से आने वाले धार्मिक गुरु उत्तेजक और भड़काऊ भाषण देकर शिया और सुन्नियों के बीच तनाव उत्पन्न करवाते हैं।

लेखक ने शहर में एक आर्यसमाजी धर्मोपदेशक नारायण सिंह की हत्या का भी उल्लेख किया है। उनके द्वेषपूर्ण उपदेशों से आहत होकर किसी ने उनकी हत्या कर दी थी। लेखक ने लिखा है कि कुछ छिटपुट घटनाओं को छोड़ दिया जाय तो कुल मिलाकर शहर में सारे सम्प्रदाय के लोग मिल–जुलकर शान्ति के साथ रहते हैं।

पटना के नवाबों ने ज़मीन बेच कर किये थे ऐश

'यादगार–ए–रोज़गार' में लेखक सैयद बदरुल हसन ने पटना में रहने वाले मुसलमानों की ग़रीबी, और उनके शैक्षिक पिछड़ेपन के बारे में विस्तार से लिखा है। उसने मुस्लिम ज़मींदारों की नष्ट हो रही समृद्धि का भी ज़िक्र किया है। उसने हिन्दू और मुसलमानों की तुलना भी की है। वह लिखता है, 'मैंने पाया है कि हिन्दू परिवारों में एक से ज़्यादा कमाने वाले लोग हैं और वे हम मुसलमानों की तुलना में ज़्यादा किफ़ायत के साथ जीवनयापन करते हैं। वहीं दूसरी ओर मुस्लिम परिवारों में कमाने वाला सिर्फ़ एक व्यक्ति होता है और उस पर ढेर सारे लोग आश्रित होते हैं।'

लेखक ने पटना सिटी के बड़े मुस्लिम ज़मींदारों को अपनी सम्पत्तियों को बेचते ही पाया था। वे कोई नयी ख़रीदारी नहीं कर रहे थे। उसने लिखा है, 'नवाबों और ज़मींदारों द्वारा बेची गयी ज़मीनों को स्थानीय साहूकार ख़रीद रहे थे। कुछ ज़मींदारों ने अपनी सम्पत्ति इनके पास क़र्ज़ के एवज़ में गिरवी रख छोड़ी थी, जिसे बाद में वे कभी छुड़ा नहीं पाये थे। इस तरह उनकी ज़मीन काफ़ी किफ़ायत में ही इन साहूकारों को हाथ लग जाती थी। इसके बाद भी इन नवाबों के ख़र्च में कोई कमी नहीं आयी थी।'

उसने मुसलमानों को व्यापार करने को अनिच्छुक पाया और व्यापार के प्रति उनकी घृणा के बारे में भी लिखा है। उसने लिखा है कि अव्वल तो मुसलमान व्यापार करने को उत्सुक नहीं रहते थे और अगर करते भी थे तो उन्हें इसमें नुक़सान ही होता था। उसने शहर के मारवाड़ियों से मुसलमानों की तुलना भी की है। उसने लिखा है, 'मारवाड़ी संयुक्त परिवार में रहते थे, जिससे उनकी सम्पत्ति में लगातार इजाफ़ा ही होता है।

वहीं मुसलमानों की हरेक पीढ़ियों में बँटवारा होता रहा जिससे उनकी सम्पत्ति लगातार घटती चली जाती है।'

लेखक ने मुस्लिम व्यापारियों के व्यापार में असफल रहने के कारण भी बताये हैं। उसने लिखा है कि ये व्यापारी शुरू से ही ज़्यादा मुनाफ़ा के चक्कर में रहते हैं जिसकी वजह से बाज़ार में इनकी साख लगातार गिरती चली जाती है और ये असफल हो जाते हैं।

लेखक ने ग़रीब मुस्लिम परिवारों में तालीम की कमी को भी पाया। लेखक ने ग़रीब बच्चों के लिए पटना सिटी के 'फ़साद का मैदान' में एक मदरसा की भी शुरुआत की थी। इसे सरकार से सहायता भी मिलती थी। लेकिन ग़रीब मुस्लिम परिवारों ने अपने बच्चे को इसमें पढ़ने नहीं भेजा। आये भी तो बहुत ही कम संख्या में, जिसकी वजह से कुछ ही दिनों बाद इसे बन्द कर देना पड़ा। उसने लिखा है कि 8 से 10 बरस के बच्चों को उनके माँ–बाप मदरसे के बदले मज़दूरी करने भेज देते थे। उन्हें रोज़ दिन 4 आना से 8 आना के बीच पैसे मिलते थे। यह काफ़ी नहीं होता था। फिर भी परिवार चलाने में यह कुछ सहायक हो जाता था। ये बच्चे अनपढ़ रह जाते थे और बड़े होकर आवारा बन जाते और छोटे–मोटे अपराध में शामिल हो जाते थे।

तब पटना में ट्राम चलाने की बनी थी योजना

अपनी किताब 'यादगार–ए–रोज़गार' में सैयद बदरुल हसन ने पटना में पाश्चात्य शिक्षा के प्रसार का भी ज़िक्र किया है। उसने अलीगढ़ मुस्लिम यूनिवर्सिटी के संस्थापक सर सैयद अहमद ख़ान के पटना आगमन के बारे में भी लिखा है। वे लेखक के एक क़रीबी रिश्तेदार काज़ी रज़ा हुसैन के घर मेहमान बन कर ठहरे थे। उसने मौलाना मोहम्मद हसन के मोहमडेन एंग्लो–अरेबिक हाई स्कूल शुरू करने के प्रयासों के बारे में भी लिखा है। उसी तरह उसने शम्सुल होदा साहब के लोदी कटरा स्कूल के बारे में भी ज़िक्र किया है। ये स्कूल अंग्रेज़ी तालीम देने के लिए खोले गये थे। अंग्रेज़ी तालीम के एक दुष्प्रभाव का भी लेखक ने ज़िक्र किया है। उन्होंने यह पाया था कि अंग्रेज़ी तालीम पाये नौजवान शादी के वक़्त दहेज़ की माँग करते थे। बंगालियों में यह चलन कुछ ज़्यादा ही था।

वैसे लेखक ने अंग्रेज़ी तालीम की वकालत की है। वह इस बात से सहमत नहीं दिखते हैं कि पाश्चात्य शिक्षा लोगों को अंग्रेज़ियत में ढाल देती है। वह इसके लिए ग़लत परवरिश को दोषी मानते हैं जिसकी वजह से लोग अपनी तहज़ीब को भूलते जाते रहे हैं। वह पाश्चात्य ढंग के रहन–सहन और उनके पोशाक को उचित नहीं मानते हैं। लेखक ने यह भी महसूस किया कि यूरोपियन भी उन्हीं लोगों को सम्मान देते थे जो हिन्दुस्तानियत के साथ रहते थे। उनकी नहीं, जो अंग्रेज़ों की नकल कर उनकी पोशाक और जीवनशैली अपना लेते थे।

लेखक की तत्कालीन समाज की महिलाओं को लेकर कोई बहुत अच्छी धारणा नहीं थी। वह उन्हें घर प्रबन्धन में कुशल नहीं मानते हैं। वह उनकी तुलना यूरोपियन महिलाओं से करते हैं। वह लिखते हैं, 'यूरोपियन महिलाएँ पढ़ी–लिखी होती हैं। घर का प्रबन्धन वह अपने पति के बगैर ही

कुशलता के साथ कर लेती हैं। उनकी तुलना में हमारे घर की महिलाएँ कम पढ़ी–लिखी या अनपढ़ ही होती हैं। घर का प्रबन्धन वे ठीक से नहीं कर पाती हैं। फलस्वरूप घर के मुखिया को ही घर का सारा कामकाज सँभालना पड़ता था। वे अपनी पत्नी को घर का प्रबन्धन पूरी तरह कभी नहीं सौपते थे।'

वे एक मामले में यहाँ की औरतों की निन्दा भी करते हैं। वे लिखते हैं, 'हमारी घर की औरतें अपने मायके के लोगों की परवरिश अपने पति की आमदनी से करती हैं। मैंने कई ऐसे घर देखे हैं जहाँ यह हो रहा था। इसकी वजह से पति–पत्नी में अक्सर नोक झोंक भी होती रहती थी।'

लेकिन दूसरी ओर उन्होंने पटना की कुछ पढ़ी–लिखी औरतों और कवयित्रियों का भी ज़िक्र किया है। उन्होंने ख़ासकर बी उम्दा नाम की एक औरत का उल्लेख किया है। बी उम्दा को शीशे पर उम्दा कैलिग्राफ़ी के लिए जाना जाता था। उनकी शोहरत दूर तक थी। रामपुर के दरबार से उन्हें बुलावा आया था। वे काफ़ी वर्षों तक वहाँ रहकर अपने हुनर का प्रदर्शन करती रहीं।

सैयद बदरुल ने उन महिलाओं के बारे में भी लिखा है जिन्हें क़िस्सागोई में महारत हासिल थी। ऐसी औरतें शाम के वक़्त सम्पन्न मुस्लिम परिवारों

में जाकर उन्हें दिलचस्प कहानियाँ सुनातीं और उनका मन बहलातीं। कुछ औरतें नक़लनवीस और लेखन का काम भी करती थीं।

एक दूसरी किताब 'नक़्श–ए–पायदार' में अली मुहम्मद शाद ने पटना में शीशे की बनी हुई वस्तुओं का ज़िक्र किया है। उसने लिखा है, यहाँ बने शीशे के सामान इतने नफ़ीस होते हैं कि दूर के शहरों में भी उनकी ज़बरदस्त माँग थी। ये बेहद ख़ूबसूरत और नाज़ुक होते थे। किताब में शेख मियाँ जान का उल्लेख है जिसके बनाये शीशे के सामानों की काफ़ी माँग थी। लेकिन बाद के दिनों में सस्ते और ख़ूबसूरत जापानी आयातित बर्तनों ने यहाँ के बर्तनों के बाज़ार को नुक़सान काफ़ी पहुँचाया।

लेखक ने नन्हे आगा, अली मिर्ज़ा जैसे कई कारीगरों का उल्लेख किया है जो अपनी सिलाई और कढ़ाई के कामों के लिए मशहूर थे। इनकी बनायी टोपी की कीमत सौ रुपये से कम नहीं होती थी। कुछ ऐसी महिला दर्ज़ियों का भी ज़िक्र है जो सूट की सिलाई के 70–80 रुपये तक लेती थीं। लेखक ने शहर में बनायी जा रही कलात्मक वस्तुओं का भी ज़िक्र किया है। आतिशबाज़ी बनाने में भी यहाँ के कारीगर निपुण थे।

लेखक ने पतंग उड़ाने के शौक़ीन लोगों का भी ज़िक्र किया है। इसमें बाजियाँ भी लगती थीं। ऐसे मौक़ों पर भारी भीड़ जुट जाती थी। मुर्गे और तीतर की लड़ाई भी बहुत मशहूर थी। इसमें भी जमकर बाजियाँ लगाई जाती थीं। एक बार किसी ने 2,200 रुपये की बड़ी रकम बाजी में लगाई थी। लेखक ने बताया है कि उन्नीसवीं सदी के उत्तरार्ध में पटना में बासमती चावल 1 रुपये प्रति मन, 45 सेर गेहूँ 1 रुपये में, बकरे का मांस 6 पैसे सेर, 1 रुपये का 4 सेर घी और 1 पैसे का एक सेर दूध मिलता था।

लेखक ने शहर में ट्राम चलाने की योजना के बारे में भी लिखा है। उसने लिखा है कि ब्रिटिश सरकार ने मुरादपुर तक ट्राम चलाने की योजना बनायी थी। इसके शेयर भी बेचे जा चुके थे। लेकिन किन्हीं कारणों से यह शुरू नहीं हो सका।*

---

* बाद के दिनों में शोध के दौरान यह स्पष्ट हुआ कि पटना में ट्राम का परिचालन 1886 ई. से लेकर 1903 ई. तक होता रहा। खराब प्रबन्धन, ट्राम की धीमी गति और विलम्ब से परिचालन की वजह से यह बन्द हो गया।

एक महीने तक टेलर ने पटना के लोगों को आतंकित कर रखा था

पटना के गाँधी मैदान के उत्तर ए.एन. सिन्हा इंस्टीट्यूट के प्रांगण में प्रवेश करते ही बायीं ओर एक कॉलोनियल शैली में बनी इमारत दिखती है। आज यह कल्पना करना भी असम्भव प्रतीत होता है कि शान्त सा दिखने वाला यह भवन कभी इतिहास के एक क्रूर चरित्र विलियम टेलर का कार्यालय हुआ करता था।

1857 ई. में स्वाधीनता संग्राम की पहली लड़ाई या सिपाही विद्रोह को कुचलने में विलियम टेलर ने महत्त्वपूर्ण भूमिका निभाई थी। उसकी क्रूरता और विश्वासघात के कारनामे इतिहास के काले अध्यायों में शामिल हैं।

विलियम टेलर क़रीब तीन दशकों '1829–1859' तक ईस्ट इण्डिया कम्पनी की नौकरी में रहा। 1855 ई. से लेकर 1859 ई. तक वह पटना डिवीजन का कमिश्नर रहा। कमिश्नर के रूप में उसका कार्यकाल बहुत ही विवादास्पद रहा। क्रूर तो वह था ही, साथ ही साथ वह विश्वासघाती भी था।

बंगाल के तत्कालीन लेफ्टिनेण्ट गवर्नर हैलिडे और गवर्नर जनरल लार्ड कैनिंग ने भी उसकी तीखी आलोचना की थी। टेलर पर आरोप था कि उसने पर्याप्त सबूतों के बिना ही कई लोगों को सूली पर चढ़ा दिया था। उसने सादिकपुर के तीन वहाबी उलेमाओं को सलाह–मशविरे के नाम पर बुलाकर उन्हें क़ैद कर लिया था। सिर्फ़ इसलिए कि उसे सन्देह था कि यह उलेमा बाग़ियों की मदद कर सकते हैं।

सिपाही विद्रोह के प्रख्यात टिप्पणीकार विलियम केयी ने विलियम टेलर पर टिप्पणी भी की थी। उसने लिखा था, 'यह विश्वासघात की तरह नहीं था, बल्कि यह विश्वासघात ही था।'

टेलर के इन जघन्य कारनामों की उसके उच्चस्थ पदाधिकारियों ने भी भरपूर आलोचना की थी। इन आलोचनाओं को कभी अधिकृत रूप से वापस भी नहीं लिया गया।

प्रख्यात इतिहासकार के.के. दत्ता ने अपनी पुस्तक 'हिस्ट्री ऑफ़ फ्रीडम मूवमेण्ट इन बिहार' में लिखा है, 'पटना कमिश्नर के रूप में टेलर ने क़रीब एक महीने तक पटना के लोगों को पूरी तरह आतंकित कर रखा था। घर तलाशी, गिरफ़्तारी और सूली पर चढ़ा देना, यह धड़ल्ले से हो रहा था। उसने कई लोगों को बिना सबूत के सूली पर चढ़ा दिया। विद्रोहियों को सज़ा देने में वह अक्सर क़ानून के साथ छेड़छाड़ भी करता रहा। पटना के एक धनी बैंकर लुत्फ़ अली ख़ान को सज़ा देने में भी उसने क़ानून के साथ छेड़छाड़ की थी।

टेलर ने एक जगह स्वयं ही लिखा है, '14 को फाँसी की सज़ा दी गयी। 12 को सज़ा सुनाये जाने के तीन घण्टे के भीतर ही सूली पर चढ़ा दिया गया। 2 व्यक्तियों को इसलिए रोक कर रखा गया ताकि उनसे कोई जानकारी हासिल की जा सके। 6 और व्यक्तियों को भी इसमें शामिल किया गया। 2 को ज़िलाबदर किया गया। 1 व्यक्ति को 14 वर्ष की सज़ा दी गयी।' उल्लेखनीय है कि पीर अली को इन्हीं दिनों फाँसी पर चढ़ाया गया था।

यह सब एक महीने के भीतर की घटना है। अपने अत्याचार से उसने पटना के लोगों को एक महीने तक पूरी तरह आतंकित कर रखा था। उसने कुछ 'गुण्डे' भी पाल रखे थे। इन 'गुण्डों' से वह शहर के लोगों की जासूसी करवाता था।

टेलर के हटाये जाने के बाद कमिश्नर का पद सँभालने वाले ई.ए.सैमुएल ने 22 सितम्बर, 1857 को टेलर के इन 'गुण्डों' के बारे में लिखा, 'ये 'गुण्डे' निर्दोष लोगों को फँसाने की धमकी देकर उनसे पैसे वसूलते थे और जो वास्तव में अपराधी होते थे–वे उलटे इन 'गुण्डों' को धमका कर या घूस देकर चुप रखा करते थे।'

टेलर की यह कूटनीति गवर्नर जनरल की नज़रों से बची नहीं रह सकी। गवर्नर जनरल ने 5 अगस्त, 1857 को लिखा था, 'टेलर के अविवेकी और अमर्यादित कार्यकलापों ने स्थानीय निवासियों के मन में असुरक्षा की भावना भर दी है।'

टेलर पर उससे भी और बड़ा गम्भीर आरोप यह लगा कि उसने परिस्थितियों का ग़लत आकलन किया और बेवजह आक्रामक होकर भरपूर क्षति पहुँचायी। टेलर ने अपने बचाव में कई तर्क भी दिये। उसने एक पम्फलेट भी छपवाया। किन्तु वह गवर्नर जनरल को सन्तुष्ट नहीं कर सका।

20 जनवरी, 1859 को टेलर को नौकरी से निलम्बित कर दिया गया। उसे एक मौक़ा दिया गया कि वह लोकहित में जुडिशियल कोर्ट में आरोपों का सामना करे। किन्तु टेलर ने इस प्रस्ताव को स्वीकार नहीं किया और उसने अपना पद छोड़ दिया।

टेलर बाद में काफ़ी दिनों तक पटना में ही रहा। उसे एक हज़ार रुपये का वार्षिक पेंशन मिलता था। उसने लोगों को क़ानूनी सहायता देने के लिए एक कार्यालय खोला और बंगाल के विभिन्न अदालतों में वकालत करता रहा। पटना में उसने तिवारी बेचर और चांदमारी रोड के बीच में अपना बँगला बनवाया था। बँगले के परिसर में उसने पशुओं के लिए फार्म हाउस भी बनवाया। उसने गायों के क्रॉस ब्रीडिंग के लिए कई प्रयोग भी किये। वह एक निपुण चित्रकार भी था। उसके कई प्रशंसक भी थे। 1866 में उसने अपने मामले में फिर से अपील भी की। किन्तु उसे सफलता नहीं मिली। 1867 में वह वापस इंग्लैण्ड लौट गया। 1892 में उसका देहान्त हो गया।

पटना पुलिस के जवानों ने विद्रोहियों का नहीं दिया था साथ

7 जून, 1857 की वह रात कमिश्नर विलियम टेलर के लिए इम्तिहान की रात थी। उसके सामने पटना में रहने वाले तमाम यूरोपियन आबादी की सुरक्षा का सवाल था। दानापुर के विद्रोही फ़ौजी कभी भी शहर में प्रवेश कर सकते थे। टेलर ने पटना में रहने वाले यूरोपियनों में से अधिकांश लोगों को अपने आवास पर बुला लिया था और स्वयं मेजर नेशन और पटना पुलिस के सिपाहियों के साथ उनकी सुरक्षा में जुटा था। उस रात का ज़िक्र उसने अपनी रिपोर्ट 'आवर क्राइसिस और थ्री मंथ्स एट पटना दुएरिंग द इन्सरेक्शन ऑफ़ 1857' में विस्तार से किया है। अपने आवास पर जमा लोगों के बारे में उसने लिखा है, 'उत्तेजित, शान्त और बातूनी मर्द, हाथों में तलवार, बन्दूकें या निहत्थे झुण्डों में बँटे आपस में मशविरा करते नज़र आ रहे थे। घर के बाहर मेजर नेशन के नेतृत्व में स्थानीय पुलिस बटालियन के सिपाही बन्दूकों के साथ तैनात थे। जबकि होल्म्स के फ़ौजों की छोटी टुकड़ी दरवाज़े के पास तैनात थी। गाड़ियों का कोलाहल, बच्चों की चीख़, मर्दों की कर्कश आवाज़, नौकरों चीख़ पुकार से भ्रम का कोलाहल पैदा हो रहा था।' अपनी बेटियों के बारे में टेलर ने लिखा है, 'इनसे अलग बग़ीचे की तरफ़ हमारी बेटियाँ दूसरी और लड़कियों और किशोरों के साथ आसन्न ख़तरों से बेपरवाह चाँदनी में डूबी घास पर चहलकदमी कर रही थीं। उनकी हँसने और खिलखिलाने की आवाज़ वहाँ मौजूद लोगों को क्रोधित कर रही थी।'

अपनी पत्नी के बारे में टेलर ने लिखा, 'इन सबसे अलग मेरी पत्नी घर में शरण लिए लोगों की देखभाल में जुटी हुई थी। इस दृश्य को आसानी से भुलाया नहीं जा सकता। गहरे हरे रंग की वर्दी में पुलिस के

जवान और फुर्तीले फ़ौजी घर की हिफाज़त के लिए चौकस थे। जब मैं वहाँ शरण ली हुई कुछ महिलाओं से आग्रह कर रहा था कि वे अपने साथ लाये ख़ज़ाने को सुरक्षित छत पर छोड़ आयें ताकि अचानक संकट आने पर वे सुरक्षित रह सकें, उसी वक़्त मुझे मेजर नेशन ने बाहर बुलाया।'

टेलर ने आगे लिखा है, 'मेजर नेशन ने मुझे वह दोनों पत्र दिखलाये, जिसे एक सिपाही ने उन्हें दिया था। इसे दानापुर से एक कुली ने लाकर सिपाही को दिया था। यह पत्र यहाँ की पुलिस को सम्बोधित था। उसमें लिखा गया था कि हम सभी 'एक दिल' हैं और पटना आना चाहते हैं। उस पत्र में पटना पुलिस से आग्रह किया गया था कि वे सरकारी ख़ज़ाने को अपने नियन्त्रण में ले उनसे आ मिलें।'

कमिश्नर ने लिखा, 'हमें उस सिपाही की प्रशंसा करनी होगी जिसने वह पत्र सिपाहियों को न देकर अपने कमांडिंग आफ़िसर मेजर नेशन को लाकर दिया था। यह हमारे लिए सुखद आश्चर्य था कि वही पुलिस के सिपाही हमारी सुरक्षा में थे। उन्होंने विद्रोहियों की बात नहीं मानी थी। इसके बावजूद यह बात तो साफ़ हो गयी थी कि विद्रोही फ़ौजी पटना पुलिस के सम्पर्क में थे। यह भी हो सकता था कि ग़लती से वह पत्र मेजर नेशन को दे दी गयी हो।' बहरहाल उस दिन इस तरह पटना में रहने वाले यूरोपियनों की जान बच गयी थी।

वहाबी उलेमाओं के साथ विलियम टेलर ने किया था विश्वासघात!

7 जून, 1857 की रात दानापुर के विद्रोही फ़ौजियों का पटना को अपने नियन्त्रण में लेने का इरादा पूरा नहीं हो सका था। उस दिन वे पटना पुलिस के जवानों के सहयोग न देने के कारण असफल हो गये थे। लेकिन पटना का तत्कालीन कमिश्नर विलियम टेलर निश्चिन्त होकर नहीं बैठा था। वह पटना पर आसन्न ख़तरों को भाँप रहा था।

वह तीन तरफ़ से उत्पन्न ख़तरों को देख रहा था। पहला ख़तरा वह शहर और उसके आसपास बसे वहाबियों (मुसलमानों के एक सम्प्रदाय) से महसूस कर रहा था। दूसरा ख़तरा उसे लखनऊ के आप्रवासियों और कट्टरपन्थियों से था जो या तो यहाँ स्थायी रूप से बस गये थे या जिन्होंने कुछ दिनों के लिए यहाँ डेरा डाल रखा था। शहीद पीर अली इसी श्रेणी में थे। तीसरा ख़तरा उसे शहर के चोर, उचक्कों और बदमाशों से था। लेकिन सबसे पहले वह इन वहाबियों से निबटना चाह रहा था।

विलियम टेलर अपनी रिपोर्ट 'आवर क्राइसिस...' में इन वहाबियों के बारे में लिखता है, 'पटना में इस सम्प्रदाय के कई मशहूर मौलवी थे। ये दिखने में घिनौने (टेलर ने contemptible शब्द प्रयोग किया है। ब्रिटिश श्रेष्ठता की ग्रन्थि से ग्रस्त थे। वे आम हिन्दुस्तानी को तुच्छ समझते थे।), दुबले–पतले, सूखे चेहरे और सामान्य शिष्टाचार वाले थे लेकिन उनका शहर के दर्ज़ियों, कसाइयों, जुलाहों और नीची जाति के मुसलमानों की बड़ी आबादी पर निर्विवाद नियन्त्रण था। इन मौलवियों के एक इशारे पर वे अपना सब कुछ कुर्बान कर सकते थे।'

टेलर को अपने खुफ़िया सूत्रों से जानकारी मिली थी कि ये वहाबी

मौलवी कुछ असामान्य गतिविधियों में संलिप्त थे। उसका सन्देह उस वक़्त और भी बढ़ गया जब उसने पाया कि शहर के एक समृद्ध बैंकर लुत्फ़ अली ख़ान के साथ इन वहाबियों की घनिष्ठता अचानक बढ़ गयी थी। लुत्फ़ अली ख़ान शिया सम्प्रदाय के थे। इसलिए उनकी उन वहाबियों के साथ निकटता सन्देह पैदा कर रही थी। उसने लिखा है, 'लुत्फ़ अली ख़ान शिया थे। उनकी वहाबियों के साथ अचानक बढ़ी घनिष्ठता अस्वाभाविक थी। उनके बारे में यह ख़बर भी थी कि वे हमारे साथ गुप्त रूप से नमकहरामी भी कर रहे हैं।'

'ऐसे में मैंने तय किया कि इन सभी वहाबी मौलवियों को गिरफ़्तार कर भरोसेमन्द निगरानी में रखूँ।' टेलर आगे लिखता है, 'मुझे भरोसा था कि अगर ये सभी मेरी गिरफ्त में सिख घुड़सवारों की निगरानी में रहेंगे तो किसी की हिम्मत नहीं होगी कि एक उँगली भी उठा सके।'

अपनी योजना के अनुसार टेलर ने अगली सुबह आदेश जारी कर शहर के सारे सम्मानित वाशिन्दों को अपने आवास पर आमन्त्रित किया ताकि उनके साथ वह शहर की सुरक्षा के मसले पर राय मशविरा कर सके। नियत समय पर शहर की प्रमुख हस्तियाँ टेलर के आवास पर इकट्ठी हो गयीं। उनमें वे तीन वहाबी मौलवी, शाह मुहम्मद हुसैन, मौलवी अहमद उल्लाह और मौलवी वैजूल हक़ भी थे।

'मेरे लम्बे डाइनिंग टेबुल के इर्द–गिर्द कुर्सियाँ रखी गयीं। जब वे उस पर बैठ गये तो मैंने कमरे में प्रवेश किया।' टेलर ने लिखा है, 'मेरे साथ पटना के कलेक्टर, बिहार गार्ड्स के कमांडेंट मेजर नेशन, सिख

कोर के कमांडिंग कैप्टेन रत्तरी, सहायक मिस्टर लिंडसे और सिख कोर के सूबेदार हिदायत अली थे। कमरे में प्रवेश के पहले मैंने उन सबों को अपनी योजना से अवगत करवा दिया था। यह तय पाया गया कि सभा की समाप्ति पर उन तीन मौलवियों को रोक कर रखा जाय और उन्हें गिरफ़्त में ले सिखों की निगरानी में भेज दिया जाय।'

टेलर आगे लिखता है, 'तीनों मौलवी छोटे क़द, सूखे चेहरे और संकोची स्वभाव वाले दिख रहे थे। उनमें से मौलवी अहमद उल्लाह ने निर्भीक होकर स्पष्टवादिता के साथ धाराप्रवाह बोलते हुए शहर की सुरक्षा के लिए कई समझदारी भरे सुझाव भी दिये। बाक़ी दोनों मौलवी बातचीत के बीच ज़्यादातर ख़ामोश ही रहे। कभी–कभी वे कुछ बुदबुदा भर रहे थे। जब कप्तान रत्तरी और हिदायत अली अपने–अपने तलवारों को ज़मीन पर चटकाते कमरे में आये तो वे मौलवी थोड़े असहज हो गये।'

टेलर ने लिखा, 'तुड़े–मुड़े पायजामा पहने कुर्सियों पर असहज ढंग से बैठे छोटे, सिकुड़े, सूखे चेहरे और बेतरतीब खिचड़ी दाढ़ी वाले मौलवियों और प्रभावशाली व्यक्तित्व वाले कप्तान रत्तरी और हिदायत अली के बीच ग़ज़ब का विरोधाभास था। वे दूसरे के एकदम विपरीत थे। यह किसी चित्रकार के लिए आदर्श दृश्य हो सकता था।'

टेलर ने सभा ख़त्म होने की घोषणा की। सभी लोग उठ कर जाने लगे। तब टेलर ने विनम्रतापूर्वक उन मौलवियों से रुकने का आग्रह किया। टेलर लिखता है, 'मैं दुबारा कमरे में घुसा। मैंने उन मौलवियों को अपने इरादों से परिचित करवाया। मैंने उन्हें मौजूदा हालात के बारे में बतलाया और कहा कि मुझे कई ऐसे पत्र और सूचनाएँ मिली हैं जिनमें वहाबियों पर सरकार के विरुद्ध साज़िश रचने की बात कही गयी है। मैंने यह भी बतलाया कि यद्यपि मेरे पास इन सब बातों का कोई ठोस सबूत नहीं है फिर भी सुरक्षा की दृष्टि से मेरे लिए यह ज़रूरी है कि जब तक मामला पूरी तरह शान्त न हो जाये आप सबों को नज़रबन्द रखा जाय।'

टेलर लिखता है, 'तब आश्चर्यजनक समझदारी और हाज़िरजवाबी के साथ अहमद उल्लाह ने कहा, 'योर एक्सीलेंसी की मेहरबानी, आपका आदेश हम सबों के सर आँखों पर। आप जैसा चाहें। हम पर लगे दुश्मनों के आरोप एक दिन ग़लत ही साबित होंगे।' उन्होंने स्वेच्छा से आत्मसमर्पण कर दिया था।'

इस तरह टेलर ने वहाबी उलेमाओं को महज़ सन्देह के आधार पर गिरफ़्तार कर नज़रबन्द कर दिया था। बाद के दिनों में बंगाल के तत्कालीन लेफ्टिनेण्ट गवर्नर हैलिडे और गवर्नर जनरल लार्ड कैनिंग ने उसके इस आचरण की तीखी आलोचना की थी। टेलर पर आरोप लगाया गया कि उसने पर्याप्त सबूतों के बिना ही कई लोगों को सूली पर चढ़ा दिया था और उसने सादिकपुर के तीन वहाबी उलेमाओं को सलाह–मशविरे के नाम पर बुलाकर उन्हें क़ैद कर लिया था। सिर्फ़ इसलिए कि उसे सन्देह था कि यह उलेमा बाग़ियों की मदद कर सकते हैं।

सिपाही विद्रोह के प्रख्यात टिप्पणीकार विलियम केयी ने विलियम टेलर पर टिप्पणी भी की थी। उसने लिखा था, 'यह विश्वासघात की तरह नहीं था, बल्कि यह विश्वासघात ही था।'

आपात्काल और पटना का कॉफ़ी हाउस

पटना के डाकबँगला रोड से गुज़रते हुए अब यह एक स्वप्न की तरह प्रतीत होता है कि कभी यहाँ एक कॉफ़ी हाउस हुआ करता था, जो क़रीब 17 वर्षों तक कई महत्त्वपूर्ण गतिविधियों का केन्द्र बना रहा।

1987 ई. में बन्द हुए इस कॉफ़ी हाउस का कोई भी स्मृति चिह्न आज शेष नहीं है। किन्तु जो बरसों तक के घटनाक्रम का मूकद्रष्टा बना रहा है, उसकी स्मृति कैसे मिटायी जा सकती है। और जब स्मृतियाँ इतिहास का हिस्सा बन जायें तो यह और भी कठिन है।

1971 ई. में तत्कालीन राज्यपाल देवकान्त बरुआ और तत्कालीन रेल मंत्री ललित नारायण मिश्र के सम्मिलित प्रयासों से यह कॉफ़ी हाउस खुला। यह कॉफ़ी हाउस यहाँ के लोगों की अपेक्षाओं के अनुकूल था। लतीफ़ मंज़िल के कॉफ़ी हाउस बन्द हो जाने से जो लोग बिछड़ गये थे, वे डाकबँगला चौराहे के भारत कॉफ़ी हाउस में जुटे ज़रूर, किन्तु जो खुलापन, स्वतन्त्रता उन्हें चाहिए थी, वह उन्हें यहीं मिली।

यह कॉफ़ी हाउस शीघ्र ही देश भर में चर्चित हो गया। यहाँ आने वालों में नेपाल के भूतपूर्व प्रधानमंत्री बी.पी. कोइराला जैसे क्रान्तिकारी, दिनकर जैसे महाकवि, अज्ञेय जैसे प्रयोगधर्मी यायावर और अद्भुत शिल्पी, घुमक्कड़ जनकवि नागार्जुन, फणीश्वरनाथ रेणु जैसे लेखक तो दूसरी ओर देश के कोने–कोने से आये हुए समाजवादी क्रान्तिकारी भी थे।

आज लोगों को यह जानकर विस्मय होगा कि राज्यपाल के पद पर रहते हुए भी देवकान्त बरुआ अपने फुर्सत के क्षणों में कॉफ़ी हाउस में आ जमते थे। स्व. जितेन्द्र सिंह ने उन दिनों की याद करते हुए कभी बताया था–'बरुआ जी अक्सर कॉफ़ी हाउस आते थे। मुझसे ही पूछते, 'रेणु को नहीं देखा।' मैं कहता, आज तो वह अभी तक नहीं आ सके।

तब बरुआ हँस कर कहते, हाँ हाँ, मैं समझ गया। वो सजने में बहुत समय लगाता है। शृंगार करता है। शृंगार–वृंगार करेगा, तब आयेगा। कह देना मैं आया था।'

कॉफ़ी हाउस में लोगों ने 'रेणु कार्नर' के नाम से एक कोना ही चुन लिया था। उस पर दिनकर बैठते थे, कोइराला और साथ में देवेन्द्र सिंह भी। आसपास के टेबुल पर सूर्यनारायण चौधरी, जुगनू शारदेय जैसे पत्रकार तो ज्ञानेन्द्रपति, सत्यनारायण, कुमारेन्द्र पारसनाथ सिंह, आलोकधन्वा जैसे कवि भी।

इमरजेंसी के दिनों में यह जगह अत्यन्त ही महत्त्वपूर्ण हो गयी थी। खुफ़िया विभाग के लोग यहाँ दिन भर मँडराया करते थे। जितेन्द्र सिंह ने उन दिनों की एक रोचक घटना का ज़िक्र किया था। उन दिनों कॉफ़ी हाउस के अन्दर कौन चेहरा बदले बैठा है, लोग पहचान नहीं पाते थे। एक सज्जन, जिन्होंने अपना नाम डॉ. अरुण सिन्हा बताया था, तीन–चार दिनों तक मेरे टेबुल के सामने बैठते रहे। वो मुझे लगातार घूरते रहते। मैं घबराया, पता नहीं कौन है? एक दिन उन्होंने मुझे फ़ोन किया।

मैं आपका मित्र हूँ इलाहाबाद का। आपके सामने कॉफ़ी हाउस में बैठता हूँ, लेकिन आपसे बात नहीं होती। तब मैंने कहा, आप आइये।

अगले दिन वे आये। मैंने पूछा, कॉफ़ी मँगाऊँ? तब उन्होंने दाढ़ी पर हाथ फेरा और अपना चश्मा हटाया। अरे! यह तो लाड़ली मोहन निगम हैं। डॉक्टर लोहिया के अत्यन्त निकट के साथी। 'धर्मयुग' के सुपरिचित लेखक। उन दिनों वे भूमिगत थे। वे बाद के दिनों में राज्यसभा के सदस्य भी बने।

एक दिन फणीश्वरनाथ रेणु ने इसी कॉफ़ी हाउस से रिक्शे पर सवार हो आपात्काल के विरोध में गाँधी मैदान की सभा में जाकर अपना पद्मश्री वापस किया था।

तो यह था कॉफ़ी हाउस। यहाँ सभी आते रहे। संघर्ष वाहिनी के लोग, युवा कांग्रेस के लोग, युवा जनता पार्टी, साहित्यकार, पत्रकार, फ़ोटोग्राफ़र, कवि, प्रोफ़ेसर, यहाँ तक कि सुरुचिपूर्ण गृहिणियाँ भी। इसने कभी किसी को आने से नहीं रोका।

इस कॉफ़ी हाउस से यूनाइटेड फ्रण्ट का निकला था नारा

पिछली सदी के साठवें–सत्तरवें दशक में पटना के डाकबँगला चौराहे का स्वरूप वह नहीं था, जो आज है। भले ही आज इसके आसपास ऊँची–ऊँची अट्टालिकाओं का अम्बार लग गया हो, किन्तु उन दिनों इसके आसपास जो इमारतें थीं–वे अपनी गरिमा से इस इलाके को विशिष्ट बनाती थीं।

अंग्रेज़ों का बनाया डाकबँगला, गोथिक शैली में बना रिज़वान कैसल, ग्रैंड होटल की भव्य इमारत और सिकन्दर मंज़िल–जहाँ महात्मा गाँधी चम्पारण सत्याग्रह के लिए जाते हुए ठहरे थे। जे.जी. कार और डी.लाल एण्ड सन्स की दुकानें–जो अभिजात लोगों की ख़ास पसन्द हुआ करती थी। इन सबके बीच में बना छोटा–सा भारत कॉफ़ी हाउस, जिसे एक दक्षिण भारतीय सज्जन ने 1960 ई. के आसपास खोला था।

तब तक सब्ज़ी बाग़ के निकट लतीफ़ मंज़िल का कॉफ़ी हाउस बन्द हो चुका था। इस कॉफ़ी हाउस में फणीश्वरनाथ रेणु, डॉ. गोपी कृष्ण, डॉ. नर्मदेश्वर प्रसाद, जो बाद में मगध विश्वविद्यालय के उपकुलपति बने, रामवृक्ष बेनीपुरी, शिवपूजन सहाय, नलिन विलोचन शर्मा इत्यादि की मण्डली जमती थी।

डाकबँगला का भारत कॉफ़ी हाउस अपने ख़ास स्वाद लिए दक्षिण भारतीय व्यंजनों और कॉफ़ी के लिए शीघ्र ही मशहूर हो गया। लतीफ़ मंज़िल कॉफ़ी हाउस बन्द होने के बाद जो लोग बिखर गये थे, वे शीघ्र ही यहाँ आ जुटे।

इस कॉफ़ी हाउस में कुछ नये लोग भी आने लगे। यहाँ आने वालों में पूर्व मुख्यमंत्री कर्पूरी ठाकुर और रामानन्द तिवारी सरीखे समाजवादी थे, तो कांग्रेस के धर्मवीर और लोकेशनाथ झा भी। रेणु तो आते ही थे।

प्रख्यात समाजवादी नेता डॉ. राम मनोहर लोहिया जब भी पटना आते, यह कॉफ़ी हाउस उनकी प्रिय जगह हुआ करती थी। उनसे मिलने वाले लोग भी उनसे यहीं आ मिलते थे।

प्रख्यात पत्रकार स्वर्गीय जितेन्द्र सिंह भी इस कॉफ़ी हाउस में नियमित आने वालों में थे। एक बार एक बातचीत में उन्होंने इन पंक्तियों के लेखक को इस कॉफ़ी हाउस की गतिविधियों के बारे में बताया था।

उन्होंने कहा था, 'उन दिनों जितने भी साहित्यकार, पत्रकार, राजनेता, चाहे वे किसी भी विचारधारा के हों, यहाँ सभी आते थे।' उन्होंने बताया था– 'वहाँ उस कॉफ़ी हाउस में उस दौर में गर्मागर्म बहस हुआ करती थी। मैं समझता हूँ यह भारत कॉफ़ी हाउस अपनी सारी वैचारिक उष्णता के साथ, सहजता के साथ हमारे भीतर नहीं समा गया होता और लोहिया जैसा नेता बार–बार इस कॉफ़ी हाउस में नहीं आया होता, तो गैर–कांग्रेसवाद का जो दौर हमने 1966–67 के ज़माने में देखा, वह उभर कर नहीं आ पाता। इस कॉफ़ी हाउस में जो बहस होती थी, वहीं से यूनाइटेड फ्रण्ट का नारा निकला था। जिसके कारण जनसंघ के लोग, समाजवादी दल के लोग एकत्र हो सके थे और डॉ. लोहिया के नेतृत्व में आठ राज्यों में कांग्रेस का विकल्प मिल पाया था।'

इस कॉफ़ी हाउस में डॉ. लोहिया की बहसों में सभी लोग शामिल होते थे। कम्युनिस्ट नेता भी शामिल होते थे। समाजवादी नेता भी शामिल होते थे। जनसंघी भी शामिल होते थे। तो यह खुलापन था उस कॉफ़ी हाउस का।

सन् 1980–81 ई. के आसपास यह भारत कॉफ़ी हाउस बन्द कर दिया गया। इस जगह पर एक ऊँची इमारत बन गयी और उसमें कई दुकानें खुल गयीं। वह कॉफ़ी हाउस लोगों की स्मृतियों और इतिहास के पन्नों में सिमट कर रह गया।

पटना का पहला कॉफ़ी हाउस था लतीफ़ मंज़िल का कॉफ़ी हाउस

अब पटना के कितने लोगों को लतीफ़ मंज़िल कॉफ़ी हाउस की याद होगी। अब वह इमारत भी नहीं रही, जिसमें पिछली सदी के चालीस और पचासवें दशक में यह कॉफ़ी हाउस हुआ करता था। अशोक राजपथ पर कैथेड्रल चर्च के सामने वाली गली में दस–बारह वर्ष पहले तक गोल खम्भों वाली यह इमारत कॉफ़ी हाउस की यादों को सँजोए खड़ी थी। अब उसकी जगह एक दूसरी इमारत ने ले ली है।

लतीफ़ मंज़िल कॉफ़ी हाउस 1940 से लेकर 1960, पूरे बीस वर्षों तक पटना के साहित्यकारों, पत्रकारों, शिक्षाविदों और राजनेताओं का ख़ास अड्डा हुआ करता था। सम्भवतः यह पटना का पहला कॉफ़ी हाउस था, क्योंकि पटना में इसके पहले किसी भी कॉफ़ी हाउस का कोई उल्लेख नहीं मिलता है। वैसे भी यूरोप में कॉफ़ी हाउस सत्रहवीं सदी में पहली बार खुला था।

जबकि इसके काफ़ी पहले दमिश्क में 1530 में 'किवा हान' नामक कॉफ़ी हाउस खुल चुका था। इस्तांबुल और कैरो में भी कॉफ़ी हाउस बहुत ही लोकप्रिय हो चुके थे।

प्रख्यात पत्रकार स्वर्गीय जितेन्द्र सिंह ने लतीफ़ मंज़िल कॉफ़ी हाउस के बहुत रोचक क़िस्से सुनाये थे। जितेन्द्र सिंह उन दिनों पटना के 'सर्चलाइट' अख़बार में काम करते थे। यह 1948 ई. का वक़्त था। के. रामाराव 'सर्चलाइट' के सम्पादक हुआ करते थे। इसके पहले वे इलाहाबाद से प्रकाशित होने वाले अंग्रेज़ी अख़बार 'नेशनल हेराल्ड' के सम्पादक थे। रामाराव 'लीडर प्रेस' छोड़कर पटना तो आ गये थे, लेकिन पण्डित नेहरू उनको नहीं भूल सके थे। इसलिए जब नेहरू अमेरिका जाने लगे तो अपना ट्रिप कवर करवाने के लिए उन्होंने ख़ासकर रामाराव को ख़बर भिजवाई। जब रामाराव अमेरिका जाने लगे तो पत्रकारों ने, यूनिवर्सिटी के प्राध्यापकों ने उन्हें लतीफ़ मंज़िल कॉफ़ी हाउस में फेयरवेल पार्टी दी थी। 'वह कॉफ़ी हाउस बहुत ख़ूबसूरत था। उसके आँगन में एक ऊँचा ख़ूबसूरत पेड़ था।' जितेन्द्र सिंह ने कॉफ़ी हाउस की यादों में डूबते हुए कहा था।

कॉफ़ी हाउस में नियमित रूप से आने वालों में पत्रकार जितेन्द्र सिंह डॉ. नर्मेदश्वर प्रसाद (जो बाद के दिनों में विश्वविद्यालय के उपकुलपति हुए), डॉ. गोपी कृष्ण, प्रख्यात लेखक फणीश्वरनाथरेणु, रामवृक्ष बेनीपुरी इत्यादि थे। रेणु इस मण्डली के प्राण हुआ करते थे। वे बहुत बड़े क़िस्सागो थे। लोग मन्त्रमुग्ध हो उनसे कहानियाँ सुना करते। वे भी उन दिनों के बारे में अजीब–अजीब कहानियाँ सुनाया करते।

उसी ज़माने में इसी कॉफ़ी हाउस में 'परिमल' की स्थापना हुई। रामविलोचन शर्मा 'नलिन', शिवपूजन सहाय, 'नयी धारा' के सम्पादक उदयराज सिंह और अन्य साहित्यकारों की गोष्ठी भी यहाँ जमती थी। यह शहर की महत्त्वपूर्ण गतिविधियों का केन्द्र हुआ करता था। 1960 ई. में यह कॉफ़ी हाउस बन्द हो गया। तब तक फ्रेज़र रोड में डाकबँगला के सामने एक नया कॉफ़ी हाउस खुल चुका था, इसलिए लोगों को कॉफ़ी हाउस की कमी महसूस नहीं हुई थी।

इस क़ब्रिस्तान में उर्दू के अदीबों का कभी लगता था अड्डा

आपको यह जानकर आश्चर्य होगा कि पटना में एक ऐसा भी क़ब्रिस्तान रहा है जो उर्दू के शायरों, अफ़सानानिगारों का अड्डा हुआ करता था। पटना के अशोक राजपथ पर पीरबहोर थाना के सामने बने अंग्रेज़ों के क़ब्रिस्तान में पिछली सदी के आठवें, नौवें दशक में उर्दू के अदीब जमा हुआ करते थे। उन्होंने इसे क़ब्रिस्तानियाँ नाम दिया था।

सन् 1765 ई. से पहले पटना में अंग्रेज़ों का कोई क़ब्रिस्तान नहीं था। 1763 ई. के अक्टूबर महीने में नवाब मीर क़ासिम के आदेश पर पटना के गुलज़ार बाग़ में नवाब अलीवर्दी ख़ान के बड़े भाई हाजी अहमद के घर के अहाते में यूरोपियन वाल्टर रेइनहार्ड उर्फ़ समरू ने ईस्ट इण्डिया कम्पनी के सौ सिपाहियों को बेदर्दी के साथ क़त्ल कर डाला था। 1765 ई. में इस अहाते को क़ब्रिस्तान में बदल डाला गया। यह पटनासिटी क़ब्रिस्तान कहलाया।

बिशप हेबर जब 1824 ई. में पटना आया तो उसने देखा कि अधिकांश अंग्रेज़ अपने सगे–सम्बन्धियों और मित्रों को अपने बँगले के बग़ीचे में ही दफ़नाना पसन्द करते हैं। इसलिए अधिकांश बग़ीचों में उनके स्मारक थे। बिशप हेबर सर चार्ल्स डी' ऑयली का अतिथि था। यह बँगला बाद के दिनों में पटना के सिविल सर्जन का आवास बना। हेबर ने वहाँ भी बग़ीचे में इमली के पेड़ के नीचे ऐसा ही स्मारक देखा था।

कम्पनी बाग़ का विस्तार पटना–दानापुर रोड पर सब्ज़ी बाग़ तक था। इसलिए इस छोर पर क़ब्रिस्तान बनाने के लिए ब्रिटिश–भारत सरकार ने 19 मई, 1829 को ज़मीन उपलब्ध करवायी। इस तरह सब्ज़ी बाग़ क़ब्रिस्तान की शुरुआत हुई।

दफ़नाने के लिए जगह भर जाने की वजह से 1946 में यह क़ब्रिस्तान बन्द कर दिया गया। फिर देश आज़ाद हुआ। शुरू के दिनों में यह क़ब्रिस्तान सुनसान सी जगह ही थी। इसका लोहे का दरवाज़ा हमेशा बन्द ही रहता था। उन दिनों पटना की आबादी भी इतनी नहीं थी। बग़ल के लतीफ़ मंज़िल का कॉफ़ी हाउस साहित्यकारों का अड्डा हुआ करता था। फणीश्वरनाथ रेणु की मण्डली भी वहीं बैठती थी।

धीरे–धीरे वक़्त निकलता गया। लतीफ़ मंज़िल का कॉफ़ी हाउस बन्द हुआ। बग़ल के सब्ज़ी बाग़ के रहमानियाँ होटल में लोग बैठने लगे। फिर उसका आकर्षण भी ख़त्म हो गया। धीरे–धीरे इस सुनसान क़ब्रिस्तान में लोग आने लगे। इसके दरवाज़े पर एक चाय की दुकान भी खुल गयी। फिर यह क़ब्रिस्तान कई लोगों का शरणस्थल बन गया। सुबह अफ़गानी जुटने लगे। वह कुआँ, जिसका पानी कभी लाश को नहलाने के काम में आता था, धोबियों के कपड़ा धोने के काम में आने लगा। क़ब्रों के बीच बाँस पर टँगी रस्सियों पर कपड़े सूखते नज़र आने लगे। आसपास काम करने वाले मज़दूर कुआँ पर स्नान कर अपनी थकान मिटाने यहाँ आने लगे।

शाम के वक़्त यहाँ उर्दू के शायरों, अफ़सानानिगारों की महफ़िल जमने लगी। बिहार के बाहर के लोगों को भी इसकी जानकारी हो गयी कि अगर अमुक शायर से मिलना है तो यहीं इसी क़ब्रिस्तानियाँ में। उर्दू शार्ट स्टोरी पर शोध करने आयी अमेरिकन मिस लिंडावेंटिक भी यहीं आकर उर्दू के अदीबों से मिली थीं। उर्दू वालों के लिए यह ख़ास जगह बन गयी थी। फिर जैसा कि कहते हैं, हर चीज़ का एक वक़्त होता है, क़ब्रिस्तानियाँ का भी वक़्त रहा। उर्दू के लोगों ने अपनी दुनिया कहीं और बसा ली।

पटना में एक कॉफ़ी हाउस ऐसा भी था

अब वहाँ लोग नहीं जुटते हैं और चार वर्ष पहले वहाँ से कुर्सियाँ भी हटा ली गयीं। पटना रेलवे स्टेशन के एक नम्बर प्लेटफ़ार्म पर मौजूद रेलवे कैण्टीन का अब स्वरूप भी बदल गया है। मेज़ और कुर्सियों की जगह अब ऊचें टेबल ने ले ली है, जहाँ आप खड़े होकर ही चाय, कॉफ़ी या नाश्ता ले सकते हैं। कई लोगों को यह जानकर आश्चर्य होगा कि बरसों तक यह रेलवे कैण्टीन एक कॉफ़ी हाउस की भी भूमिका निभाता रहा है। यद्यपि यह जगह सफ़र कर रहे यात्रियों के लिए थी, लेकिन यहाँ नियमित बैठने वाली कई अलग–अलग टोलियाँ भी थीं। कुछ छुटभैये नेता भी थे, कुछ पेशेवर पैरवीकार भी। पिछली सदी के सातवें दशक के बीच के वर्षों में अमेरिका में हिप्पी मूवमेण्ट की शुरुआत हो चुकी थी और उसके प्रभाव से हिन्दुस्तान के नवयुवक भी अछूते नहीं बचे थे। ऐसे ही कुछ अपने आप से नाराज़, नशे में डूबी लाल आँखें लिए युवकों की एक टोली भी यहाँ कैण्टीन में आ जमती थी। बेयरे उनकी मेज़ के पास जाने से कतरा जाया करते थे।

कुछ ऐसे भी थे जो कॉफ़ी हाउस से उठकर यहाँ चले आते थे– क्योंकि उनके पास समय के अतिरिक्त कुछ भी नहीं होता था। और यहाँ कोई पूछने भी नहीं आता था कि आप क्या लेंगे और कितनी देर बैठेंगे। छुटभैये नेता और पेशेवर पैरवीकार सुबह की ट्रेन से पटना चले आते थे। उनमें और यहाँ के प्रबन्धकों, बेयरों के बीच एक अलिखित समझौता सा हो गया था–हम यहाँ बैठेंगे, आप हमें कुछ नहीं कहेंगे। यह एक तरह से उनके लिए दफ्तर की तरह हो गया था। उनसे मिलने वाले उन्हें तलाशते यहाँ आ जाते थे। फिर चाय का दौर चलता था और ये उस दिन के अभियान में बाहर निकल पड़ते। काम ख़त्म कर वे वापस लौट

कर कैण्टीन आते। शाम को उनकी ट्रेन आती थी और वे उसमें सवार हो चले जाते थे फिर अगले दिन लौटने के लिए।

शाम को डाकबँगला रोड के कॉफ़ी हाउस से उठ कर कुछ लोग यहाँ चले आते थे और देर तक बैठे रहते थे। उनकी हँसी और ठहाके कैण्टीन में गूँजते रहते थे। कुछ ऐसे भी थे जिन्हें गाँजे की लत थी। वे वहाँ से उठकर पास के पॉल होटल वाली गली में चले जाते थे।

एक टोली हुआ करती थी कुछ ऐसे उत्साही युवकों की, जो आँखों में ढेर सारा सपना सँजोये यहाँ आकर बैठा करती थी। यहाँ की मेज़ पर उनकी योजनाएँ बनती–बिगड़ती थीं। कुछ पढ़ाकू भी आते थे जिनकी जीन्स और जैकेट की जेबें किताबों से ठुँसी होती थीं। वे यहाँ बैठकर घण्टों बहस करते थे। चाय और सिगरेटों का लम्बा दौर चलता और कैण्टीन सिगरेट के धुएँ से भर जाती। खानाबदोशों की ज़िन्दगी जीने वाले प्रखर पत्रकार स्वर्गीय विजय किशोर भी यहाँ अक्सर आया करते थे। बरसों पहले उनकी मृत्यु भी जाड़ों की एक रात पटना प्लेटफ़ार्म पर ही हो गयी थी। अपना आख़िरी खाना उन्होंने रेलवे कैण्टीन में ही खाया था। वक़्त बदला। उदारीकरण ने मुनाफ़ा को महत्त्वपूर्ण बनाया। आईआरसीटीसी ने कैण्टीन के स्वरूप को ही बदल दिया। अब यहाँ बैठने वालों के लिए कोई जगह नहीं थी।

इतिहास की कई कहानियाँ यहाँ दफ़न हैं

छज्जूबाग़ से गुज़रते हुए लोगों की निगाहें इस इमारत तक नहीं पहुँच पाती हैं। यह ऊँची दीवारों से घिरी हुई है। छज्जूबाग़ हाउस के नाम से मशहूर यह कोलोनियल इमारत पिछले सौ वर्षों से पटना हाईकोर्ट के मुख्य न्यायाधीश का आवास बना हुआ है।

लेकिन उससे भी क़रीब 60 वर्ष पहले 1857 ई. के ग़दर के दिनों में यह पटना के कुख्यात कमिश्नर विलियम टेलर का आवास हुआ करता था। ए. एन. सिन्हा इंस्टीट्यूट के परिसर में दक्षिणी छोर पर मौजूद कोलोनियल शैली की इमारत में उसका कार्यालय हुआ करता था। यह ठीक वर्तमान कमिश्नर कार्यालय के सामने है।

विलियम टेलर इस भवन में 1829 से लेकर 1859 तक रहा। उसका कार्यकाल बहुत ही विवादास्पद रहा था। उसकी क्रूरता और विश्वासघात के कारनामे इतिहास के काले पन्नों में दर्ज हैं। इसी भवन में उसने 20 जून, 1857 को सादिकपुर के तीन वहाबी उलेमाओं को सलाह–मशविरे के नाम पर बुला कर उन्हें क़ैद कर लिया था। वह भी सिर्फ़ इसलिए कि उसे सन्देह था कि ये उलेमा बाग़ियों की मदद कर सकते हैं।

टेलर ने पीर अली और 8 अन्य लोगों को गिरफ़्तार कर यहीं बुलवाया। पीर अली को उसने यहाँ से कुछ ही दूर, जहाँ पर इन दिनों चिल्ड्रेन्स पार्क है, फाँसी पर चढ़ा दिया। उन दिनों यह भवन आतंक का पर्याय बन गया था। इन्हीं दिनों जब स्वाधीनता संग्राम की पहली लड़ाई ने ज़ोर पकड़ लिया था और चारों तरफ़ से विद्रोह की ख़बर आने लगी थी, पटना में रहने वाली यूरोपियन आबादी भी आतंकित हो गयी। उन्हें अपने जान और सम्पत्ति की फ़िक्र होने लगी।

लड़ाई की चिंगारी आरा तक पहुँच चुकी थी। विद्रोही किसी भी वक़्त पटना में प्रवेश कर सकते थे। विलियम टेलर ने एक आपात्कालीन बैठक मेजर नेशन के घर पर बुलायी। पटना में रहने वाली यूरोपियन आबादी की जान– माल की हिफाज़त के लिए किये जाने वाले उपायों पर चर्चा हुई और यह तय पाया गया कि कमिश्नर का आवास ही उन सबों के लिए सुरक्षित होगा। कुछ और विकल्पों पर, जैसे कलेक्टर की कचहरी और अफ़ीम के गोदाम पर भी चर्चा हुई, किन्तु अन्ततः कमिश्नर के आवास पर ही सहमति बनी।

7 जून की शाम को जब विलियम टेलर अपनी पत्नी के साथ रेसकोर्स में बग्घी की सवारी कर रहे थे, उसी वक़्त हरकारे ने आकर उन्हें ख़बर दी कि दानापुर की फ़ौजी रेजिमेंट उत्तेजित है। वे किसी भी वक़्त विद्रोह कर सकते हैं। सम्भवतः आज की रात वे पटना में प्रवेश कर जायें।

बिना देर किये पटना में रहने वाली तमाम यूरोपियन आबादी को अपने सारे सामानों के साथ कमिश्नर के आवास में पहुँचने की ख़बर दी गयी। दूर रहने वाले अंग्रेज़ों को हरकारे के मार्फ़त ख़बर पहुँचाई गयी। घण्टे भर में ही पटना में जितने भी यूरोपियन थे। पुरुष, महिला और बच्चे समेत वहाँ इकट्ठे हो गये। कुछ लोगों ने अफ़ीम के गोदाम में भी शरण ली। उन लोगों के पास जो भी ख़ज़ाने, रुपये, पैसे, जेवरात वगैरह थे उन्हें छत पर छुपा दिया गया।

आवास के बाहर हथियारों के साथ अंग्रेज़ों के वफ़ादार फ़ौजी रात भर पहरा देते रहे।

अगली सुबह ख़तरा टल गया था। पटना सुरक्षित बचा रह गया। उस रात के बाद टेलर ने पटना के लोगों पर जो अत्याचार किया, वह दिल दहला देने वाला था।

जिन दिनों यह भवन कमिश्नर का आवास था, इसका स्वामित्व जॉन एलेग्ज़ेंडर बोइलार्ड के पास था। टेकारी के राजा मित्रजीत सिंह ने उनसे यह मकान ख़रीद लिया। यद्यपि बाद के दिनों में मित्रजीत सिंह के एक लड़के ने इसे बोइलार्ड परिवार को ही फिर से बेच दिया। बोइलार्ड ने अपनी पत्नी को इसी के अहाते में दफ़नाया।

यह इमारत आगे चल कर सर एंड्रयू फ्रेज़र के वक़्त में बंगाल के लेफ्टिनेण्ट गवर्नर का आवास बना। 1916 ई. में यह पटना हाईकोर्ट के जज का आवास बना।

रिज़वान कैसल के साथ जुड़ी हैं कई कहानियाँ

पटना के डाकबँगला चौराहे से गुज़रते हुए लोगों के क़दम रिज़वान कैसल को देख अब भी ठिठक जाते हैं। गोथिक शैली में बनी यह इमारत आसपास उग आये कंक्रीट के जंगल के बीच 'ओएसिस' की तरह दिखता है।

पिछली सदी के दूसरे दशक में इण्डो–ब्रिटिश आर्किटेक्चर के मशहूर विशेषज्ञ फिलिप डेविस अपने शोध के क्रम में पटना आये थे। उन्होंने अपनी पुस्तक 'ब्रिटिश आर्किटेक्चर इन इण्डिया, 1660–1947' में रिज़वान कैसल के बारे में लिखा है–पटना के बाहर बाँकीपुर में गोथिक शैली में बनी एक शानदार इमारत (क़िला) है। इस इमारत में मुँडेर, बाहर की ओर निकले टावर, उसमें बनी सीढ़ियाँ और बाहर से ढँकी धनुषाकार खिड़कियाँ हैं। प्रवेश–द्वार पर बने ख़ूबसूरत पोर्टिको की संरचना न तो पूरी तरह यूरोपियन है और न ही हिन्दुस्तानी।

रिज़वान कैसल जिस ज़मीन पर बना है, वह मशहूर स्वतन्त्रता सेनानी मज़हरुल हक़ की थी। जब सैयद हसन इमाम ने इसे ख़रीदा तब इस पर एक इमारत प्लिंथ तक बनी हुई थी। हसन इमाम ने इसकी संरचना में परिवर्तन करते हुए ब्रिटिश–स्कॉटिश शैली में एक नया क़िला बनवाया। इसे नया नाम मिला–रिज़वान कैसल।

यद्यपि यह एक क़िला है, किन्तु आम तौर पर क़िले के साथ बनी सीधी ढाल, पुश्ता, सीढ़ी, क़िले के दीवार से लगा खुलने वाला दरवाज़ा, चौकीदार का घर, प्राचीर, बुर्ज, भीतरी और बाहरी खाई इत्यादि नहीं है। फिर भी चौकीदार का घर, क़िले की बाहरी दीवार, मुँडेर और उत्तर और दक्खिन में बनी दो सीढ़ियाँ मुख्य भवन में ही बने हैं।

इमारत के बीच में गोथिक शैली में बना एक पोर्टिको है। सामने के बरामदे में पोर्टिको के दायीं ओर बायीं ओर दो नुकीले मेहराब बने हैं। इमारत के मुख्य हॉल और प्रत्येक लिविंग रूम में बाहर से ढँकी गोथिक शैली में बनी खिड़कियाँ हैं। उनपर क्रॉस के निशान हैं। इस तरह की खिड़कियाँ भवन के प्रत्येक हिस्से में हैं। इमारत का पिछला हिस्सा भी कमोबेश आगे की तरह ही बना है। अहाते में एक वाटर टावर भी बना है। यह पटना हाईकोर्ट के निकट बने वाटर टावर की तरह ही है। किन्तु उससे थोड़ा छोटा। पूरी तरह उपेक्षित यह इमारत अभी भी भव्य दिखती है।

सन् 1912 ई. में पटना में हुए ऐतिहासिक कांग्रेस अधिवेशन में इस क़िले ने कई महत्त्वपूर्ण मेहमानों की मेज़बानी भी की थी। इस क़िले के मालिक सैयद हसन इमाम अपने वक़्त के मशहूर अधिवक्ता और स्वतन्त्रता सेनानी थे। इंग्लैण्ड में पढ़ाई पूरी करने के बाद वे कलकत्ता हाईकोर्ट में 1916 ई. तक जज रहे। 1916 ई. में जब पटना हाईकोर्ट का गठन हुआ तो उन्होंने अपना तबादला पटना करवाना चाहा। किन्तु ब्रिटिश सरकार ने उनका तबादला नहीं किया। नाराज़ हो उन्होंने नौकरी छोड़ दी।

हसन इमाम पटना हाईकोर्ट में वकालत करने लगे। शीघ्र ही उनकी वकालत चल निकली। उन्होंने नाम के साथ ख़ूब पैसे भी कमाये। पटना में उन्होंने इसके अतिरिक्त कई और भी आलीशान मकान बनवाये।

जैसे–नशेमन, सिल्वर वुड, शान्तिनिकेतन, हसन मंज़िल इत्यादि। इतनी समृद्धि उन्हें अभिमानी भी बना सकती थी। किन्तु इसके विपरीत वे बहुत ही नम्र और उदार थे। वे सदा दूसरों की मदद के लिए तत्पर रहते थे। उनकी दानशीलता के कई क़िस्से भी हैं।

एक बार पटना हाईकोर्ट के एक निम्नवर्ग के कर्मचारी की मौत हो गयी। उसके लड़के के पास अपने पिता की अन्तिम क्रियाकर्म के लिए भी पैसे नहीं थे। वह हसन इमाम के पास आया। उसकी दयनीय अवस्था देख उन्होंने न केवल उसी वक़्त उसे पाँच सौ रुपये दिये बल्कि भविष्य में भी मदद का आश्वासन दिया।

वे प्रतिदिन भिखारियों को चवन्नी दिया करते थे। उनका मानना था कि चार आने से कम में किसी भी व्यक्ति का पेट नहीं भर सकता। वे स्वयं मुसलमान थे, किन्तु उनके कर्मचारियों में बंगाली हिन्दू अधिक थे।

वे देशभक्त थे। अपने देश के सम्मान की चिन्ता उन्हें हमेशा रही। वे अंग्रेज़ों के तानों को बर्दाश्त नहीं करते थे। एक बार कोर्ट में ज़िरह के दौरान जज एफ.आर. रो ने उनपर टिप्पणी की, 'मि. इमाम आप बक़वास कर रहे हैं।' हसन इमाम ने तत्काल ही उत्तर दिया, 'मी लॉर्ड, मैंने इस तरह की टिप्पणी आपके बारे में भी कई लोगों से सुनी है।' जज सुनकर स्तब्ध रह गये। उन्होंने इस तरह की टिप्पणी फिर कभी नहीं की।

एक बार हसन इमाम रेलगाड़ी से राँची जा रहे थे। उसी बोगी में बिहार और उड़ीसा सरकार के तत्कालीन सचिव मि. क्लेटन भी थे। उन्होंने हसन इमाम के साथ बदसलूकी की। पटना लौटकर हसन इमाम ने उन पर मानहानि का मुकदमा ठोंक दिया। उन्होंने मुआवज़े में बड़ी रकम रखी। अन्ततः मि. क्लेटन को माफ़ी माँगनी पड़ी। अपमानित मि. क्लेटन इस घटना से बुरी तरह आहत हो गये। आख़िरकार उन्होंने नौकरी छोड़ दी और वापस इंग्लैण्ड चले गये।

पत्नी के लिए बनवाया था उन्होंने मरियम मंज़िल

पटना में अब गिने–चुने इमारत ही बचे रह गये हैं जो शहर के अतीत, उसके सुख और दुःख की अनेक कहानियाँ अपने सीने में दफ़न किये ख़ामोश खड़ी हैं। ऐसे ही इमारतों में पटना के अनीसाबाद में मौजूद मरियम मंज़िल भी है। इसे अपने वक़्त के मशहूर वकील सर सैयद अली इमाम ने इसे अपनी दूसरी पत्नी मरियम के लिए बनवाया था।

इण्डो–सेरासेनिक शैली में बनी इस इमारत में मुग़ल–राजपूत शैली और हैदराबाद की कुतुबशाही शैली का सन्तुलित मिश्रण है। सर सैयद अली इमाम 1920 ई. में तत्कालीन हैदराबाद राज्य के प्रधानमंत्री नियुक्त हुए थे। लेकिन स्थानीय नेताओं के आपसी कलह के कारण उन्हें वह पद छोड़ना पड़ा। वह हैदराबाद से लौट आये। लेकिन हैदराबाद के कुतुबशाही शैली से उनका लगाव बना रहा। इसलिए बाद के दिनों में उन्होंने जो इमारत बनवाये, उन पर उनका प्रभाव बना रहा।

पटना के नज़दीक नेउरा में 11 फ़रवरी, 1869 ई. को जन्मे अली इमाम, सैयद इमदाद इमाम के सबसे बड़े लड़के थे। यह पढ़े–लिखे ज़मींदारों का परिवार था। सर अली इमाम के परदादा, ख़ान बहादुर सैयद इमदाद अली पटना के अधीनस्थ न्यायाधीश के रूप में सेवानिवृत्त हुए। उनके बेटे, ख़ान बहादुर शम्स–उल–उलेमा सैयद वाहिद–उद दीन पहले हिन्दुस्तानी थे, जिन्हें ज़िलाधीश बनाया गया था। इनके एक पूर्वज मुग़ल बादशाह औरंगज़ेब के निजी शिक्षक थे।

अली इमाम के वालिद सैयद इमदाद इमाम पटना कॉलेज में इतिहास के प्रोफ़ेसर थे। आरा में इंट्रेंस की पढ़ाई पूरी कर अली इमाम 1887 में वकालत की पढ़ाई के लिए इंग्लैण्ड चले गये। 1890 ई. में उन्होंने कोलकाता हाईकोर्ट में वकालत की शुरुआत की। जल्दी ही वे मुकदमा

जिताने वाले वकील के रूप में मशहूर हो गये। 1911 ई. में बिहार के अलग राज्य के निर्माण में भी उन्होंने महत्त्वपूर्ण भूमिका निभाई।

1911 ई. में वे भारत के गवर्नर जनरल के एग्जीक्यूटिव कौंसिल के सदस्य बने और फिर इसके वाइस प्रेजिडेंट। 1917 ई. में वे पटना हाईकोर्ट में जज के रूप में नियुक्त हुए। 1918–1919 में वे बिहार और उड़ीसा के एग्जीक्यूटिव कौंसिल के सदस्य भी रहे। 1920 ई. में वे हैदराबाद निज़ाम के प्रधानमंत्री बने। वे वहाँ ज़्यादा दिनों तक टिक नहीं पाये। वे पटना लौट आये।

वकालत के पेशे में उन्होंने बेशुमार दौलत कमायी। उन्होंने रियल एस्टेट में काफ़ी निवेश किया। उन्हें ख़ूबसूरत इमारतों का भी शौक़ था। पटना के फ्रेज़र रोड और एस.पी. वर्मा रोड के मुहाने पर उन्होंने अपने पिता की इच्छा के अनुसार पूर्वी शैली में अली मंज़िल का निर्माण करवाया। उनके छोटे भाई सैयद हसन इमाम तब तक डाकबँगला चौराहे पर गोथिक शैली में रिज़वान कैसल बनवा चुके थे।

अपनी पहली पत्नी नईमा ख़ातून के देहान्त के बाद 1916 ई. में उन्होंने एक क्रिश्चियन महिला रोज़ मैरी से शादी की थी। शादी के बाद रोज़ मैरी, मरियम बनी। अली इमाम ने मरियम के लिए अनीसाबाद

में मरियम मंज़िल बनवाया। यह जब तक बन कर तैयार हुआ, मरियम का निधन हो गया। अली इमाम को इस बात का दुःख हमेशा रहा कि इस इमारत के बनने के बाद मरियम ज़्यादा दिनों तक ज़िन्दा नहीं रह सकीं।

इसके बाद अली इमाम ने तीसरी शादी भी की। अनीस फ़ातिमा से। लेडी अनीस के लिए उन्होंने राँची में एक बेहद ख़ूबसूरत इमारत, अनीस कैसल भी बनवाया। यह स्कॉटलैण्ड के एक कैसल से प्रेरित था। 1932 ई. में जब यह बनकर तैयार हुआ, उसी वर्ष अली इमाम का राँची में निधन हो गया। उन्हें अनीस कैसल के अहाते में ही दफ़ना दिया गया। मरते वक़्त उनकी ख़्वाहिश थी कि उनकी बेग़म अनीस के निधन के बाद उन्हें भी उन्हीं के बग़ल में दफ़न किया जाय। लेडी अनीस उसके काफ़ी दिनों के बाद तक ज़िन्दा रहीं। लेकिन मरने के बाद उन्हें पटना में दफ़नाया गया। पटना का अनीसाबाद मुहल्ला उन्हीं के नाम पर बसाया गया है।

मरियम मंज़िल में मौलाना आज़ाद कॉलेज ऑफ़ इंजीनियरिंग एण्ड टेक्नोलॉजी चलाया जा रहा है। राँची में उन्होंने जो अनीस कैसल बनवाया था, वह संगमरमर के गोदाम के रूप में तब्दील होकर रह गया है।

यह सिर्फ़ एक इमारत भर ही नहीं है

पटना के अशोक राजपथ की अन्तहीन भीड़ और शोरगुल वाली सड़क से होकर एक सड़क उत्तर की ओर मुड़ती है, जो कृष्णा घाट तक पहुँच कर ख़त्म होती है। इसी सड़क पर बायीं ओर 'कृष्ण कुंज' नामक एक दो मंज़िला इमारत है।

इस इमारत में पटना विश्वविद्यालय का इंस्टीट्यूट ऑफ़ साइकोलॉजिकल रिसर्च की कक्षाएँ चलती हैं। यह सिर्फ़ एक इमारत भर ही नहीं है, इसे आप एक व्यक्ति के शिक्षा प्रेम का स्मारक भी कह सकते हैं।

इस भवन के स्वामी सर गणेशदत्त सिंह ब्रिटिश गुलामी के दिनों में बिहार–उड़ीसा के स्वायत्त शासन मंत्री थे। प्रख्यात इतिहासकार स्व. डॉ. योगेन्द्र मिश्र लिखते हैं, 'बिहार–उड़ीसा प्रदेश सहित सम्पूर्ण भारत में द्वैध शासन–प्रणाली 1920 से 1937 ई. तक प्रचलित रही। द्वैध शासन–युग में बिहार–उड़ीसा के सार्वजनिक जीवन में जो व्यक्ति सर्वाधिक प्रसिद्ध हुए, उनमें सर गणेशदत्त सिंह (1868–1943) प्रमुख हैं। ये 1923 से 1936 ई. तक बिहार–उड़ीसा के स्वायत्त शासन मंत्री और 1936 ई. में उड़ीसा के बिहार से अलग हो जाने पर, 1936–37 ई. में बिहार के इसी विभाग के मंत्री रहे। उस समय तक भारत के किसी प्रान्त में या ब्रिटेन में भी इतने लम्बे समय तक कोई मंत्री नहीं रहा था।'

सर गणेश अपने वेतन का तीन चौथाई भाग छूते ही नहीं थे। उस समय मंत्री का वेतन 4 हज़ार रुपये मासिक था। 3 हज़ार रुपये सीधे सरकार के यहाँ जमा होते थे। इनमें से सर गणेश ने क़रीब 4 लाख रुपये पटना विश्वविद्यालय को उच्च शिक्षा में छात्रवृत्ति देने के लिए दिये।

उस राशि से 14 अप्रैल, 1933 को सर गणेश दत्त ट्रस्ट फण्ड की स्थापना हुई। छात्रवृत्ति देने के भी कुछ मापदण्ड बने। सर गणेश की

इच्छा के अनुसार 5 श्रेणियाँ बनायी गयीं। पहले स्थान पर अस्पृश्य जाति के लोगों को रखा गया। दूसरे स्थान पर जनजातियों के साथ–साथ बढ़ई, धानुक, कहार इत्यादि को रखा गया। तीसरी श्रेणी में यादव, कोईरी, तथा कुर्मी थे। चौथे स्थान पर भूमिहार, ब्राह्मण, खत्री, राजपूत, और अग्रवाल रखे गये। पाँचवें में ऐंग्लो–इण्डियन, बंगाली, कायस्थ तथा मुसलमान थे।

इसके अतिरिक्त भी सर गणेश अपने बचे पैसों से भी ग़रीब प्रतिभाशाली छात्रों की जीवनपर्यन्त मदद करते रहे—चाहे वह किसी भी जाति का हो।

योगेन्द्र मिश्र आगे लिखते हैं–'चौदह वर्षों तक मंत्री पद पर बने रहना सचमुच विस्मयकारी घटना है, किन्तु इससे भी विस्मयकारी है अपना दायित्व निभाना और स्वायत्त शासन एवं चिकित्सा सम्बन्धी सहायता–कार्य के क्षेत्रों में जनोपयोगी काम करना तथा अपने वेतन का केवल एक चतुर्थांश अपने लिए रखकर तीन चतुर्थांशों का सार्वजनिक कार्यों के लिए दान कर देना।'

'अपने जीवनकाल में अपनी आय का 75 प्रतिशत प्रति माह दान करता रहनेवाला पूत शायद ही कोई मिले। यों वसीयत में सर्वस्व दान करनेवाले लोग आपको मिल सकते हैं जिन्होंने अपनी सारी बची सम्पत्ति सार्वजनिक कार्यों के लिए सरकार को या किसी ट्रस्ट को दे दी। पर सर गणेश तो वेतन का तीन चौथाई भाग छूते ही नहीं थे। उस समय मंत्री का वेतन चार हज़ार रुपये मासिक था। तीन हज़ार रुपये सीधे सरकार

के यहाँ जमा होते रहते थे। इनमें से सर गणेश ने क़रीब चार लाख रुपये छात्रवृत्तियाँ देने के निमित्त प्रदान किये।'

सच्चिदानन्द सिन्हा ने अपनी पुस्तक में उनकी मृत्यु पर लिखा, 'सर गणेश दत्त सिंह अभूतपूर्व ढंग से 14 वर्षों तक बिहार–उड़ीसा के मंत्री रहे। उन्होंने उदारतापूर्वक अपनी कमाई का बड़ा हिस्सा जनोपयोगी कार्यों के लिए देकर एक मिसाल कायम किया। उन्होंने चार लाख रुपये पटना विश्वविद्यालय को छात्रवृत्तियाँ देने के लिए प्रदान किये। इसमें कोई शक नहीं कि आने वाली भावी पीढ़ियाँ उन्हें एक महान परोपकारी के रूप में सम्मान देंगी और ऐसे लोगों में शामिल करेंगी, जिन्होंने स्वेच्छा से इसलिए कठिन जीवन बिताया ताकि ग़रीब उनकी बचत से लाभान्वित हो सके।'

वे आगे लिखते हैं, 'उनकी परोपकारिता इस मायने में अद्‌भुत है कि अपने वंशजों की उपेक्षा करते हुए उन्होंने अपने जीवन की सारी कमाई बिहार की भावी पीढ़ी के उज्ज्वल भविष्य के लिए उदारतापूर्वक दान कर दी'।

मंत्रिपद से हटने पर सर गणेश ने पटना कॉलेज के उत्तर–पूर्व कोने पर कृष्ण–कुंज नामक मकान बनवाया जहाँ उनका शेष जीवन गंगातट पर भगवद्‌भजन में बीता। जीवन काल में ही उन्होंने वसीयतनामा लिखकर यह मकान ज़मीन सहित पटना विश्वविद्यालय को दान कर दिया।

सन् 1945 से 'कृष्ण–कुंज' में मनोविज्ञान की पढ़ाई होने लगी। प्रो. मैथी इसके पहले विभागाध्यक्ष थे।

इंग्लिश मार्केट पटना का पहला सुपर बाज़ार था

बीते कुछ वर्षों में पटना ने बड़ी तेज़ी से तरक्की की है। कई नयी इमारतें बनीं। नये होटल खुले। बड़े–बड़े मॉल बने। रोज़ खुल रही नयी दुकानों में ग्राहकों की भीड़ जुटी रहती है। पटना का भूगोल बड़ी तेज़ी के साथ बदलता जा रहा है। आज यह कल्पना करना भी अजीब लगेगा कि पिछली सदी के दूसरे–तीसरे और चौथे दशकों में पटना का एक ही इंग्लिश मार्केट एक बड़ी आबादी की ज़रूरतों को पूरा करता रहा था।

पटना में गोल मार्केट या म्युनिसिपल मार्केट तो नहीं इंग्लिश मार्केट का नाम विस्मित करने वाला लग सकता है। किन्तु इसका अस्तित्व आज भी है, यद्यपि इसका अब ज़्यादा प्रचलित नाम बूचड़खाना है। न्यू मार्केट के शोरगुल और भीड़ भरी सड़क के पीछे कबाड़खानों के बीच भले ही यह आज उपेक्षित है, किन्तु इसका एक स्वर्णिम युग भी रहा है। लाल ईंटों और लाल टाइलों की छत वाली यह इमारत कोलोनियल इण्डिया की यादों को ताज़ा करती है। इसका वास्तुशिल्प मुम्बई के क्रैफोड मार्केट की तरह है। इंग्लिश मार्केट का निर्माण 1920 ई. के आसपास हुआ था। तब पटना में अंग्रेज़ों के साथ यूरोपियनों की भी एक बड़ी आबादी रहती थी। ये लोग पटना के पश्चिम (अब का मध्य पटना) में रहते थे। ऐसे में इस मार्केट का निर्माण उनकी ज़रूरतों को पूरा करने के लिए हुआ था, किन्तु हिन्दुस्तानी भी इस बाज़ार में ख़रीदारी कर सकते थे। आज़ादी के काफ़ी दिनों के बाद तक यह मार्केट व्यवस्थित रहा। सत्तरवें दशक से यह उपेक्षित होता चला गया।

इस इंग्लिश मार्केट के स्वर्णिम दिनों के एक ग्राहक निताई राय ने एक बातचीत में पुरानी यादों को ताज़ा करते हुए बताया था। 'तब इस मार्केट के चारों तरफ़ ख़ूबसूरत बग़ीचा हुआ करता था। उसमें विभिन्न रंगों के गुलाब थे। चार माली बग़ीचे की देखभाल में शाम तक लगे रहते थे।

यह तब खुला–खुला सा था। इतनी इमारतें नहीं बनी थीं। पटना की इतनी आबादी भी नहीं थी। तब यहाँ पहुँचने के छह रास्ते थे। सड़क से भी चार रास्ते यहाँ तक पहुँचते थे। एक वहाँ से जहाँ लोहिया जी (वहाँ अब यह नहीं है, वहाँ फ्लाईओवर बन रहा है) की मूर्ति है, दूसरा साधना औषधालय के सामने से, तीसरा रास्ता सर्चलाइट प्रेस के बग़ल से और चौथा रास्ता पॉल होटल (यह भी अब नहीं रहा) की तरफ़ से।'

निताई आगे बताते हैं, 'सुबह दस बजे से बारह बजे के बीच बाज़ार में ख़ूब भीड़ रहती थी। अंग्रेज़ साहब, उनकी मेम के साथ–साथ हम हिन्दुस्तानी, सारे लोग यहाँ आते थे। इस दो घण्टे के अन्दर ख़ूब बिक्री होती थी। बाज़ार में सबसे पहले मछली का काउण्टर था। उसके बाद बकरे के मांस का। पोर्क और बीफ़ का भी अलग काउण्टर होता था, जहाँ हम हिन्दुस्तानी नहीं जाते थे। बीच के गोलम्बर में सब्ज़ियाँ बिकती थीं और उसके चारों तरफ़ ग्रोसरी (किराना) की दुकानें थीं। एक रास्ते के दोनों तरफ़ मक्खन और ब्रेड की दो दुकानें हुआ करती थीं, जहाँ अंग्रेज़ मेम साहिबों की भीड़ लगी रहती थी। दक्षिण वाले हिस्से में पहुँचने पर मुर्गी बाज़ार मिलता था।' अब इंग्लिश मार्केट बूचड़खाने में तब्दील होकर रह गया है, जहाँ शहर के बड़े होटलों के कर्मचारी बकरे और मुर्गे का मांस ख़रीदते नज़र आते हैं।

पटना जंक्शन का टमटम पड़ाव

पटना की एक और धरोहर पिछले वर्ष इतिहास के पन्नों में शामिल हो गयी। इसके विरोध में कहीं से कोई आवाज़ भी नहीं उठी। पिछले वर्ष पटना जंक्शन के परिसर में पिछले 83 वर्षों से खड़े ख़ूबसूरत टमटम पड़ाव को महज़ दो घण्टे में ज़मींदोज़ कर दिया गया।

न्यू मार्केट, मस्जिद के बग़ल के रास्ते से जब आप पटना जंक्शन में प्रवेश करते हैं, तो यह टमटम पड़ाव आपको अपनी बायीं ओर दिखता था। आज जहाँ रेलवे आरक्षण का कार्यालय है, वहाँ कभी प्रथम श्रेणी के यात्रियों के बाहर निकलने का रास्ता हुआ करता था–और आज जहाँ मोटरगाड़ियाँ लगती हैं, वहाँ पर बग्घी, फिटन लगा करती थी। अंग्रेज़ यात्री इसी रास्ते का प्रयोग करते थे और बग्घी पर सवार होकर अपने गन्तव्य पर जाते थे। किन्तु तब वहाँ बग्घियों के लिए कोई पड़ाव नहीं था।

यह टमटम पड़ाव महाराज दरभंगा सर रामेश्वर सिंह का पटनावासियों को दिया गया उपहार था। यह उपहार उन्होंने गवर्नर जनरल, वाइसराय बैरन इरविन ऑफ़ किर्बी के नवम्बर 1928 ई. में भारत आगमन के अवसर पर दिया था।

इसके छत में लगनेवाली ख़ूबसूरत लाल टाइल, इलाहाबाद की जंगमल कम्पनी से मँगवाई गयी थी। यह कम्पनी टाइलें बनाने के लिए मशहूर थी। यह बहुत ही ख़ूबसूरत पड़ाव बना था। सन् 1928 ई. के नवम्बर महीने में लार्ड इरविन के हाथों इस पड़ाव का उद्घाटन करवाया गया था।

यह टमटम पड़ाव हमें इस बात की याद दिलाता था कि बीसवीं सदी के पूर्वार्द्ध में पटना शहर में आम लोगों के लिए घोड़ों द्वारा चालित इक्का, टमटम या ताँगा ही यातायात का मुख्य साधन था। अभिजात या रईस लोग चार चक्कों वाली फिटन (बग्घी) की सवारी करते थे।

बग्घी उन दिनों शाही सवारी मानी जाती थी। क़रीब 40–50 बग्घियाँ इस पड़ाव में रहा करती थीं। तब मुख्य टमटम पड़ाव अशोक राजपथ पर पीरबहोर थाना और सब्ज़ी बाग़ के पास था।

19वीं सदी के आख़िरी दो दशकों में पटना में ट्राम चलाने की योजना बनी थी। इसे अशोक राजपथ की सीधी सड़क पर चलाया जाना था। किन्तु किन्हीं कारणों से यह सफल नहीं हो सका।

आज़ादी के बाद बग्घियों की संख्या तेज़ी से घटने लगी। यह पड़ाव श्रीहीन हो गया। बाद के दिनों में यह टमटम पड़ाव में तब्दील हो गया। बहरहाल, हमने एक और धरोहर को नष्ट कर दिया है। अब इसके बाद किसकी बारी होगी, यह देखना बाक़ी है।

ख़ुदाबख़्श ने पटनावासियों को दिया किताबों का नायाब तोहफ़ा

पटना की प्राचीनतम सड़क अशोक राजपथ पर अशोक के पेड़ों के पीछे उन्नीसवीं सदी के आख़िरी दशक में बनी ख़ुदाबख़्श ओरिएण्टल पब्लिक लाइब्रेरी की इमारत दुनिया भर के प्राच्यविदों और विशेषज्ञों के लिए एक अरसे से आकर्षण का केन्द्र रही है।

लाइब्रेरी में क़रीब सोलह हज़ार पुरानी और नायाब फ़ारसी और अरबी पाण्डुलिपियाँ, क़रीब तीन हज़ार मुग़ल, राजपूत, ईरानी और तुर्की शैली की कलाकृतियाँ (पेंटिंग) और विभिन्न भाषाओं में छपी हुई ढाई लाख से भी ज़्यादा नयी, पुरानी और नायाब किताबें हैं।

पाण्डुलिपियों और तस्वीरों की यह लाइब्रेरी पटना के मशहूर वकील मरहूम ख़ुदाबख़्श ख़ान की पटनावासियों के लिए बेशकीमती देन है। ख़ान साहब का जन्म छपरा ज़िले में 2 अगस्त, 1842 ई. को हुआ था। इनके विद्वान पूर्वजों ने कभी औरंगज़ेब को फ़तवा–ए–आलमगीर लिखने में मदद की थी। इनके पिता मरहूम मोहम्मद बख़्श भी पुरानी किताबों के शौक़ीन थे। उन्हें क़रीब तीन सौ दुर्लभ और बेशकीमती पाण्डुलिपियाँ अपने पूर्वजों से मिली थीं। बाद में उन्होंने कुछ और भी पाण्डुलिपियों का संग्रह किया।

अपने विद्वान पिता की रहबरी में ही ख़ुदाबख़्श की परवरिश हुई। उन्होंने अपनी ज़िन्दगी की शुरुआत एक पेशकार के तौर पर की थी। बाद में अपनी क़ाबिलियत और कूबत के बल पर वे निज़ाम के हाईकोर्ट के चीफ़ जस्टिस तक बने और इस ओहदे पर 1895 से 1898 ई. तक रहे। अपने पिता को दिये गये वायदे के मुताबिक़ 5 अक्टूबर, 1891 ई. में उन्होंने इस लाइब्रेरी की बुनियाद रखी।

लाइब्रेरी के लिए ख़ुदाबख़्श ने जिस तरीके से किताबों का संग्रह किया वह बहुत ही रोचक है। इसके लिए हमें अतीत में लौटना होगा। हम मुग़लों के वक़्त में पहुँचते हैं। मुग़ल बादशाहों की लाइब्रेरी यक़ीनन नायाब और बेशकीमती पाण्डुलिपियों से भरी पड़ी थी। कुछ ख़रीदी गयी थीं और कुछ उन कलाकारों से बनवायी गयी थीं जो मुग़लों के दरबार में मुलाज़िम थे। कुछ पाण्डुलिपियाँ जीत से हासिल की गयी थीं और कुछ अमीर उमरावों के मौत के बाद उनकी सम्पत्ति ज़ब्त कर हासिल की गयी थीं। इस तरह से मुग़लों ने पूरब में एक विशाल लाइब्रेरी का निर्माण किया।

उन्नीसवीं सदी में जब मध्य एशिया के देश पर्शिया और अरब लड़ाई में उलझे हुए थे, तो उनकी बहुत सारी दुर्लभ पाण्डुलिपियाँ अवध के नवाब के पास लखनऊ तक पहुँचने लगी थीं। फिर जब 1857 ई. के सैनिक विद्रोह में हुए उथल–पुथल ने मुग़लों की बादशाहत ख़त्म कर दी तब शाही ख़ज़ाना और दूसरे बड़े नवाबों के ख़ज़ानों को बड़े पैमाने पर लूटा गया। रामपुर के नवाब को इन ख़ज़ानों से लूट का बड़ा हिस्सा मिला। उसने अपने सिपाहियों को कह रखा था कि प्रत्येक सिपाही को प्रति पाण्डुलिपि एक रुपया अतिरिक्त इनाम मिलेगा।

ख़ुदाबख़्श ने इन सबके काफ़ी दिनों के बाद पाण्डुलिपियों का संग्रह शुरू किया था। किन्तु वह जल्दी ही रामपुर नवाब के सबसे बड़े प्रतिद्वंद्वी बन गये। उन दिनों मो. मकी नाम के एक अरब की बड़ी शोहरत थी। उसे पुरानी किताबों और पाण्डुलिपियों की खोज में महारत हासिल थी। इसके लिए वह उनकी चोरी तक किया करता था और इसे वह ग़लत भी नहीं मानता था।

ख़ुदाबख़्श ने मो. मकी को 50 रुपये माहवारी पर अपना मुलाज़िम बनाया। इसके अतिरिक्त वे उसे हर पाण्डुलिपि पर अलग से कमीशन भी देते थे। मकी 18 वर्षों तक ख़ुदाबख़्श का मुलाज़िम रहा। इस दौरान वह सीरिया, अरब, इजिप्ट और पर्शिया इत्यादि जगहों पर गया। मकी ने तो इसे समृद्ध बनाया ही, साथ ही देश के कोने–कोने से पाण्डुलिपियों का आना भी शुरू हो गया, क्योंकि ख़ुदाबख़्श उन पाण्डुलिपियों के लिए हमेशा अच्छी कीमत देते थे। वे उसे लौटने का राहख़र्च भी अलग से देते।

ख़ुदाबख़्श एक संग्रहकर्ता के रूप में जल्दी ही मशहूर हो गये। 'ख़ुदाबख़्श ख़ान को किताबों से बेइन्तहा प्यार था।' 1920 ई. में ब्रिटिश

लेखक विसेंट क्लारेंस स्कॉट ओ कॉनर ने ख़ुदाबख़्श के बारे में लिखा था–'ब्रिटिश म्यूज़ियम ने उन्हें उनके संग्रहों के लिए मनचाही कीमत देनी चाही थी, लेकिन उन्होंने इनकार कर दिया। 'मैं ग़रीब आदमी हूँ।' उन्होंने मुझसे कहा था, 'और जो कीमत वे दे रहे थे वह मेरे भविष्य के लिए बहुत ज़्यादा थी। लेकिन क्या मैं पैसों के लिए इन सारी चीज़ों को दे दूँ, जिन्हे मेरे वालिद ने और मैंने अपनी सारी ज़िन्दगी ख़र्च कर के हासिल की है।' उनकी चमकदार और बड़ी आँखों में आँसू आ गये। 'नहीं', उन्होंने कहा, 'यह संकलन पटना के लिए है और यह तोहफ़ा मैं पटनावासियों को ही नज़र करूँगा।' जैसा कि मैं जानता हूँ ख़ुदाबख़्श को, वह बड़े जीवट वाले थे।'

वक़्त के साथ–साथ पाण्डुलिपियों का संग्रह विशाल होता गया। इन सबके लिए अलग से एक इमारत की ज़रूरत महसूस की गयी। तब यह लाइब्रेरी बन कर तैयार हुई। 3 अगस्त, 1908 ई. को ख़ुदाबख़्श का निधन हो गया। लाइब्रेरी के अहाते में ही उन्हें दफ़न कर दिया गया।

पटना का वीरचन्द पटेल पथ और सुल्तान पैलेस

पटना के वीरचन्द पटेल पथ (पहले का गार्डिनर रोड) से गुज़रते हुए लोगों की नज़रें अनायास ही सुल्तान पैलेस पर ठहर जाती हैं। इण्डो–सेरासेनिक शैली में बनी यह इमारत अब परिवहन भवन कहलाती है।

वैसे तो यह इमारत इण्डो–सेरासेनिक शैली का बेहतरीन नमूना है किन्तु यह मुग़ल–राजपूत शैली से मिलता–जुलता है, जिस पर एंग्लो– फ्रेंच शैली की भी छाप है। इसके सज़ावटी कॉलम, डाइनिंग हॉल की साज–सज्जा और सीलिंग में इसकी स्पष्ट छाप दिखती है।

सुल्तान पैलेस औपनिवेशिक दिनों की सबसे ख़ूबसूरत इमारतों में से है जिसमें पूरब और पश्चिम का अद्‌भुत सम्मिश्रण है। जिन दिनों यह इमारत बनायी जा रही थी, उन दिनों हिन्दुस्तान के अभिजात वर्ग और रईसों में गोथिक शैली को लेकर ख़ास आकर्षण था, किन्तु इसके निर्माता सर सैयद सुल्तान अहमद ने अपने देश की परम्परा का निर्वाह करते हुए इसके निर्माण में मुग़ल–राजपूत शैली को ख़ास जगह दी।

सुल्तान पैलेस को देख इसके निर्माता सर सैयद सुल्तान अहमद बरबस याद हो आते हैं। सर सैयद का ख़ुद का जीवन महत्त्वपूर्ण उपलब्धियों से भरा पड़ा है, जिसकी जानकारी हम में से बहुतों को नहीं होगी।

सर सैयद का जन्म 24 दिसम्बर, 1880 ई. में बिहार के जहानाबाद ज़िले के पाली गाँव में हुआ था। वे सैयद खैरात अहमद और बीबी कनीज कुब्रा की दूसरी सन्तान थे। 1897 ई. में गया ज़िला स्कूल से पढ़ाई पूरी करने के बाद उन्होंने पटना कॉलेज में दाख़िला लिया। दो वर्ष की पढ़ाई के बाद ही वे इंग्लैण्ड चले गये। इंग्लैण्ड से वे एक सफल बैरिस्टर के रूप में 1905 ई. में लौटे। कलकत्ता (अब कोलकाता) हाईकोर्ट में उन्होंने वकालत की शुरुआत की।

इंग्लैण्ड जाने से पहले ही 1900 ई. में उनकी शादी ममेरी बहन बीबी तस्लीमन से कर दी गयी थी। उनकी अपनी कोई औलाद नहीं थी, फिर भी उनका वैवाहिक जीवन बहुत सुखी था। उन्होंने अपने अनाथ भतीजे को गोद ले लिया था। वक़्त के साथ उस भतीजे से उन्हें आठ पोते–पोतियाँ हुईं।

सर सैयद को बिहार सरकार का उप विधि परामर्शी नियुक्त किया गया ताकि वे कलकत्ता में वकालत करते हुए बिहार सरकार का भी काम देख सकें। 1916 ई. में उन्होंने सहायक सरकारी वकील के तौर पर पटना हाई कोर्ट में वकालत शुरू की। अगले वर्ष ही सरकार ने उन्हें सरकारी वकील बना दिया। 1919 ई. में वे अवर न्यायाधीश बना दिये गये। किन्तु अगले वर्ष ही उन्होंने वह पद छोड़ दिया क्योंकि वहाँ मिल रही तनख़्वाह से ज़्यादा वे वकालत से ही कमा रहे थे।

1923 ई. से लेकर 1930 ई. तक वे पटना विश्वविद्यालय के कुलपति रहे। उनके वक़्त में ही विश्वविद्यालय में साइंस कॉलेज, मेडिकल कॉलेज और इंजीनियरिंग कॉलेज संपूर्ण रूप से बन सका। वे 1930–1931 में लन्दन में हुए गोल मेज़ सम्मेलन में शामिल हुए। 1937 ई. में बिहार

में मुहम्मद युनुस के नेतृत्व में बनी अन्तरिम सरकार में उन्हें एडवोकेट जनरल नियुक्त किया गया किन्तु कांग्रेस पार्टी के विरोध के कारण वे उसे ज्वाइन नहीं कर सके। इसके बदले उन्हें 1937 ई. में ही वाइसराय के एग्जीक्यूटिव कौंसिल में रेलवे और कॉमर्स के सदस्य के रूप में नियुक्त किया गया।

सर सैयद को हेग के इण्टरनेशनल कोर्ट ऑफ़ जस्टिस के लिए भी चुना गया था, किन्तु दूसरे विश्व युद्ध के शुरू हो जाने से वे वहाँ नहीं जा सके। वे वाइसराय के एग्जीक्यूटिव कौंसिल में बने रहे। हम में से बहुतों को इसकी जानकारी नहीं होगी कि सुभाष चन्द्र बोस के साथ उनके रिश्ते बहुत अच्छे थे। बोस जब गम्भीर रूप से बीमार पड़े तो वे चुपचाप उन्हें कलकत्ता जा कर देख आये। जबकि तब तक उन्हें सर की उपाधि मिल चुकी थी। ब्रिटिश सरकार को अगर जानकारी मिलती तो उनकी उपाधि छीनी जा सकती थी।

1941 ई. में सर सैयद मेंबर इन चार्ज लॉ बनाये गये। इस अवधि में कई महत्त्वपूर्ण बिल पारित किये गये। हिन्दू इंटेस्टेट सक्सेशन बिल, हिन्दू अन्तरजातीय विवाह बिल इन्हीं दिनों पारित हुए। सर सैयद के प्रयासों से ही हिन्दू परित्यक्ता महिला को आवास और गुज़ारा भत्ता दिये जाने को लेकर संशोधन किया गया। बिल को पारित करवाने के लिए जो बहस सर सैयद ने की उससे प्रभावित होकर सेण्ट्रल लेजिस्लेचर के जॉइण्ट कमिटी के एक हिन्दू सदस्य ने कहा कि सर सैयद तो हिन्दू पण्डित हैं। पिछले तीन जन्मों में वे भले ही मुसलमान थे, किन्तु अगले जन्म में वे ज़रूर हिन्दू होंगे।

1943 ई. में सर सैयद इनफार्मेशन एण्ड ब्राडकास्टिंग के सदस्य बनाये गये। आख़िर में वे चैम्बर ऑफ़ प्रिंसेस के सलाहकार बने। देश की आज़ादी के बाद 1948 ई. में वे पटना लौट आये। उन्होंने वकालत को फिर से ज़माने की कोशिश की, लेकिन वे सफल नहीं हो सके। बढ़ते ख़र्च ने उन्हें सुल्तान पैलेस छोड़ने को मजबूर किया। वे वापस अपने पुश्तैनी घर पाली चले गये। वहीं 27 फ़रवरी, 1963 ई. को उनका निधन हो गया।

शहीद स्मारक के निर्माण की रोचक कथा

पटना सचिवालय के निकट बने शहीद स्मारक के पास से गुज़रते हुए नज़रें अनायास ही उन मूर्तियों की ओर चली जाती हैं। बढ़ते हुए क़दम ठिठक जाते हैं। हम मन्त्रमुग्ध से उन शहीदों को देखते हैं, तब मन के किसी कोने से उन मूर्तियों के रचनाकार के लिए भी प्रशंसा का भाव उभर आता है। फिर प्रशंसा का स्थान कौतूहल ले लेता है। कैसे रची गयी होंगी इतनी विशाल मूर्ति, किसने रचा होगा इनका अद्‌भुत शिल्प! ढेर सारे प्रश्न उठ खड़े होते हैं।

इन मूर्तियों के सृजन की कथा सचमुच रोचक है। इसे विश्वविख्यात मूर्तिकार देवी प्रसाद रायचौधुरी ने बनाया है। वे मद्रास कला महाविद्यालय के प्राचार्य तथा भारत के ललित कला अकादेमी के अध्यक्ष रह चुके हैं। बिहार सरकार ने उन मूर्तियों की जो परिकल्पना की थी वह कलापूर्ण नहीं थी। मूर्तियाँ कलापूर्ण हों इसके लिए प्रख्यात शिल्पी उपेन्द्र महारथी ने बहुत प्रयास किये। उन्होंने मूर्ति निर्माण संस्था, जो यह काम करवा रही थी, उसका ध्यान देवी प्रसाद रायचौधुरी की ओर आकृष्ट किया और बताया कि वही इस शहीद स्मारक की परिकल्पना कर उसे मूर्त रूप दे सकते हैं। उपेन्द्र महारथी की बात मान ली गयी और मूर्तिकार देवी प्रसाद को मूर्ति निर्माण का भार सौंपा गया। मूर्तियों का निर्माण कार्य शुरू हुआ। कला जगत में यह अनोखी घटना थी। एक साथ काँसे की इतनी मूर्तियों का संयोजन भारत में सम्भवतः इसके पहले कहीं नहीं हुआ था। साथ ही काँसे की ढलाई का काम भी पहली बार हो रहा था। सो कला जगत में इसकी चर्चा होने लगी। इस ख़बर ने देवघर स्थित 'युगान्तर' बँगला दैनिक के संवाददाता श्री राधिका रायचौधुरी का भी ध्यान आकृष्ट किया। वे पटना आये। उन्होंने शहीद स्मारक निर्माण की प्रक्रिया देखी

और उसकी एक बड़ी ही रोचक रपट लिखी। यह रपट 24 अक्तूबर, 1956 ई. के 'युगान्तर' में छपी थी।

उन्होंने लिखा, 'पटना में शहीद स्मारक पर मूर्ति की स्थापना हो रही है, यह ख़बर अख़बारों में पढ़ी। माह अक्तूबर, वर्ष 1956 ई., विख्यात मूर्तिकार देवी प्रसाद रायचौधुरी स्वयं उपस्थित रहकर यह काम करवा रहे हैं। उनका सान्निध्य पाने और उनकी बनायी मूर्ति को देखने का लोभ संवरण नहीं कर सका, सो मैं देवघर से पटना आ गया। पटना स्टेशन पर गाड़ी से उतरकर समीप के होटल में अपना बिस्तर रख

आया। मैं कर्मस्थल की ओर रवाना हो गया। दूर से टीन की चादरों से घिरा कर्मस्थल नज़र आ रहा था। टीन के घेराव के ऊपर मूर्ति दिखाई दे रही थी। भीतर घुसा तो मूर्ति की विशाल आकृति देख आश्चर्यचकित रह गया। काँसे की इतनी बड़ी और इतनी सारी मूर्तियों को एक साथ इसके पहले मैंने कहीं नहीं देखा था। उन मूर्तियों को देखता मैं अन्दर बढ़ा। सामने बाँस का बड़ा–सा छाता लगाये भीड़ से घिरे देवी प्रसाद रायचौधुरी नज़र आये। वे मूर्तियों की ओर देखते हुए कुछ अधिकारियों के साथ बातें कर रहे थे। मैंने उन्हें क़रीब दस वर्षों के बाद देखा था।

उनका स्वास्थ्य अभी भी आकर्षक था। उनके चेहरे का रंग धूप से तपकर उन काँसे की मूर्तियों की तरह हो गया था। मुझे देख उन्हें आश्चर्य हुआ पूछा, 'कब आये? कैसे आये?' कारण जानकर बहुत ख़ुश हुए। बोले, पहले मूर्तियों को चारों तरफ़ से घूमकर देख लो। फिर बातें करेंगे। कहकर वे काम में लग गये।

उन्हें मैंने अनेको बार मूर्तियों को बनाते देखा है। किन्तु इस बार उन्हें देखकर मैं अभिभूत हो गया। वे बाँस की सीढ़ी पर चढ़कर काम में जुटे थे। उनके दाहिने हाथ की मोटी अँगुलियाँ आगे की तरफ़ से हथौड़े की चोट से ज़ख़्मी हो गयी थीं। उन पर उन्होंने जिंक आक्साइड का प्लास्टर चढ़ा रखा था। उसी अवस्था में वे सीढ़ियों पर चढ़ काम कर रहे थे। उनका सारा शरीर, पसीने से तरबतर हो रहा था। प्रतिकूल हवा के झोंकों से सीमेण्ट का गर्द बार–बार उड़कर उनके चेहरे पर चिपक रहा था। रंग, पानी और पसीने से उनका कुर्ता–पायजामा विवर्ण हो गया था। तब भी कर्मशक्ति का प्रतीक वह शिल्पी तनिक भी विचलित नहीं था। नीचे खड़े दर्शक उन्हें कौतूहल के साथ देख रहे थे। विश्वविख्यात मूर्तिकार, भारत के ललित कला के अध्यक्ष देवी प्रसाद को इस तरह मज़दूर वेश में मेहनत करते देख विस्मय हो रहा था। शिल्पी के तेज़ के सामने वहाँ नीचे खड़े राष्ट्रीय नेताओं, आभिजात्य लोगों की चमक कुछ देर के लिए मलिन हो रही थी। देवी प्रसाद अपने उस विवर्ण वेश में ही नीचे उतर कर आये। वहाँ आये मंत्री का स्वागत किया और उन्हें घूम–घूमकर मूर्ति दिखाने लगे। मंत्री महोदय ने श्रद्धा के साथ देवी प्रसाद का अभिनन्दन किया और कहा ये मूर्तियाँ शहीदों को आशातीत समय तक गौरवान्वित करती रहेंगी, यही इनकी सफलता है।

गोविन्द राज और चुन्नी विश्वास देवी प्रसाद के सहायक की हैसियत से आये हैं। काँसे की ढलाई करने वाला जी, मुसलामुनी ब्रांज कास्टर भी अपने एक सहायक के साथ आया है। देवी प्रसाद ने अपने विशेष फ़ोटोग्राफ़र मिस्टर कृष्णन को भी टेलीग्राम देकर बुला लिया है। गोविन्द राज देवी प्रसाद के बहुत पुराने छात्र रहे हैं। कई बड़ी मूर्तियों के निर्माण में उन्हें गुरु के साथ रहने का सौभाग्य प्राप्त है। साथ ही गुरु ने उन्हें मूर्तियों की फ़ोटोग्राफ़ी भी सिखाई है। इन मूर्तियों का निर्माण कार्य 9 नवम्बर, 1954 ई. को शुरू हुआ था। लगातार काम करके इन्हें एक वर्ष नौ महीने में पूरा किया गया। इस दौरान इन मूर्तियों की कई तस्वीरें खींची भी ताकि

वे ठीक–ठीक बन सकें। इस काम में तीन हज़ार रुपये ख़र्च हुए। आज तक इन मूर्तियों की जितनी भी तस्वीरें अख़बारों में छपी हैं, वे सारी देवी प्रसाद के अपने फ़ोटोग्राफ़र द्वारा खींची गयी हैं। अपनी तैयार की हुई मूर्तियों की गुणवत्ता का उन्हें पूरा–पूरा ख़याल रहता है। इसलिए इतने असाधारण ढंग से काम करते हुए भी वे नहीं थकते हैं। मूर्तियों की रचना कर वे परितृप्त होते हैं। निर्माण कार्य में खुले हाथों से ख़र्च करने में वे कोताही नहीं करते हैं। इस मूर्ति को तैयार करने में जितना ख़र्च हुआ है उसकी कल्पना नहीं की जा सकती है। अपने सहायकों, मज़दूरों, रेल भाड़ा, आयकर इत्यादि को देकर उनके पास बहुत कम पैसे बचेंगे। मूर्ति को छोड़कर नीचे की बीस फ़ीट ऊँची वेदी के चारों तरफ़ चुनार से लाये पत्थर बिठाये गये हैं। ब्रांज का एक प्लेट उनमें लगाया जायेगा, जिनमें सातों शहीद के नाम रहेंगे। यह काम पी डब्ल्यू डी के अन्तर्गत हो रहा है।

देवी प्रसाद रायचौधुरी सर्किट हाउस में रह रहे हैं। शाम को उनके पास गुणग्राही, कलाप्रेमियों का जमावड़ा रहता है। एक दिन शाम में मैं उनके पास बैठा था। बातों के सिलसिले में ख़र्च की बात आयी तो वे गम्भीर हो गये। लम्बी साँस लेकर वे बोले, 'सार्थकता की दृष्टि से इन मूर्तियों ने मुझे सबसे ज़्यादा सन्तुष्ट किया है। यह सफलता भारतीय इतिहास में एक धरोहर के रूप में रहेगी, यही तो मेरा अमूल्य संचय है।' वहीं पर देवी प्रसाद के शिष्य चुन्नी विश्वास से परिचय और दोस्ती हुई। वे कई वर्ष पूर्व मद्रास आर्ट स्कूल से उत्तीर्ण हुए हैं, किन्तु वे आज भी गुरु के लिए समर्पित हैं। उनकी गुरु में अपार श्रद्धा है। मूर्तियों के निर्माण में वे प्रारम्भिक अवस्था से जुड़े हैं। 'पीस मोल्डिंग' के काम में उन्होंने अपनी असाधारण दक्षता का परिचय दिया है और ब्रांज कास्टिंग में भी महारथ हासिल है। वे सदा हँसते रहते हैं। लगता ही नहीं कि वे इतने गुणी हैं। देवी प्रसाद का असीम स्नेह उन्हें मिलता रहा है।

चुन्नी बाबू इन मूर्तियों को लेकर 5 जुलाई को मद्रास से यहाँ पहुँचे थे। इन विराट मूर्तियों को लकड़ी के अलग–अलग बक्सों में पैक किया गया था। बीस टन वज़न की इन मूर्तियों को लाने में आठ हज़ार रुपये ख़र्च पड़े। 14 जुलाई को चुन्नी बाबू पटना मूर्तियों सहित पहुँचे। देवी बाबू अपने सहकर्मियों के साथ 23 जुलाई को पटना आये। 26 जुलाई से काम शुरू किया गया। ब्रांज कास्टर मुसलामुनी ने इन मूर्तियों को वेल्डिंग करके जोड़ा है। मूर्तियों को क्रेन के सहारे बीस फ़ीट ऊँची वेदी पर एक के बाद

एक करके रखा गया। मूर्तियों के पैर के पास पत्थरों को बैठाया गया है। मूर्तियाँ इतनी सम्पूर्ण बनी हैं कि उसमें कोई भी ग़लती नहीं निकाली जा सकती है। मूर्तियों का जो संयोजन है वह अद्भुत है। साथ–साथ वह बहुत कठिन भी है, क्योंकि हर व्यक्ति का स्वतन्त्र व्यक्तित्व होता है। उसे एक जगह इस तरह संयोजित करना कि वह जीवन्त प्रतीत हो, सचमुच बहुत कठिन होता है। हरेक मूर्ति बोलती प्रतीत होती है। इस भाव को लाने में देवी बाबू ने जिस माध्यम का प्रयोग किया है, वह सबसे उपयुक्त है। किसी दूसरी पद्धति से ऐसा सम्भव नहीं होता।

इसके पूर्व भी देवी बाबू ने बड़ी–बड़ी मूर्तियाँ बनायी हैं। वे सारी विदेशों से ढल कर आती थीं। पहली बार इतनी विशाल मूर्ति को उन्होंने अपने सामने एक लगभग नामालूम कारीगर से ढलवाया है। जी मुसलामुनी अभी तक छोटे–छोटे खिलौने की ढलाई का काम ही किया करते थे। देवी प्रसाद ने उनका काम देखा था। उनकी योग्यता देखकर उसे अपने निर्देशन में इतने महत्त्वपूर्ण काम करने का सुअवसर दिया।

मुसलामुनी ने भी बजट के अन्दर ही काम करके अपनी योग्यता का परिचय दिया। देवी बाबू भी निश्चित हुए कि अब ढलाई के काम के लिए विदेशों का दरवाज़ा ठकठकाना नहीं पड़ेगा। देशी कारीगरों से निर्मित इस 20 टन वज़न की विशाल कांस्य मूर्ति पर पचास हज़ार रुपये से ज़्यादा ख़र्च आये।

उस दिन भोर में बहुत पुराने मित्र से बहुत दिनों के बाद भेंट हुई। उन कलाप्रेमी मित्र से मिलकर प्रसन्नता हुई। वे पश्चिमी देशों का भ्रमण कर आये हैं। विभिन्न देशों के मूर्ति शिल्प पर उनसे बातें हुई हैं। आज वे बग़ल में एक कैमरा लेकर शहीद स्मारक की तस्वीर लेने जा रहे थे। बोले, 'हम प्रायः इस मूर्ति को देखने आते हैं। यूरोप भ्रमण काल में हमने बहुत छोटी–बड़ी मूर्ति देखीं, किन्तु इतनी विशाल मूर्ति और उसका अद्भुत संयोजन कहीं नहीं देखा। इसलिए इसकी तस्वीरें खींचकर अपने विदेशी मित्रों को भेजूँगा। वे लोग चकित हो जायेंगे।'

गाँधी के शान्ति प्रयासों का गवाह है यह भवन

पटना के गाँधी मैदान के उत्तर ए.एन. सिन्हा इंस्टीट्यूट में आने वाले लोगों में बहुत कम लोगों को पता होगा कि उसी परिसर में पश्चिम की ओर एक जीर्ण–शीर्ण भवन भी है जिसने क़रीब 40 दिनों तक महात्मा गाँधी की मेज़बानी की थी। उनके साथ ख़ान अब्दुल ग़फार ख़ान (सीमान्त गाँधी) भी थे।

पटना कमिश्नर के कार्यालय के ठीक सामने कोलोनियल शैली में बनी यह इमारत ब्रिटिश इण्डिया के दिनों में पटना के कमिश्नर का कार्यालय हुआ करता था। पटना के कुख्यात कमिश्नर विलियम टेलर ने इसी जगह से पटना के लोगों को आतंकित कर रखा था।

ब्रिटिश इण्डिया के दिनों यह इलाका बाँकीपुर गाँव कहलाता था। और उससे सटे दक्षिण का इलाका जैबरपुर। मुग़लकालीन हिन्दुस्तान में यह बाँकीपुर–जैबर कहलाया। यह पड़ाव स्थल हुआ करता था। 1547 ई. में अकबर ने अपनी फ़ौजों के साथ यहाँ डेरा डाला था। 1740 ई. में अलीवर्दी ख़ान ने आगे की चढ़ाई के लिए अपनी फ़ौजों को यहीं इकट्ठा किया था।

कालान्तर में इस इमारत को डॉ. सैयद महमूद ने ख़रीद लिया। सैयद महमूद इण्डियन नेशनल कांग्रेस के बड़े नेता थे। सैयद महमूद का जन्म गाजीपुर के सईदपुर, भिटारी में हुआ था। उनके पूर्वज लोदी के वक़्त में बिहार आ गये थे। बीच के कुछ वर्षों में उनका परिवार गाजीपुर चला गया था, जहाँ से वे फिर बिहार वापस आ गये।

सैयद महमूद उन कुछ युवा मुस्लिम नेताओं में थे जिन्होंने 1916 ई. में कांग्रेस और मुस्लिम लीग के बीच लखनऊ पैक्ट करवाने में महत्त्वपूर्ण भूमिका निभाई थी। उन्होंने 1916 ई. में महात्मा गाँधी के नेतृत्व असहयोग आन्दोलन,

होम रूल आन्दोलन और ख़िलाफ़त आन्दोलन में हिस्सा लिया। 1923 ई. में उन्हें अखिल भारतीय कांग्रेस कमेटी के उप महासचिव के पद के लिए चुना गया। 1937 ई. में केन्द्रीय और प्रान्तीय चुनावों में कांग्रेस की व्यापक जीत के बाद बिहार में श्रीकृष्ण सिन्हा के मन्त्रिमण्डल में वे कैबिनेट मंत्री के रूप में शामिल हुए थे।

1946–47 ई. में यह लगभग तय हो गया था कि अंग्रेज़ अब इस देश को छोड़ कर चले जायेंगे। लेकिन उन्होंने एक आग लगा दी थी। देश का विभाजन तय माना जा रहा था। हिन्दू–मुस्लिम दंगों की शुरुआत हो गयी थी। बिहार भी उससे अछूता नहीं रहा। बिहार के गाँव सुलग रहे थे। चारों तरफ़ मारकाट मची थी।

इन्हीं दिनों महात्मा गाँधी अपने कुछ सहयोगियों निर्मल कुमार बोस, मनु गाँधी, सैयद अहमद, देव प्रकाश नायर, सैयद मुज़्तबा के साथ 5 मार्च, 1947 ई. को पटना आकर सैयद महमूद के इसी घर में ठहरे। वस्तुतः यह मुख्य भवन के साथ जुड़ा हुआ उपभवन था। किन्तु गाँधी जी ने यहीं ठहरना उपयुक्त समझा था। उनके बुलावे पर 8 मार्च को सीमान्त गाँधी भी चले आये और गाँधी के साथ यहीं रुके।

गाँधी ने यहीं रहकर डॉ. राजेन्द्र प्रसाद, डॉ. अनुग्रह नारायण सिन्हा और ऐसे ही और गणमान्य नेताओं से बिहार की स्थिति की जानकारी ली।

गाँधी ने हिन्दू मुसलमानों के बीच शान्ति की स्थापना के लिए लगातार बैठकें कीं। अनेकों सभाएँ और प्रार्थनाओं का दौर चलता रहा। महात्मा गाँधी यहीं रहते हुए बिहार के सुदूर गाँवों में भी गये। यहाँ प्रेस वार्ताएँ, प्रमुख नेताओं से मुलाक़ात उनकी दिनचर्या में शामिल था।

30 मार्च, 1947 ई. को जब लार्ड माउंटबेटन का बुलावा आया, तो गाँधी यहीं थे। माउंटबेटन के बुलावे पर वे दिल्ली गये। 15 दिनों के बाद 14 अप्रैल, 1947 ई. को वे फिर पटना वापस आ गये। 24 मई, 1947, वे जब तक यहाँ ठहरे निरन्तर शान्ति स्थापना के प्रयासों में जुटे रहे।

फ़्रेज़र रोड का सिकन्दर मंज़िल और महात्मा गाँधी

पटना के फ़्रेज़र रोड (अब मज़हरुल हक़ रोड) से गुज़रते हुए अब सिकन्दर मंज़िल नहीं दिखता है। इसके आगे बनी एक इमारत ने इसे ढँक लिया है। सिकन्दर मंज़िल में अब ढेर सारे किरायेदारों का ठिकाना है। अब इस इमारत को देखकर यह यक़ीन कर पाना मुश्किल होगा कि इसने कभी महात्मा गाँधी की मेज़बानी की थी और कुख्यात रोलेट एक्ट के ख़िलाफ़ यहाँ सभाएँ हुआ करती थीं।

'छोटा गाँधी' के नाम से मशहूर मौलाना मज़हरुल हक़ ने इस इमारत को गया ज़िले के रहने वाले पेशे से वकील सैयद अहमद रज़ा से ख़रीदा था। सैयद अहमद रज़ा कुछ दिनों तक भोपाल राज्य के न्यायिक सेवा में थे और बाद के दिनों में वे हैदराबाद निज़ाम के यहाँ ऊँचे ओहदे पर रहे। तत्कालीन हैदराबाद निज़ाम ने उन्हें सिकन्दर नवाज़ जंग के नाम से नवाज़ा। सेवानिवृत्त होने के बाद वे पटना आ बसे।

हैदराबाद प्रवास के दौरान सैयद अहमद रज़ा को विक्टोरियन शैली में बनी इमारतों ने प्रभावित किया था। वैसे भी उन दिनों हैदराबाद के तमाम बड़े शहरों में इसी शैली में मकान बनाये जा रहे थे। सो सिकन्दर मंज़िल का निर्माण उन्होंने उसी शैली में करवाया।

मौलाना मज़हरुल हक़ का जन्म 22 दिसम्बर, 1866 ई. को पटना के निकट बहपुरा नाम के गाँव में हुआ था। उनके पिता शैख अहमदुल्ला एक ज़मींदार थे। उनकी प्रारम्भिक पढ़ाई–लिखाई घर में ही हुई। उन्होंने अरबी–फ़ारसी मौलवी सज्जाद हुसैन से सीखी। 1874 ई. में इनका दाख़िला पटना कॉलेजिएट स्कूल में हुआ। इसी दौरान उनका परिचय एक फ़क़ीर से हुआ। उस फ़क़ीर का इन पर गहरा प्रभाव पड़ा।

उसके प्रभाव में आकर उन्होंने घर छोड़ दिया और पूर्वी बंगाल के एक गाँव में जाकर पीर बन गये।

उनके वालिद को जब यह जानकारी मिली तो उन्हें किसी तरह समझा–बुझा कर घर लाया गया। दुबारा उनकी पढ़ाई शुरू हुई। 1866 ई. में 20 वर्ष की उम्र में उन्होंने मैट्रिक की परीक्षा दी और उत्तीर्ण हुए। उनका दाख़िला पटना कॉलेज में हुआ। वे पढ़ाई में अच्छे थे। लेकिन अक्सर उनकी बहस कॉलेज के प्राध्यापकों से हो जाती थी। एक दिन एक अंग्रेज़ प्राध्यापक से वे बुरी तरह उलझ गये। उन्हें कॉलेज छोड़ना पड़ा। उनके वालिद ने उन्हें पढ़ने के लिए लखनऊ के कैनिन कॉलेज में भेजा। वहाँ भी उनका मन नहीं लगा। ढाका के एक नवाब अब्दुल गनी से कुछ रुपये उधार लेकर क़ानून की पढ़ाई के लिए वे लन्दन रवाना हो गये। लन्दन पहुँच कर उन्होंने अपने पिता को ख़त लिखा। उन्होंने घोषणा की, 'बिना क़ानून की डिग्री लिए मैं नहीं लौटने वाला।'

इंग्लैण्ड में मौलाना मज़हरुल हक़ की भेंट मोहनदास करमचन्द गाँधी से हुई। उनकी दोस्ती जीवन के आख़िरी दिनों तक बनी रही। उनके विचारों में बुनियादी परिवर्तन आया। सामाजिक सरोकार और सक्रियता का एक नया अध्याय जुड़ा। उनकी सक्रियता को नया आयाम देने दो और

दोस्त सच्चिदानन्द सिन्हा और अली इमाम आ जुड़े। यह 1890 ई. का वर्ष था। इंग्लैण्ड में मुस्लिम विद्यार्थियों की अच्छी–ख़ासी संख्या थी। वहाँ उन लोगों ने एक संस्था भी बनायी–अंजुमन–ए–इस्लामिया। सच्चिदानन्द सिन्हा अक्सर इसकी बैठकों में शामिल होते। बंगाल से बिहार को अलग कर स्वतन्त्र राज्य बनाने में इसी मैत्री ने मुख्य भूमिका निभाई थी।

मज़हरुल हक़ 1891 ई. में हिन्दुस्तान लौटे। पटना में उन्होंने वकालत की शुरुआत की। शीघ्र ही उनकी गिनती बड़े वकीलों में होने लगी। एक अंग्रेज़ दोस्त विलियम बार्केट की सलाह पर वे उत्तर प्रदेश की न्यायिक सेवा में मुंसिफ़ हो गये। वहाँ उनकी मुठभेड़ ब्रिटिश कमिश्नर से हो गयी।

त्यागपत्र दे कर वे अपने स्वर्गीय बहनोई के गाँव आंदर चले गये। वे छपरा में वकालत करने लगे। यहाँ भी वे शीघ्र ही मशहूर हो गये। 1903 ई. में वे नगर पालिका के उपाध्यक्ष चुने गये। वे फिर पटना आकर रहने लगे और वकालत करने लगे। पहले वे बाँकीपुर जेल के निकट एक किराये के मकान में रहते थे। 1908 ई. में उन्होंने सिकन्दर मंज़िल को ख़रीद कर अपना आवास बनाया।

सिकन्दर मंज़िल शीघ्र ही राष्ट्रवादियों का अड्डा बन गया। राज कुमार शुक्ल के बुलावे पर महात्मा गाँधी 10 अप्रैल, 1917 ई. को पटना आये थे। पहले से तय था कि उन्हें राजेन्द्र प्रसाद के घर पर ठहरना था। किन्तु वे पुरी यात्रा पर थे। मज़हरुल हक़ को इसकी जानकारी मिली तो वे स्वयं महात्मा गाँधी को अपने घर ले आये। तब इसी सिकन्दर मंज़िल ने उनकी आगवानी की थी।

1919 ई. में जब रौलट एक्ट पारित हुआ तो देश भर में उसका विरोध हुआ। यह दमनकारी क़ानून था। सरकार मात्र सन्देह के आधार पर किसी भी व्यक्ति को अनिश्चित काल के लिए बन्दी बना सकती थी। कोई वकील नहीं, कोई अपील नहीं। रौलट एक्ट के ख़िलाफ़ आन्दोलन बिहार में भी हुआ। तब यही सिकन्दर मंज़िल कई ऐसी बैठकों का गवाह बना।

अंग्रेज़ों ने इस चर्च में छिपकर बचायी थी अपनी जान

दानापुर छावनी की सुनसान सड़क पर खड़ी सेण्ट स्टीफेन्स चर्च के चारों तरफ़ वैसी ही घनी शान्ति थी, जो गिरजाघरों की ख़ास पहचान हुआ करती है। करुणा का मलिन आलोक गिरजाघर की दीवारों पर पसरा हुआ था।

चर्च ख़ाली था–उतना ही ख़ाली जितना अन्य पुराने चर्च, जहाँ सिवाय रविवार के कोई दिखाई नहीं देता। किन्तु 1820 ई. में बना यह गिरजाघर कई लोमहर्षक घटनाओं का साक्षी रहा है। 1857 ई. के सिपाही विद्रोह (स्वाधीनता संग्राम की पहली लड़ाई) के दिनों में यह गिरजाघर अत्यन्त ही महत्त्वपूर्ण हो उठा था।

7 जून, 1857। पटना में अफ़वाहों का बाज़ार कई दिनों से गर्म था। मेरठ और दिल्ली से लगातार विद्रोह की ख़बरें आ रही थीं। बैरकपुर और बरहामपुर में विद्रोह की घटनाएँ घट चुकी थीं। विद्रोही किसी भी वक़्त पटना में प्रवेश कर सकते थे।

पटना में रहने वाले यूरोपियन इन ख़बरों से आतंकित और बेचैन हो रहे थे। इसी बीच शाहाबाद के कमिश्नर मि. वेक का एक पत्र पटना के तत्कालीन कमिश्नर विलियम टेलर को मिला। लिखा था–'शाहाबाद में रहने वाले यूरोपियन और रेल कर्मचारी दहशत में आकर शहर छोड़कर दानापुर छावनी में शरण लेने चले गये हैं।'

विलियम टेलर तेज़ी से घट रही घटनाओं पर लगातार नज़र रखे हुए था। उसे पटना में रहने वाले यूरोपियनों की चिन्ता हो रही थी। वह शीघ्र गुलज़ारबाग़ की ओर निकल पड़ा। वहाँ अफ़ीम के गोदाम में उसने पटना के जज मि. फर्ग्यूसन, अफ़ीम एजेण्ट मि. गैरेट, डॉ. लॉयल सहित कई यूरोपियन

परिवारों को सुरक्षित रखवा दिया। शहर के कुछ यूरोपियन परिवारों को उसने अपने आवास में जगह दी। बाक़ी बचे यूरोपियनों को उसने दानापुर छावनी के इसी सेण्ट स्टीफेन्स चर्च में छिपने के लिए भेज दिया।

1820 ई. में जब यह चर्च बना था, तब इसके पास पक्की इमारत नहीं थी। तब यह कच्ची दीवारों से बना था। 1820 से लेकर 1845 ई. के बीच दानापुर छावनी में आइरिश सैनिक अधिक थे। इसकी इमारत पक्की करने में उन्हीं सैनिकों का योगदान था। इस चर्च के तलघर में भयभीत यूरोपियनों ने शरण ली।

गर्मी के दिन थे। तलघर में खिड़कियाँ भी नहीं थीं। शरणागत यूरोपियनों में वे पाँच नन भी थीं, जो पटना के 1852 ई. में बने सेण्ट जोसेफ़ कान्वेण्ट में पढ़ाने के लिए यूरोप से चलकर मुम्बई के रास्ते यहाँ तक पहुँची थीं। ये लोग कई दिनों तक इसी चर्च के तलघर में छिपे रहे। जब विद्रोह की आग ठण्डी हुई तो यहाँ छिपे लोग वापस अपनी–अपनी जगहों पर चले गये। अब इस गिरजाघर में थियोलॉजी (धर्मशास्त्र) की पढ़ाई होती है। छात्रों को 'बैचलर ऑफ़ थियोलॉजी' की डिग्री दी जाती है, जो 'प्रीस्ट' बनने के लिए ज़रूरी है।

गोलघर कैप्टेन गार्स्टिन की मूर्खता नहीं थी

पटना में सैलानियों के लिए आकर्षण का केन्द्र गोलघर को वास्तुशिल्प की एक बड़ी भूल (आर्किटेक्चरल ब्लंडर) माना जाता रहा है और इसके लिए इसके शिल्पी ब्रिटिश इंजीनियर कैप्टेन जॉन गार्स्टिन को उत्तरदायी माना जाता है। किन्तु कैप्टेन गार्स्टिन इसके लिए अकेले ज़िम्मेदार नहीं थे। उन्होंने इसका नक़्शा ब्रिटिश आर्मी के मुख्य अभियन्ता लेफ्टिनेण्ट कर्नल हेनरी वॉटसन की देखरेख में बनाया था। गोलघर अनाज के संग्रह के लिए बनाया गया था। 1770 ई. में भीषण अकाल में बिहार, बंगाल और ढाका में क़रीब दस लाख लोगों की मौत हो गयी थी। वारेन हेस्टिंग्स उन दिनों हिन्दुस्तान का गवर्नर जनरल हुआ करता था। उसने 20 जनवरी, 1784 ई. को एक फूड सप्लायर जे.पी. ऑरियल की सलाह पर पटना के बाँकीपुर में एक विशाल अन्न भण्डार बनाने का आदेश दिया। ताकि भविष्य में इस तरह के संकट का सामना किया जा सके।

तब कर्नल हेनरी वॉटसन की देखरेख में कैप्टेन गार्स्टिन ने इसका नक़्शा बनाया। कैप्टेन गार्स्टिन ने पटना के बाँकीपुर में अपना डेरा जमाया। 1812 ई. में फ्रांसिस बुकानन ने अपनी रिपोर्ट में पटना का जो नक़्शा दिखलाया है उसमें अभी के बाँकीपुर गर्ल्स हाई स्कूल को 'बँगला गार्स्टिन साहब' बताया है। सम्भवतः कैप्टेन गार्स्टिन का यही आवास हुआ करता होगा। गोलघर को बनने में क़रीब दो वर्ष और एक लाख बीस हज़ार रुपये लगे। लेकिन शीघ्र ही इसकी खामियाँ सामने आने लगीं। एक तो इसके दरवाज़े भीतर की ओर खुलने वाले थे, जिसकी वजह से इसे कभी पूरा भरा नहीं जा सका और दूसरा इसमें रखा अनाज अन्दर की गर्मी के कारण जल्दी ही सड़ जा रहा था। यह अनाज संग्रह योग्य नहीं बन पाया था। उसने इसकी सूचना कलकत्ता स्थित अपने उच्चाधिकारियों को दी।

गोलघर को मनहूस माना गया और इसे 'कैप्टेन गार्स्टिन की मूर्खता' नाम दिया गया। यद्यपि गोलघर के निर्माण में हुई त्रुटियों के लिए कर्नल हेनरी वॉटसन काफ़ी हद तक ज़िम्मेदार थे, लेकिन उन्हें इससे मुक्त कर दिया गया। शायद उनके बड़े ओहदे और उनकी ऊँची पहुँच ने उन्हें बदनामी से बचा लिया था। अनाज रखने के लिए इस भवन का प्रयोग कभी नहीं किया गया। इसे ब्रिटिश आर्किटेक्चर का बेकार नमूना माना गया। लेकिन फिर भी अपने अनोखेपन के लिए यह जल्दी ही लोकप्रिय भी हो गया।

24 अगस्त, 1794 ई. को थॉमस ट्विनिंग पटना आया था। उसने गोलघर को देख अपने संस्मरण 'ट्रेवल्स इन इण्डिया, ए हण्ड्रेड इयर्स एगो' में लिखा है, 'मिस्टर ग्रिंडल के घर के नज़दीक मैंने अनाज रखने के लिए शंकु के आकार का एक विशाल भवन देखा। उपयोगिता इसके डिज़ाइन का पैमाना था, खूबसूरती नहीं। फिर भी आकार में समरूपता की वजह से इसे सराहा जाता है। इसे आधे कटे हुए अंडे के आकार में बनाया गया था। यह भवन हमें सरकार के उन नेक इरादों (अकाल के लिए अन्न संग्रह) की भी याद दिलाता है।'

पटना का नेशनल इंस्टीट्यूट ऑफ़ टेक्नोलॉजी और विलियम टेलर

विलियम टेलर का नाम आते ही 1857 ई. के ग़दर के दिनों में पटना के डिवीज़नल कमिश्नर के रूप में उसके द्वारा किये गये अत्याचार और क्रूरता की ढेरों कहानियाँ याद हो आती हैं। किन्तु उसने कुछ ऐसे भी काम किये या करने का प्रयास किया जिसे सराहा जा सकता है। यह जानना रोचक होगा कि बिहार कॉलेज ऑफ़ इंजीनियरिंग (अब यह नेशनल इंस्टीट्यूट ऑफ़ टेक्नोलॉजी है) के निर्माण में टेलर की महत्त्वपूर्ण भूमिका रही है।

जिन दिनों वह पटना का कमिश्नर था, उसने पटना में टेक्निकल स्कूल खोलने के कई प्रयास किये। वह सफल भी हो जाता, किन्तु हर बार बंगाल के तत्कालीन लेफ्टिनेण्ट गवर्नर सर फ्रेडरिक हॉलिडे द्वारा उसके प्रस्ताव को ठुकरा दिया जाता। इसके लिए वह कई कारण बताता। लेकिन इसके पीछे का सच यह था कि वह टेलर को पसन्द नहीं करता था। अज्ञात कारणों से वह टेलर से अदावत रखता था। ग़दर के दमन में मिली कुख्याति के बाद टेलर को पटना से हटना पड़ा। इसके ठीक बीस बरसों के बाद 1876 ई. में चार सर्वे स्कूल खोले गये। ये स्कूल हुगली, ढाका, कटक और पटना में खुले। हुगली और कटक के स्कूल ज़्यादा दिनों तक नहीं चल सके किन्तु पटना और ढाका के स्कूल निरन्तर तरक्की करते चले गये।

यह सर्वे स्कूल पटना कॉलेज के परिसर में था। 1882 ई. के नवम्बर महीने में सर्वे स्कूल के भवन में ही बिहार इण्डस्ट्रियल स्कूल खोला गया। 1886 ई. के जुलाई में इन दोनों का विलय करा एक नया नाम दिया

गया–बिहार इंजीनियरिंग स्कूल। पटना कॉलेज के तत्कालीन प्रिंसिपल ए. इबैंक इसके भी प्रिंसिपल बने। धीरे–धीरे विद्यार्थियों की संख्या बढ़ने लगी। तब एक स्वतन्त्र भवन की ज़रूरत महसूस की गयी। तत्कालीन ब्रिटिश सरकार इसके लिए फण्ड उपलब्ध नहीं करवा पा रही थी। ऐसे में पटनासिटी के गुजरी मुहल्ले के एक रईस नवाब लुत्फ़ अली ख़ान सामने आये। ईरानी मूल के ज़मींदार नवाब लुत्फ़ अली ख़ान शिक्षाप्रेमी थे। समाज की बेहतरी के लिए वे तालीम को ज़रूरी मानते थे।

नवाब ने इंजीनियरिंग स्कूल की इमारत के लिए तत्काल एक लाख रुपयों की बड़ी राशि कॉलेज के प्रबन्धन के ज़िम्मे कर दी। ईरानी मूल होने के कारण नवाब को इण्डो–सेरासेनिक शैली के वास्तुशिल्प से ख़ास लगाव था। उनके आग्रह पर इसका निर्माण उसी शैली में किया गया। इमारत के निर्माण में कुल एक लाख अड़तीस हज़ार रुपये ख़र्च हुए। एक लाख रुपये तो नवाब ने दिये थे बाक़ी के पैसे 'प्रिंस ऑफ़ वेल्स रिसेप्शन फण्ड' से आये। यह भी पी.पी.पी. मोड (सार्वजनिक निजी भागीदारी) जैसा ही था। यहाँ यह ध्यान देने की ज़रूरत है कि इन दिनों 'पी.पी.पी. मोड' में बहुत सारे काम किये जा रहे हैं। किन्तु एक बड़ा फ़र्क़ है। यहाँ एक बहुत बड़ा आर्थिक मुनाफ़ा कारण होता है। किन्तु नवाब लुत्फ़ अली ख़ान

जैसे लोगों ने जो ख़र्च किये, वे समाज की बेहतरी के लिए थे। 1942 ई. में इंजीनियरिंग स्कूल को अपग्रेड कर कॉलेज बनाया गया। इसे पटना यूनिवर्सिटी से सम्बद्ध किया गया। 2004 ई. में भारत सरकार ने अधिग्रहित कर इसे एक नया नाम दिया–नेशनल इंस्टीट्यूट ऑफ़ टेक्नोलॉजी।

व्हीलर सीनेट हॉल के बनने की कहानी

इन दिनों पी.पी.पी. मोड (सार्वजनिक निजी भागीदारी) जैसे शब्द ख़ूब प्रचलन में हैं और कई योजनाएँ भी इनके अन्तर्गत पूरी की जा रहीं हैं। लेकिन आज से क़रीब सौ वर्ष पहले जब यह प्रचलन में नहीं था, तब भी कई ऐसे परोपकारी दानदाता थे, जिन्होंने दूरदर्शिता का परिचय देते हुए आम बिहारियों की बेहतरी के लिए उच्च तकनीकी और सामान्य शिक्षा के लिए उदारतापूर्वक दान दिये। उनके दिये दान से कई ऐसे भवन बने जिसने शिक्षा के क्षेत्र महत्त्वपूर्ण भूमिका निभाई। पटना के अशोक राजपथ पर खड़ा व्हीलर सीनेट हॉल उनमें से एक है।

व्हीलर सीनेट हॉल की परिकल्पना सर सैयद सुल्तान अहमद ने की थी। वे पटना यूनिवर्सिटी के पहले हिन्दुस्तानी वाइस चांसलर थे। सीनेट हॉल के निर्माण के पहले पटना यूनिवर्सिटी की बैठकें, सम्मेलन और कन्वोकेशन्स शहर के अलग–अलग हिस्सों में आयोजित किये जाते थे।

पटना यूनिवर्सिटी के अस्तित्व में आने के पहले के पाँच वर्षों में (1917–1922) इसका अस्थायी कार्यालय पटना उच्च न्यायालय की एक शाखा में था। फैकल्टी की बैठकें पटना कॉलेज के एक कमरे में होती थीं और सीनेट की बैठकें पटना सचिवालय के सभा कक्ष में आयोजित की जाती थीं। यूनिवर्सिटी के कन्वोकेशन्स गवर्नर हाउस के दरबार हॉल में आयोजित किये जाते थे।

सर सैयद ने अपनी वकालत की पढ़ाई इंग्लैण्ड में की थी। उन्होंने इंग्लैण्ड के ऑक्सफोर्ड और कैम्ब्रिज विश्वविद्यालयों की तरह पटना विश्वविद्यालय के लिए भी कन्वोकेशन्स हॉल की परिकल्पना की। इसे साकार करने के लिए सर सैयद ने अपने प्रिय मित्र मुंगेर के राजा देवकीनन्दन सिंह को राजी किया। राजा देवकीनन्दन सीनेट के सदस्य भी थे।

दानवीर देवकीनन्दन सिंह सहर्ष तैयार हो गये। उन्होंने एक बड़ी राशि, क़रीब 1.75 लाख रुपये सर सैयद के हवाले कर दी। क्योंकि राजा देवकीनन्दन के पास इमारत के लिए कोई स्पष्ट रूपरेखा नहीं थी, उन्होंने इसे सर सैयद पर ही छोड़ दिया। सर सैयद को वास्तुशिल्प की अच्छी समझ थी। (उनका ख़ुद का आवास, वीरचन्द पटेल रोड स्थित सुल्तान पैलेस इसका उदाहरण है।)

सर सैयद ने सीनेट हॉल का निर्माण कोलकाता के टाउन हॉल की तर्ज पर करवाया। उल्लेखनीय है कि कोलकाता के टाउन हॉल का डिजाइन पटना के गोलघर के निर्माता कैप्टेन जॉन गार्स्टिन ने किया था। 1825 में यह भवन बनना शुरू हुआ और अगले वर्ष यह पूरा हो गया।

इसे ग्रीक मन्दिरों की शैली में बनाया गया था। डोरिक शैली में बने गोल विशाल खम्भे इसकी भव्यता को और बढ़ा रहे थे। इसका नामकरण तत्कालीन बिहार के गवर्नर और चांसलर सर हेनरी व्हीलर के नाम पर किया गया।

पटना विश्वविद्यालय को अपना सीनेट हॉल मिल गया था। एशिया में पहले नोबेल पुरस्कार पाने वाले गुरुदेव रवीन्द्रनाथ टैगोर को 1936 में इसी हॉल में सार्वजनिक रूप से सम्मानित किया गया था। गुरुदेव यहाँ से निकल कर ख़ुदाबख़्श ख़ान लाइब्रेरी गये थे। यहाँ मशहूर भौतिक विज्ञानी नोबेल पुरस्कार विजेता सी.वी. रमन और महान दार्शनिक एस. राधाकृष्णन जैसे लोगों ने अपने व्याख्यान दिये हैं।

यह इमारत हमें वैसे लोगों की याद दिलाती है जिन्होंने अपनी सम्पत्ति का उपयोग सिर्फ़ अपने परिजनों के लिए ही नहीं किया बल्कि आमजनों की बेहतरी के लिए भी किया।

यहीं संविधान पर हस्ताक्षर किये थे डॉ. सच्चिदानन्द ने

बीसवीं सदी के शुरू के वर्षों में बनी इस इमारत में अब दिनभर राज्य भर से आये विद्यार्थियों, अभिभावकों और बिहार विद्यालय परीक्षा समिति के कर्मचारियों की भीड़ जमा रहती है। लेकिन एक ऐसा भी वक़्त था, जब इस इमारत में पण्डित जवाहर लाल नेहरू और डॉ. राजेन्द्र प्रसाद समेत देश के बड़े नेताओं, शिक्षाविदों, पत्रकारों और ब्रिटिश अधिकारियों का आना–जाना लगा रहता था।

यह जानना रोचक होगा कि इसी इमारत के एक कमरे में भारत के संविधान की मूल प्रति इसके स्वामी डॉ. सच्चिदानन्द सिन्हा के हस्ताक्षर के लिए लायी गयी थी। डॉ. सच्चिदानन्द सिन्हा संविधान सभा के प्रथम अध्यक्ष थे। डॉ. सिन्हा का जन्म 10 नवम्बर, 1871 को तत्कालीन शाहाबाद के मुख्यालय आरा के एक मध्यमवर्गीय कायस्थ परिवार में हुआ था। उनके पिता बख़्शी राम याद सिन्हा डुमराँव महाराजा के मुख्य वकील थे। उनके दादा बख़्शी शुभ प्रसाद डुमराँव राज्य के दीवान हुआ करते थे। डॉ. सिन्हा परिवार के सबसे छोटे और अकेले बेटे थे। उनके पूर्वज लखनऊ के पास के रहने वाले थे। मुग़लों के वक़्त में उनका परिवार वहाँ से चलकर बक्सर के नज़दीक मुरार नामक जगह पर आकर बसा था। 'मुरार में अभी भी लखनऊ टोला है' मुग़लों से उन्हें बख़्शी की उपाधि मिली थी, किन्तु डॉ. सिन्हा ने इसका प्रयोग नहीं किया।

सच्चिदानन्द के अभिभावक वैष्णव थे, किन्तु दूसरे धर्मों के लिए उनके मन में सम्मान था। उन्होंने रामायण सुनकर हिन्दी सीखी थी। उनकी माँ प्रतिदिन दोपहर आसपास की औरतों को बिठाकर रामायण सुनाया करती थी। रामायण की कथा ने सच्चिदानन्द को बहुत प्रभावित किया था।

रामायण जीवन भर मेरे लिए प्रेरणा का स्रोत बनी रही, वे अक्सर कहा करते थे।

डॉ. सच्चिदानन्द के पिता ने अपने घर में एक विशाल और समृद्ध लाइब्रेरी बना रखी थी। प्रत्येक शाम वे धर्म, इतिहास, राजनीति और लाइब्रेरी में मँगाई गयी पत्रिकाओं और अख़बारों का पाठ अपने पिता के लिए किया करते थे। पुस्तकों के लिए प्रेम और पत्रकारिता के लिए उनका समर्पण शायद इन्हीं दिनों की देन थी। आरा ज़िला स्कूल से प्रारम्भिक पढ़ाई के बाद सच्चिदानन्द टीके घोष अकादेमी पटना आये। इसके बाद पटना कॉलेज और सिटी कॉलेज कोलकाता।

1889 की गर्मियों में पण्डित मदनमोहन मालवीय सांगठनिक कार्यों से आरा आये थे और पटना में उनके अतिथि बने। डॉ. सच्चिदानन्द मालवीयजी से बहुत प्रभावित थे। वे उनकी तरह वकील और सम्पादक बनना चाहते थे। माता–पिता की इच्छा के विरुद्ध वकालत की पढ़ाई के लिए वे ब्रिटेन चले गये। लन्दन में उनका रहना इमाम बन्धुओं के साथ हुआ। उनके साथ वे अंजुमन–ए–इस्लामिया की गतिविधियों में शामिल होने लगे, जिसके अन्य सदस्यों में मज़हरुल हक़, लाला हरकिशन लाल,

शाहदीन शफ़ी, जिन्ना और महात्मा गाँधी प्रमुख थे। लन्दन स्थित नार्थ ब्रुक इण्डियन क्लब के वे सक्रिय सदस्य बने और कुछ दिनों तक वे उसके लाइब्रेरियन भी रहे।

वे पढ़ाकू थे। शीघ्र ही उनके पास पुस्तकों का अच्छा संग्रह हो गया, जो बाद के दिनों में सिन्हा लाइब्रेरी की शक्ल में सामने आया।

इंग्लैण्ड प्रवास के दौरान और लौट कर हिन्दुस्तान में भी डॉ. सिन्हा ने महसूस किया कि बिहार के बारे में लोगों की जानकारी बहुत ही कम है, यहाँ तक कि पढ़े–लिखे लोगों को भी। उन्होंने यह भी महसूस किया कि बिहार राजनीतिक और शैक्षणिक रूप से बहुत ही पिछड़ा हुआ है। उन दिनों बिहार बंगाल प्रेसिडेंसी का हिस्सा हुआ करता था। अलग बिहार राज्य की स्थापना के उद्देश्य से उन्होंने 1894 में बिहार टाइम्स नामक जर्नल का प्रकाशन शुरू किया। महेश नारायण इसके सम्पादक बने।

1906 में बंगाल के विभाजन के बाद आन्दोलन ने ज़ोर पकड़ा। उन्होंने 1906 में ही 'बिहार टाइम्स' का नाम बदलकर 'बिहारी' कर दिया। अलग बिहार प्रान्त के निर्माण के लिए 1906 में 'बिहार स्टूडेण्ट्स कॉन्फ्रेंस' 1908 में 'बिहार प्रोवेशियंल कॉन्फ्रेंस' का आयोजन किया। इसमें उन्हें आशातीत सफलता मिली। कोलकाता के अख़बारों ने उनके इस आन्दोलन को अनुचित बताते हुए जमकर विरोध किया। किन्तु वे अविचलित रहे।

डॉ. सिन्हा के नेतृत्व और प्रयासों से 1 अप्रैल, 1912 को बिहार और ओडिशा अलग वजूद में आया।

सच्चिदानन्द में नेतृत्व का अद्वितीय गुण था। पत्रकार और वक़्ता के रूप में उनकी ख्याति पूरे हिन्दुस्तान में थी। डॉ. सिन्हा का घर अतिथियों से हर वक़्त भरा रहता था। वे रईसों की तरह रहते थे, किन्तु हर आने–जाने वालों का वे ख़याल रखते थे। उन्होंने दो रसोइये रखे थे। एक ग्वानी, जो पाश्चात्य ढंग का खाना बनाता था। दूसरा ब्राह्मण, जो हिन्दुओं के लिए खाना बनाता था।

आख़िरी दिनों में डॉ. सिन्हा बीमार रहने लगे थे। इसी अवस्था में 14 फ़रवरी, 1950 को अपने इसी घर में उन्होंने भारत के संविधान की मूल प्रति पर हस्ताक्षर किया था। राष्ट्रपति डॉ. राजेन्द्र प्रसाद ने इसके लिए ख़ास इन्तज़ाम किया था। इसके कुछ ही दिनों के बाद 6 मार्च, 1950 में उनका निधन हो गया।

यह संग्रहालय कभी शेरशाह का क़िला था

1540 में मुग़ल साम्राज्य पर नियन्त्रण के बाद शेरशाह पटना आया। गंगा किनारे बसा पटना उन दिनों एक छोटा–सा क़स्बा भर था। मौर्य और गुप्त साम्राज्य की राजधानी रहा पाटलिपुत्र अपना प्राचीन गौरव खो चुका था। पटना के सामरिक महत्त्व को देखते हुए शेरशाह ने यहाँ एक क़िला बनवाने का फ़ैसला किया। पाँच लाख रुपयों की लागत से एक क़िले का निर्माण हुआ। इसके बाद शेरशाह ज़्यादा दिनों तक जीवित नहीं रह सका। 13 मई, 1545 को वह कालिंजर के क़िले में मारा गया। मुग़ल फिर से सत्ता में आये। यह क़िला मुग़लों के अधीन रहा। वक़्त बदला। मुग़लों को ईस्ट इण्डिया कम्पनी ने हिन्दुस्तान की सत्ता से बेदखल किया। उन दिनों इस क़िले का मालिकाना हक़ ईस्ट इण्डिया कम्पनी के पास था। ईस्ट इण्डिया कम्पनी से इसे गया के एक नवाब जनाब अबु सईद ने ख़रीद लिया।

दीवान बहादुर राधाकृष्ण जालान पटना के एक समृद्ध व्यापारी थे। उन्होंने 1919 में इस क़िले को नवाब साहब से ख़रीदा। तब तक क़िले की हालत ख़राब हो चुकी थी। उचित रखरखाव न होने से इसकी दीवारें ढह रही थीं। दीवान बहादुर ने क़िले को एक नया रूप दिया। समृद्ध दीवान बहादुर कला प्रेमी थे। उनकी ख्याति एक उत्कृष्ट कलाप्रेमी ग्राहक की थी। उन्हें दुर्लभ चीज़ों के संग्रह का शौक़ था। पाँचवें किंग जॉर्ज के सिल्वर जुबली समारोह में उन्हें लन्दन से बुलावा आया तो उन्होंने उसका भरपूर फ़ायदा उठाया। लन्दन में उन्होंने दुर्लभ वस्तुओं की ख़रीदारी तो की ही साथ ही पूरी दुनिया में घूम–घूम कर उन्होंने दुर्लभ कलाकृतियाँ, पुरातात्विक महत्त्व की वस्तुएँ, दुर्लभ तस्वीरें, प्राचीन फ़र्नीचर इत्यादि ख़रीदे। इन्हीं दुर्लभ वस्तुओं से उन्होंने क़िले को समृद्ध बनाया जो अन्ततः एक संग्रहालय के रूप में मशहूर हो गया।

प्राचीन वस्तुओं का शौक़ दीवान बहादुर को इतना था कि एक बार वे मिस्र से ममी ही उठा लाये। लेकिन पत्नी के विरोध करने पर उन्हें इसे वापस लौटाना पड़ा। दीवान बहादुर का यह संग्रह दुर्लभ कलाकृतियों से भरा पड़ा है। चीन जाकर उन्होंने शुंग और मिंग साम्राज्य काल के बहुत से पार्सिलेन की कलाकृतियाँ भी ख़रीदीं। फ्रांस जाकर भी उन्होंने कई दुर्लभ वस्तुएँ ख़रीदीं। लुई 15वें और लुई 16वें के फ़र्नीचर, फ्रांस की सम्राज्ञी मारी आंतोयनेत का वाइन कूल, नेपोलियन के इस्तेमाल में लायी गयी वस्तुएँ इत्यादि।

मुग़ल बादशाह अकबर और हुमायूँ की तलवारें, बीरबल के भोजन और पूजा के बर्तनों के साथ–साथ बीदरी वर्क के कई शानदार नमूने भी इस संग्रहालय में हैं। एक रोचक क़िस्सा बीरबल के बर्तनों से जुड़ा है। 1953 में पण्डित जवाहर लाल नेहरू जब पटना आये तो उन्हें दीवान बहादुर ने खाने पर निमन्त्रित किया। उनके साथ तत्कालीन राज्यपाल आर.आर. दिवाकर, तत्कालीन मुख्यमंत्री श्रीकृष्ण सिंह भी थे। वहाँ उन्हें बीरबल के चाँदी के बर्तनों में खाना परोसा गया। चाँदी के बर्तनों को देख पण्डित नेहरू बिफर पड़े। लेकिन जब उन्हें यह बताया गया कि ये बर्तन बीरबल के हैं तो उन्होंने बड़े शौक़ के साथ खाना खाया। कालान्तर में शेरशाह का बनाया हुआ क़िला थोड़े से रूपान्तरण के बाद एक ऐसे कला संग्रहालय के रूप में पूरी दुनिया में मशहूर हो गया जो सिर्फ़ एक व्यक्ति के शौक़ का नतीजा था।

जब पटना में अंग्रेज़ी पढ़ाई की शुरुआत हुई

जब ब्रिटिश ईस्ट इण्डिया कम्पनी के मुलाज़िम सर थॉमस रो ने मुग़ल बादशाह जहाँगीर से आगरा में मिलकर उनसे हिन्दुस्तान में व्यापार करने की अनुमति ली थी तो जहाँगीर को यह अनुमान भी नहीं रहा होगा कि आने वाले दिनों में यह कम्पनी उनके वंशजों को सत्ता से बेदखल कर हिन्दुस्तान पर हुकूमत करने लगेगी।

1857 के ग़दर के बाद ब्रिटिश सरकार ने ब्रिटिश ईस्ट इण्डिया कम्पनी से हिन्दुस्तान की सत्ता अपने नियन्त्रण में ले ली। शुरू के वर्षों में ईस्ट इण्डिया कम्पनी और ब्रिटिश सरकार साम्राज्य के निर्माण में लगी रही। उन्होंने हिन्दुस्तानियों की सामाजिक और शैक्षिक गतिविधियों की ओर ध्यान नहीं दिया।

जब अंग्रेज़ों ने अपने आपको हिन्दुस्तान में पूरी तरह से स्थापित कर लिया तो उनका ध्यान इस ओर गया। कुछ ईसाई मिशनरियाँ, जो अपने धर्म के प्रचार में लगी हुई थीं, ने महसूस किया कि धर्म के प्रभावशाली ढंग से प्रसार के लिए स्कूल खोला जाना आवश्यक होगा। तब पटना के बाँकीपुर में एक ईसाई महिला शिक्षक की देखरेख में एक स्कूल खोला गया।

स्कूल की शुरुआत 20 बच्चों से हुई। वहाँ उन्हें बाइबिल के गॉस्पेल का हिन्दी अनुवाद पढ़ाया और लिखाया जाने लगा। एक कैथोलिक पादरी ने इनका अनुवाद किया था। जब छात्रों की संख्या बढ़ी तो 1819 ई. में दीघा में एक स्कूल खोला गया।

1813 ई. में ब्रिटिश पार्लियामेण्ट में एक चार्टर अधिनियम पारित किया गया था। इस अधिनियम के अनुसार हिन्दुस्तान में ईस्ट इण्डिया कम्पनी की सरकार को प्रत्येक वर्ष एक लाख रुपया दिया जाना था।

उन्हें इन रुपयों को हिन्दुस्तान के निवासियों के शैक्षिक उत्थान, पढ़े–लिखे लोगों को प्रोत्साहन, विज्ञान की पढ़ाई इत्यादि पर ख़र्च करना था। लेकिन यह अंग्रेज़ीदां और हिन्दुस्तान के हिमायतियों के बीच उलझ कर रह गया था। यह मामला तब सुलझा जब 2 फ़रवरी, 1835 ई. को अंग्रेज़ी की पढ़ाई को लेकर मैकॉले के मशहूर प्रस्ताव को स्वीकृति मिली। 7 मार्च, 1835 ई. को एक प्रस्ताव पारित कर यह निर्णय लिया गया कि एक लाख रुपये की पूरी राशि सिर्फ़ अंग्रेज़ी शिक्षा पर ख़र्च की जाय।

तब बड़े पैमाने पर ऐसे स्कूल खोले जाने लगे जहाँ अंग्रेज़ी की शिक्षा अनिवार्य थी। पटना, आरा, छपरा और भागलपुर में ज़िला स्कूल खोले गये। 10 अगस्त, 1835 ई. में पटना के आलमगंज मोहल्ले में स्थानीय लोगों के विरोध के बावजूद एक स्कूल खोला गया। इलाहाबाद कॉलेज के एच. डब्लू. क्लिट को स्कूल का हेडमास्टर बनाया गया।

स्कूल तो खुल गया किन्तु उसे छात्र नहीं मिल रहे थे। स्थानीय लोगों का यह विश्वास था कि ये स्कूल बच्चों को ईसाई बनाने के लिए खोले गये हैं। कुछ लोग यह मानते थे कि स्कूल में पढ़ने वाले विद्यार्थियों

को इंग्लैण्ड भेज दिया जायेगा। वहाँ उन्हें गुलाम बना कर रखा जायेगा। इन्हीं आशंकाओं के बीच पहले दिन सिर्फ़ सात विद्यार्थियों का नामांकन हुआ। ये सभी बंगाली थे। तीसरे दिन दो बिहारी छात्रों ने दाख़िला लिया। बाद में सरकार के मुलाज़िमों के समझाने–बुझाने पर कुछ और विद्यार्थी आये। स्थानीय लोगों की शंकाओं को दूर करने के लिए 18 जून, 1836 ई. से स्कूल में स्थानीय भाषा की पढ़ाई भी शुरू हुई।

लेकिन लोग अभी भी आशंकित थे। उन्हें ब्रिटिश सरकार का असली मक़सद कुछ और ही लग रहा था। छोटी–छोटी घटनाएँ भी उन्हें परेशान कर रही थीं। ऐसे में ही एक दिन हेडमास्टर क्लिट ने एक प्यासे विद्यार्थी को अपने गिलास से अपने हाथों पानी पिला दिया। इस घटना ने स्थानीय लोगों को और भी आशंकित कर दिया।

इन स्कूलों में मुख्य रूप से अंग्रेज़ी और विज्ञान की पढ़ाई पर ध्यान दिया जा रहा था। स्थानीय भाषा की पढ़ाई केवल स्थानीय लोगों की सन्तुष्टि के लिए की जा रही थी। स्थानीय भाषा के रूप में उर्दू पढ़ाई जा रही थी। 1838 ई. से हिन्दी की भी पढ़ाई शुरू हुई। इन स्कूलों में गणित, ज्योमेट्री, अलज़ेब्रा, इतिहास और दर्शन की पढ़ाई भी शुरू की गयी। बाद में लोगों की माँग पर अरबी, फ़ारसी, पर्शियन और संस्कृत की पढ़ाई की शुरुआत हुई। हाँ, धर्म की कोई भी पढ़ाई यहाँ नहीं होती थी।

इन सबके बावजूद स्कूल से वांछित परिणाम नहीं मिल पा रहा था। अभिभावक अभी भी अपने बच्चों को स्कूल भेजना नहीं चाह रहे थे। फलस्वरूप 17 जनवरी, 1853 ई. को यह स्कूल आलमगंज से बाँकीपुर स्थानान्तरित कर दिया गया। रामय के साथ अंग्रेज़ी पढ़ने वाले विद्यार्थियों की संख्या में इजाफ़ा होने लगा।

पटना के तत्कालीन कमिश्नर विलियम टेलर मुसलमानों के बीच लोकप्रिय थे। टेलर के प्रयासों से पढ़े–लिखे मुसलमानों ने भी अपने बच्चों को इस स्कूल में पढ़ने के लिए भेजना शुरू किया। कई परिवर्तनों के बाद यह स्कूल अगस्त 1862 ई. में कॉलेजिएट स्कूल बना।

एक वक़्त पटना कॉलेज पूरब का कैम्ब्रिज था

भारतीय उपमहाद्वीप में डचों की उपस्थिति 1605 ई. से लेकर 1825 ई. तक रही। डच ईस्ट इण्डिया कम्पनी के व्यापारियों ने सबसे पहले कोरोमण्डल में अपने आपको स्थापित किया। वहाँ उन्होंने मसालों को बेचना और कपड़ों को ख़रीदने का व्यवसाय शुरू किया। वहाँ से बढ़ते हुए वे बंगाल तक आये और वहाँ से फिर बिहार तक।

भारत के अन्य हिस्सों में वे कीमती पत्थर, नील और सिल्क के कपड़ों का कारोबार कर रहे थे। बिहार और बंगाल में वे अफ़ीम और शोरा के कारोबार में लगे।

डचों ने पटना के अशोक राजपथ पर सत्रहवीं सदी के आख़िरी वर्षों में अपने शोरे के कारोबार के लिए एक विशाल भवन का निर्माण किया। डचों के जाने के बाद इस पर अंग्रेज़ों का अधिकार हुआ। सर चार्ल्स डी'ऑयली के अनुसार, बिहार के अफ़ीम एजेण्ट मि. विल्टन इस भवन में 1810 से लेकर 1816 तक रहे।

1828 ई. तक इस भवन में पटना के कलेक्टर का कार्यालय चलता रहा। 2 फ़रवरी, 1835 ई. को मैकॉले के मशहूर प्रस्ताव 'भारत में अंग्रेज़ी पढ़ाई जाय' को पारित किया गया। इसके चार महीने के बाद जुलाई 1835 ई. में इस भवन में पटना हाई स्कूल की स्थापना हुई। 1862 ई. में यह कॉलेजिएट स्कूल बना। 9 जनवरी, 1863 ई. को इसे एक नया नाम मिला–पटना कॉलेज।

पटना कॉलेज की स्थापना से उत्साहित होकर कई बड़े ज़मींदारों ने चन्दे में बड़ी राशि कॉलेज को दी। पटना के राजा भूप सिंह, पटना के ही एक मशहूर बैंकर नवाब सैयद विलायत अली ख़ान, पटना के ही एक अन्य रईस सैयद लुत्फ़ अली ख़ान और दरभंगा के महाराजा ने उदारता के साथ कॉलेज को दान दिया।

उन दिनों पटना कॉलेज के प्रिंसिपल मैकक्रिन्डल थे। 1865–1866 में बीए की पढ़ाई की शुरुआत हुई। 1868 ई. में कैम्ब्रिज के सेंट जॉन्स कॉलेज से मैथमेटिक्स पढ़ाने के लिए प्रोफ़ेसर युबैंक बुलाये गये। स्थानीय सिविल सर्जन छात्रों को विज्ञान पढ़ाते थे। 1880 तक पूर्वी और पश्चिमी हिस्से में दो और नये निर्माण हो चुके थे और विज्ञान के लिए प्रयोगशाला भी बनाया जा चुका था।

1857 ई. में हुए विद्रोह के बाद बिहारियों के मन में यह शंका उत्पन्न हो गयी थी कि पश्चिमी शिक्षा प्रणाली कहीं उन्हें ईसाई न बना दे। इसलिए शुरू के दिनों में इस कॉलेज में छात्रों की संख्या बहुत कम रही। शुरू में बंगाली छात्रों की संख्या काफ़ी थी। धीरे–धीरे बिहारी छात्रों की संख्या में इजाफ़ा होने लगा।

1868 ई. में बीए की परीक्षा से पटना कॉलेज में एक नये युग की शुरुआत हुई। के.सी. बन्दोपाध्याय बिहार के पहले छात्र थे, जिन्हें एम.ए. की डिग्री मिली। उन्नीसवीं सदी के अन्त होते–होते बिहार में और कई कॉलेज खुल गये थे। बी.एन. कॉलेज़ पटना, टी.एन.जे. कॉलेज, भागलपुर, सेण्ट कोलम्बा'स कॉलेज, हज़ारीबाग़ और डी. जे. कॉलेज, मुंगेर की स्थापना हो चुकी थी। इसलिए छात्रों की संख्या की तुलना में यह कलकत्ता के प्रेसीडेंसी कॉलेज से पीछे ही रहा।

बीसवीं सदी के शुरू के वर्षों में पटना कॉलेज की उल्लेखनीय प्रगति हुई। ए. मक्डोनेल, एच. आर. जेम्स, चार्ल्स रस्सेल और वी. एच. जैक्सन जैसे प्रिंसिपलों ने कॉलेज की प्रगति के लिए दिन–रात एक किये। इन्हीं दिनों विधान चन्द्र रॉय पटना कॉलेज में पढ़ रहे थे। वे बाद के दिनों में पश्चिम बंगाल के मुख्यमंत्री बने। 1901 ई. में उन्होंने गणित में सम्मान के साथ डिग्री हासिल की थी। बिहार के निर्माता सच्चिदानन्द सिन्हा, सर गणेश दत्त सिंह, जो बाद के दिनों में बिहार सरकार के मंत्री बने, पटना हाई कोर्ट के जज ख़्वाज़ा मुहम्मद नूर, जो बाद में पटना यूनिवर्सिटी के वाइस–चांसलर बने, मोइनुल हक, जो बाद में बी.एन. कॉलेज के प्रिंसिपल बने, अली इमाम, मुहम्मद फख़रुद्दीन इत्यादि पटना कॉलेज के छात्र रहे।

उन दिनों तक पटना कॉलेजिएट स्कूल और बिहार स्कूल ऑफ़ इंजीनियरिंग की पढ़ाई पटना कॉलेज के परिसर में ही हो रही थी। बिहार स्कूल ऑफ़ इंजीनियरिंग के लिए कॉलेज के बग़ल में ज़मीन का अधिग्रहण किया गया। पटना कॉलेजिएट स्कूल भी दूसरे भवन में शिफ्ट किया गया। यद्यपि तब भी पटना कॉलेज और इंजीनियरिंग कॉलेज की प्रयोगशाला एक ही थी। बाद के दिनों में यह अलग हुआ। कुछ दिनों के बाद विज्ञान की पढ़ाई के लिए एक अलग कॉलेज, साइंस कॉलेज की स्थापना हुई।

उन दिनों पटना कॉलेज की शोहरत पूरे देश भर में थी। मेधावी छात्रों के लिए यह कैम्ब्रिज से कम नहीं था।

चार्ल्स डी'ऑयली ने की थी पटना में लिथोग्राफ प्रेस की स्थापना

अंग्रेज़ पादरी बिशप हेबर 20 अगस्त, 1824 को गंगा नदी के रास्ते पटना पहुँचा था। 10 अक्टूबर, 1923 ई. को चार महीने की लम्बी और कठिन यात्रा के बाद वह इंग्लैण्ड से कलकत्ता आया था। वहाँ के सेंट जॉन्स कैथेड्रल चर्च में उसे पादरी नियुक्त किया गया। 15 जून, 1824 ई. को वह गंगा नदी के रास्ते उत्तरी भारत की यात्रा पर निकल पड़ा। इसी क्रम में वह 20 अगस्त को सर चार्ल्स डी'ऑयली के निमन्त्रण पर पटना पहुँचा।

सर चार्ल्स डी'ऑयली को 1818 ई. में पटना का ओपियम एजेण्ट नियुक्त किया गया था। वह बाँकीपुर में गंगा नदी के किनारे बने एक विशाल बँगला में रहता था। यह बँगला अभी मगध महिला कॉलेज का हिस्सा है। 1942 ई. तक यह सिविल सर्जन का बँगला हुआ करता था।

हेबर ने अपने संस्मरण में लिखा है, '20 अगस्त को सुबह नौ बजे हमारी नाव पटना के दक्षिण–पूर्वी छोर पर पहुँची। पटना एक अद्‌भुत शहर है। गंगा नदी से देखने पर यह बहुत बड़ा शहर नज़र आता है। बड़ी इमारतें, पुरानी विशाल दीवारें, ऊँचे टॉवर और बुर्ज गंगा की ओर मुँह किये दिखती हैं। लेकिन थोड़ा और पास आने पर जिन भवनों के बरामदे और छत, दूर से भव्य और अद्‌भुत नज़र आ रहे थे, वास्तव में खँडहर में बदल गये। लेकिन ये खँडहर अतीत के वैभव का बखान कर रहे थे।'

हेबर लिखता है, 'मुझे सर चार्ल्स डी'ऑयली ने आमन्त्रित किया था। हमारी नाव वस्तुतः सर चार्ल्स डी'ऑयली के बँगले के दरवाज़े पर रुकी। यह विशाल और ख़ूबसूरत बँगला गंगा नदी के ऊँचे तट पर बना है।' आगे वह लिखता है, 'सर चार्ल्स ने मुझे अपनी ड्राइंग–बुक दिखलाई। उनके द्वारा बनायी गयी तस्वीरों को देख मुझे बहुत आनन्द मिला। वास्तव में वे उम्दा कलाकार थे। उन्होंने कहा कि इण्डिया वास्तव में सुरम्य और ख़ूबसूरत देश है। उनके द्वारा बनायी गयी तस्वीरें उनके इस कथन की पुष्टि कर रही थीं।'

सर चार्ल्स डी'ऑयली शौक़िया कलाकार थे। जिन दिनों वे ढाका में कलेक्टर थे, वहाँ रह रहे एक अंग्रेज़ कलाकार चिन्नेरी से उन्होंने पेंटिंग सीखी। सर चार्ल्स ने ही पटना में सर्वप्रथम लिथोग्राफ प्रेस 'बिहार लिथोग्राफी' की स्थापना की थी। यह प्रेस उनके आवास के नज़दीक ही था। सर चार्ल्स अपना ख़ाली वक़्त तस्वीर बनाने में बिताते थे। उनकी तस्वीरों के विषय स्थानीय ही होते थे। वे सीपिया रंग में ड्राइंग बनाते थे। उन्होंने पटना कलम के सिद्धहस्त कलाकार जयराम दास को अपना मुलाज़िम बनाया था। उन दिनों पटना कलम के चित्रकार पटना सिटी में रह कर चित्र बना रहे थे। स्थानीय रईस, ज़मींदार के साथ–साथ अंग्रेज़ उनके चित्रों के ख़रीदार थे। आम जन–जीवन, दृश्य, यहाँ के रीति–रिवाजों इत्यादि उनके चित्रों के विषय होते थे।

सर चार्ल्स ने बड़े पैमाने पर स्थानीय जनजीवन को दर्शाने वाली सचित्र पुस्तकों को अपने लिथोग्राफ प्रेस में छापा। ये सचित्र पुस्तकें यूरोप में बहुत लोकप्रिय हुईं। पटना कलम के चित्रकारों को इससे बड़ा रोज़गार भी मिला। अंग्रेज़ों की स्थानीय लोगों के जनजीवन में गहरी रुचि थी। इसलिए पटना कलम के चित्रकार उनके अनुरूप ही चित्र बनाने लगे।

पटना में अपने प्रवास के दौरान सर चार्ल्स ने लिथोग्राफ प्रेस में कई पुस्तकें छापीं। सर चार्ल्स पर पटना कलम के चित्रकारों का प्रभाव था। उनके चित्रों के विषय पशु–पक्षी, स्थानीय पहनावा, हिन्दुस्तानी जन–जीवन के चित्रण, जैसे जुआ खेलते लोग, नाचने–गाने वालों की टोली, हाथी, हाथ में पंडुक लिए नर्तकी इत्यादि होते थे। ये चित्र पटना कलम के चित्रों से प्रभावित थे।

हेबर 24 अगस्त तक पटना में रहा। इस अवधि में लेडी डी'ऑयली ने उसे पटना का भ्रमण करवाया। सर चार्ल्स के आवास के पास में बने गोलघर देख वह विस्मित भी हुआ। हेबर इसके बाद बहुत दिनों तक जीवित नहीं रह सका। 30 जनवरी, 1826 को वह मद्रास चला गया। तिरुचिराप्पल्ली में 3 अप्रैल को सुबह के प्रवचन के बाद वह अपने बँगला में पहुँचा। आते ही वह ठण्डे पानी के टब में नहाने के लिए उतरा। तुरन्त ही उसकी मृत्यु हो गयी। सम्भवतः प्रचण्ड गर्मी के मौसम में ठण्डा पानी उसकी मौत का कारण बना। 42 वर्ष की उम्र में उसका निधन हो गया।

पटना कलम को चार्ल्स डी'ऑयली ने दिलवाई थी शोहरत

पटना की अपनी चित्रशैली पटना कलम या पटना स्कूल ऑफ़ पेंटिंग के विकास में ब्रिटिश चार्ल्स डी'ऑयली की महत्त्वपूर्ण भूमिका रही है। डी'ऑयली अफ़ीम का एजेण्ट था और स्वयं एक शौक़िया चित्रकार भी था। उसने भारतीय चित्रकला के साथ बहुत सारे प्रयोग भी किये। उसने हिन्दुस्तान को विषय बनाकर अनगिनत तस्वीरें भी बनायीं।

पटना कलम के चित्रकारों के पूर्वज 1750–1760 ई. के बीच मुर्शिदाबाद चलकर पटना आकर बसे थे। पहले कुछ चित्रकार ही आये। किन्तु बाद में जब उन्हें यह स्थान उपयुक्त लगा तो और चित्रकार भी चले आये। पटना आकर वे लोदी कटरा, चौक, दीवान मुहल्ला, मच्छड़हट्टा इत्यादि में आकर बसे। गंगा नदी के किनारे बसा होने के कारण यह शहर एक महत्त्वपूर्ण व्यावसायिक केन्द्र था।

1821 ई. के जिन दिनों चार्ल्स डी'ऑयली पटना में अफ़ीम का एजेण्ट नियुक्त हुआ, उस वक़्त पटना कलम के चित्रकार अपने आपको स्थापित करने के प्रयास में जुटे हुए थे। यद्यपि इन चित्रकारों को स्थानीय ज़मींदारों, नवाबों और कला पारखी रईसों का संरक्षण मिला हुआ था लेकिन उनकी आर्थिक दशा बहुत अच्छी नहीं थी। उन दिनों पटना में अंग्रेज़ों की भी अच्छी आबादी थी। उन अंग्रेज़ों की हिन्दुस्तान के सामाजिक जनजीवन, पर्व–त्योहारों में गहरी अभिरुचि थी। जिसकी वजह से इन चित्रकारों को एक नया आयाम मिला।

चार्ल्स डी'ऑयली ने इन चित्रकारों से सामान्य जनजीवन से जुड़ी अनेक दृश्यों की तस्वीरें बनवायीं। ऐसी यथार्थवादी और आम जनजीवन से जुड़ी चित्र रचनाएँ भारतीय लघु चित्रकला में पहली बार दखने को मिलीं

और इनकी अन्तर्राष्ट्रीय बाज़ारों में अच्छी जगह बन गयी।

चार्ल्स डी'ऑयली का जन्म 17 सितम्बर, 1781 ई. को हिन्दुस्तान में ही हुआ था। उसके पिता बेरॉन सर जॉन हेडली डी'ऑयली मुर्शिदाबाद के नवाब बाबर अली के दरबार में कम्पनी की ओर से रेजिडेंट के तौर पर नियुक्त थे। 1785 ई. में वह अपने परिवार के साथ इंग्लैण्ड चला गया। वहाँ पढ़ाई पूरी कर वह 1798 ई. में हिन्दुस्तान लौट आया। यहाँ उसने कोलकाता के कोर्ट ऑफ़ अपील में रजिस्ट्रार के सहायक के तौर पर नौकरी की शुरुआत की। 1803 ई. में उसकी नियुक्ति गवर्नर जनरल के दफ़्तर में रिकॉर्ड कीपर के पद पर हुई।

1808 ई. में चार्ल्स डी'ऑयली की नियुक्ति ढाका के कलक्टर जैसे महत्त्वपूर्ण पद पर हुई। फिर 1818 ई. में वह कोलकाता का कस्टम कलक्टर नियुक्त हुआ। 1821 ई. में वह अफ़ीम का एजेण्ट बन कर पटना आया। पटना प्रवास का समय उसके जीवन का सबसे रचनात्मक काल था।

वह स्वयं सिद्धहस्त शौक़िया कलाकार था। यूरोपियन समुदाय के बीच उसकी बनायी तस्वीरों की काफ़ी माँग थी। डी'ऑयली ने पटना के लोगों को लिथोग्राफ से परिचित करवाया। उसने 'बिहार लिथोग्राफी' नाम से एक प्रेस की स्थापना की। उसने शौक़िया आर्ट सोसाइटी 'यूनाइटेड पटना एण्ड गया सोसाइटी' की स्थापना भी की जिसके माध्यम से वह कला और विज्ञान को प्रोत्साहन देता था।

उसने पटना कलम के कलाकार जयराम दास को लिथोग्राफ प्रेस में नियुक्त किया। सर चार्ल्स ने बड़े पैमाने पर पटना कलम के चित्रकारों से

तस्वीरें बनवाकर कर उन्हें लिथोग्राफ प्रेस में छापा। स्थानीय जनजीवन को दर्शाने वाले ये चित्र यूरोप में बहुत लोकप्रिय हुए। पटना कलम को प्रोत्साहन मिला। उसने लिथोग्राफ प्रेस में बहुत सारी पुस्तकें भी छापीं। इनमें द बिहार लिथोग्राफिक स्क्रैप बुक, इण्डियन स्पोर्ट्स, कॉस्टयूम्स ऑफ़ इण्डिया और द बर्ड बुक इत्यादि प्रमुख हैं।

इन किताबों से पटना कलम को यूरोप में बहुत लोकप्रियता मिली। उनके तस्वीरों की माँग बढ़ गयी। अंग्रेज़ों की पटना कलम में दिलचस्पी को देख स्थानीय रईस भी पटना कलम की तस्वीरों के ख़रीददार बन गये।

चार्ल्स डी'ऑयली खुद एक उच्च कोटि का चित्रकार था। पटना प्रवास में उसने बहुत सारे चित्र बनाये। पटना के मुहल्लों के उसके तस्वीर यूरोप में बहुत लोकप्रिय हुए थे। बिशप हेबर अपने पटना प्रवास में चार्ल्स डी'ऑयली का ही मेहमान था। उसकी टिप्पणी महत्त्वपूर्ण है। उसने कहा था, 'पटना यूरो–इण्डियन आर्ट का केन्द्र बन गया है।'

प्राचीन पाटलिपुत्र को खोज निकाला था डॉ. वैडेल ने

प्राचीन शहर पाटलिपुत्र की खोज के लिए की खुदाई को क़रीब 123 वर्ष पूरे हो गये हैं। पेशे से चिकित्सक रहे डॉ. लॉरेन्स आस्टेन वैडेल ने 1892 ई. में इसकी खोज की थी। डॉ. वैडेल की भारतीय प्राचीन इतिहास और पुरावशेषों में गहरी रुचि थी। शुरू के दिनों में ग्रीक की गणना के अनुसार, पाटलिपुत्र जैसा कि कुछ लोग मानते थे, भागलपुर के निकट कोशी नदी के मुहाने पर या कहीं और था।

सन् 1783 ई. में सम्भवतः मेजर रेनेल ने प्राचीन पाटलिपुत्र को आधुनिक पटना शहर के निकट बताया था। सन् 1808 ई. के आसपास डॉ. बुकानन हेमिल्टन ने जो पेशे से चिकित्सक थे, ने एक वृहद् सर्वेक्षण किया था, जिसमें उसमें उन्होंने पाया कि स्थानीय पुजारी परम्परा के मुताबिक़ उस जगह का प्राचीन नाम प.टलिपुत्र बतलाते हैं, लेकिन वे उसका कोई ठोस प्रमाण नहीं पाते। उन पुजारियों की मदद से डॉ. बुकानन ने उस प्राचीन शहर को खोजने की काफ़ी कोशिश की, किन्तु कोई भी स्थूल प्रमाण पाने में वह असफल रहा।

चीन के दो बौद्ध भिक्षु फाहियान और ह्वेनसांग क्रमशः पाँचवीं और सातवीं सदी में हिन्दुस्तान आये थे। अपने तीर्थयात्रा के क्रम में वे पाटलिपुत्र आये। उन्होंने एक मार्गदर्शिका तैयार की थी। जिसमें पाटलिपुत्र शहर के प्रमुख स्थलों और आसपास के इलाकों का विस्तृत विवरण था। इन मार्गदर्शिकाओं में वर्णित भौगोलिक स्थितियों से यह स्पष्ट हो रहा था कि पाटलिपुत्र पटना में या उसके पास था।

एक अन्य अधिकारी मि. रेवेंसा का विश्वास था कि पंच पहाड़ी का टीला उस प्राचीन शहर के गढ़ का अवशेष है, किन्तु वह भी कोई ठोस

प्रमाण नहीं पा सके। सन् 1878 ई. में पुरातत्त्व विभाग के निदेशक जनरल कनिंघम, जिन्हें भारतीय पुरावशेषों का गहरा ज्ञान था, पटना आये, अपने सर्वेक्षण पर आधारित रिपोर्टों में उन्होंने पाटलिपुत्र के सम्बन्ध में अनेक बातें लिखीं। जैसे प्राचीन शहर का अस्तित्व छोटी और पंच पहाड़ी के बीच अभी भी है। उनका मानना था कि उन टीलों के बीच अशोक के महल, अन्य स्मारक और बौद्ध विहार हैं। जबकि सर्वेक्षण विभाग के पदाधिकारियों और स्थानीय निवासियों, जिन्होंने खोये शहर को शिद्दत के साथ तलाशा था, का मानना था कि प्राचीन शहर पूरी तरह गंगा नदी द्वारा बहाकर ले जाये गये हैं और उनका कोई भी अवशेष नहीं बचा है।

वैडेल अपनी रिपोर्ट में लिखते हैं, 'ऐसे पड़ाव पर मैंने महसूस किया कि प्राचीन पाटलिपुत्र में खोये हुए अवशेषों को अगर खोज निकाला जाये तो यह सभ्यता के इतिहास और पूरे विज्ञान के लिए अति महत्त्वपूर्ण होगा। इसलिए सही वस्तुस्थिति को समझने के लिए मैंने सन् 1892 ई. में पटना का कार्यक्रम बनाया। मैंने उस स्थल की छानबीन की। इस मामले में चीनी बौद्ध भिक्षु फाहियान और ह्वेनसांग द्वारा बनाये गये मार्गदर्शिका को अपना पथ प्रदर्शक बनाया। तब मैं यह पाकर आश्चर्यचकित रह गया कि वह स्थल न केवल गंगा से अछूता था बल्कि अशोक के महल, बौद्ध विहार और अन्य स्मारकों के चिह्न इतने स्पष्ट थे कि मैंने केवल एक दिन

की छोटी अवधि में उसमें से अधिकांश को खोज निकाला। इस काम में बेशक बौद्ध भिक्षुओं की मार्गदर्शिका मेरा पथ प्रदर्शक बनी। यह मार्गदर्शिका उन्होंने अपने अनुगामी देशवासियों के लिए तैयार की थी। जिससे वे इस देश में विभिन्न बौद्ध स्थलों का ठीक से भ्रमण कर सकें। यद्यपि वे सामान्य तीर्थ यात्री द्वारा बिना किसी कम्पास के तैयार किये गये थे। किन्तु उनका विवरण, दूरियों और दिशाओं का हिसाब अद्‌भुत रूप से विश्वसनीय था। व्यक्तिगत रूप से मैं उनकी मार्गदर्शिका का सहारा लेकर हिन्दुस्तान की अन्य जगहों और समीप के इलाकों में सैकड़ों मील घूमा था। वे हमेशा सही साबित हुई थीं।'

डॉ. वैडेल ने कई महत्त्वपूर्ण स्थानों को खोज निकाला था। अशोक काल के कई अवशेषों को उसने कमोबेश उसी रूप में पाया, जैसे कि वे ह्वेनसांग के समय में थे। उसने अशोक काल के कई उत्कीर्ण शिलाखण्डों को पेड़ों के निकट कुओं में मुँडेरों पर, भवनों की दीवारों पर प्लास्टिक से चिपके हुए देखा। इससे यह ज़ाहिर हो रहा था कि उस प्राचीन शहर के प्रमुख स्थलों के अवशेष वहीं पर थे। गंगा नदी इसे बहाकर नहीं ले गयी थी, जैसा कि आम धारणा थी। एक और सकारात्मक प्रमाण वहाँ के जैन मन्दिर में स्थित एक शिलालेख था, जिस पर उस स्थान का नाम पाटलिपुत्र उत्कीर्ण था। यह पहला अवसर था, जब उस प्राचीन नाम को पटना में या उसके पास देखा गया था।

पटना की अपनी ख़ास चित्रशैली रही है पटना कलम

अठारहवीं सदी के मध्य में जिन दिनों यूरोप के कलाकार रोमांटिसिज़्म के प्रभाव में थे, उन्हीं दिनों वहाँ से हज़ारों मील दूर पटना की गलियों में चित्रकार एक नयी चित्रकला शैली 'पटना कलम' को जन्म दे रहे थे।

पटना कलम या पटना स्कूल ऑफ़ पेंटिंग में मुग़ल शैली और यूरोपियन शैली का अद्‌भुत सम्मिश्रण था। इस शैली में पश्चिम की परिपक्वता और मुग़ल शैली की निपुणता थी। इस शैली के द्वारा भारतीय लघु चित्रकला में पहली बार सामान्य जनजीवन का चित्रण किया गया था। अपनी इसी विशिष्टता की वजह से यह चित्रकला भारतीय कला इतिहास में महत्त्वपूर्ण स्थान रखती है।

पटना कलम के कलाकारों की उत्पत्ति मुग़ल दरबार के चित्रकारों के बीच से हुई और पटना में फली–फूली। सैकड़ों कलाकारों ने लगभग 1760 से लेकर 1949 तक इस शैली में निरन्तर काम किया। यद्यपि पटना कलम की प्रसिद्धि यूरोप तक थी, किन्तु इसके इतिहास के बारे में बहुत कुछ स्पष्ट नहीं था।

बीसवीं सदी के उत्तरार्द्ध में पटना हाई कोर्ट में वकालत कर रहे पी. सी. मानुक मुग़ल मिनिएचर पर शोध करते हुए पटना कलम के सिद्धहस्त कलाकार शिवलाल के चित्रों से रूबरू हुए। तब शिवलाल के पोते और पटना कलम के आख़िरी चित्रकार प्रोफ़ेसर ईश्वरी प्रसाद, जो कलकत्ता स्कूल ऑफ़ आर्ट के वाइस प्रिंसिपल रह चुके थे, से उन्होंने उनके पूर्वजों और पटना कलम के बारे में जानकारियाँ हासिल कीं। ईश्वरी प्रसाद ने अपनी स्मृति, अपने दादा और अन्य रिश्तेदारों से सुनी हुई जानकारियों

को मानुक को सुनाई। साथ ही पटना कलम को लेकर चली आ रही जनश्रुतियों को मानुक से साझा किया।

मानुक ने उन जानकारियों के आधार पर एक मोनोग्राफ़ तैयार किया जो 'पटना स्कूल ऑफ़ पेंटिंग' के नाम से सितम्बर 1943 के बिहार रिसर्च सोसाइटी के जर्नल में छपा। उसके अनुसार पटना कलम के चित्रकारों के पूर्वज प्रतापगढ़, राजस्थान के रहने वाले थे। यह कायस्थों का परिवार था जो सोलहवीं सदी में 1570 के आसपास मुग़ल दरबार में चला आया था। उन दिनों अकबर शासन कर रहा था। उसने भारत भर से ढेर सारे कलाकारों को आमन्त्रित कर फतेहपुर सीकरी में बसाया था। 1588 में उन्हें वह आगरा ले गया। अकबर और जहाँगीर के वक़्त में इस परिवार के मनोहर को पर्याप्त ख्याति मिली।

किन्तु 1730 के बाद मुग़ल साम्राज्य के बिखरने के बाद इस परिवार को मजबूर होकर आजीविका की तलाश में मुर्शिदाबाद जाना पड़ा। उन दिनों मुर्शिदाबाद पूर्वोत्तर भारत का महत्त्वपूर्ण व्यावसायिक केन्द्र था। क़रीब तीस वर्षों तक कलाकार यहाँ काम करते रहे। यहाँ इन्हें एक बड़ा बाज़ार मिला। किन्तु 1750 के बाद यहाँ के हालात बदलने लगे। मजबूर होकर 1760 में कलाकारों को एक बार फिर हटना पड़ा।

इस बार कलाकारों ने पटना की ओर प्रस्थान किया। पहले इस परिवार के कुछ सदस्य ही पटना आये। किन्तु बाद में जब उन्हें यह स्थान उपयुक्त लगा तो परिवार के अन्य सदस्य भी चले आये।

गंगा नदी के किनारे बसा होने के कारण यह शहर एक महत्त्वपूर्ण व्यावसायिक केन्द्र बन गया था।

यहाँ इन चित्रकारों को झाऊगंज के राजा झाऊ लाल, राय सुल्तान बहादुर जैसे लोगों का संरक्षण मिला। इसके साथ ही शहर के अन्य रईस भी इनके बड़े ख़रीददार बन गये।

उन दिनों पटना में अंग्रेज़ों की एक बड़ी आबादी रह रही थी। उनकी रुचि यहाँ के जनजीवन में थी। साथ ही यहाँ के रीति–रिवाज भी उन्हें अनोखे लगते थे। इसलिए पटना कलम के चित्रकार उनकी माँग पर आम जनजीवन का चित्रण करने लगे।

इससे पटना कलम के चित्रकारों को एक नया आयाम मिला और साथ में एक बहुत बड़ा बाज़ार भी। भारतीय लघु चित्रकला यहीं आकर राजाओं और महाराजाओं की दासता से मुक्त हुई। इन कलाकारों ने सामान्य जनजीवन के अनेक दृश्यों का चित्रण किया। ऐसी यथार्थवादी और आम जनजीवन से जुड़ी चित्र रचनाएँ भारतीय लघु चित्र कला में पहली बार देखने को मिलीं और इनकी अन्तर्राष्ट्रीय बाज़ारों में अच्छी जगह बन गयी।

देश की आज़ादी के पश्चात अंग्रेज़ों के चले जाने और कैमरे के आविष्कार की वजह से इस कला की अपूरणीय क्षति हुई। बचे कलाकार आजीविका की तलाश में इधर–उधर बिखर गये। पटना कलम के चित्र अभी भी देश–विदेश के संग्रहालयों की शोभा बढ़ा रहे हैं।

महज़ पाँच सौ रुपये से हुई थी इस कॉलेज की शुरुआत

अपने वक़्त के प्रख्यात चित्रकार राधा मोहन ने महज़ पाँच सौ रुपये से 25 जनवरी, 1939 को पटना के गोविन्द मित्रा रोड में स्कूल ऑफ़ आर्ट एण्ड क्राफ्ट की स्थापना की थी।

पेशे से वकील रहे राधामोहन की रुचि बचपन से ही चित्रकला में थी। पटना कलम के मशहूर कलाकार महादेव लाल से तेरह वर्षों तक उन्होंने चित्रकला की तालीम पायी थी। पटना सिटी के लोदीकटरा मुहल्ले में पैदा हुए राधामोहन के पिता मुंशी कृष्ण प्रसाद एक छोटे–मोटे रियासत के दीवान थे। बचपन से ही राधामोहन की रुचि चित्रकला में थी। लेकिन पिता नहीं चाहते थे कि उनका बेटा कलाकार बने। जबकि उस वक़्त वह मुहल्ला पटना कलम के प्रख्यात चित्रकारों का गढ़ था। इसके अतिरिक्त बग़ल के दीवान मुहल्ले में भी कई नामचीन कलाकार शिवलाल, बाबू शिवदयाल, महादेव लाल, बहादुर लाल, जमुना प्रसाद इत्यादि रह रहे थे। इन सारे चित्रकारों की शोहरत यूरोप तक थी। ये पोर्ट्रेट बनाने के एक से दो अशर्फ़ी तक लिया करते थे। उन दिनों यह एक बड़ी रकम हुआ करती थी।

ये कलाकार अपने ग्राहकों का रेखांकन कर लाते थे और अपने स्टूडियो में बैठकर उसे पूरा करते थे। चित्रकारों की स्मरण शक्ति अद्भुत होती थी। राधामोहन के बालमन पर इन सारी चीज़ों का जबर्दस्त प्रभाव पड़ा। वे घर में छुप कर चित्रकला का अभ्यास करने लगे। चित्रकला में राधामोहन की गहरी रुचि देख इनके बड़े भाई जानकीमोहन उन्हें उसी मुहल्ले में रह रहे पटना कलम के प्रख्यात चित्रकार मुंशी महादेव के पास ले गये।

उस वक़्त तक राधामोहन की स्कूल की पढ़ाई ख़त्म हो चुकी थी।

पिता की इच्छा थी की राधामोहन वकील बन ख़ूब पैसे कमायें। राधामोहन चाहते थे कलाकार बनना। दोनों काम साथ–साथ चलता रहा। इस बीच राधामोहन ने वकालत की पढ़ाई पूरी की और पिता को खुश करने के लिए पटना हाईकोर्ट में वकालत करने लगे। लेकिन वहाँ उनका मन नहीं लगा। फलस्वरूप वकालत छोड़ उन्होंने पटना संग्रहालय में 40 रुपये प्रतिमाह की नौकरी कर ली। इस बीच वे चित्रांकन का काम करते रहे। लेकिन उनका कलाकार मन यहाँ भी शान्त नहीं था।

तब तक फ़ोटोग्राफ़ी के विकास, लिथो प्रेस और अंग्रेज़ों के चले जाने की वजह से पटना कलम का प्रभाव काम होने लगा था। ऐसे में ही एक दिन राधामोहन के मन में पटना में एक आर्ट स्कूल खोलने की बात आयी। उन दिनों नागेश्वर प्रसाद पटना के प्रख्यात वकील हुआ करते थे। वकालत से उन्होंने काफ़ी धन कमाया था। शाम के वक़्त उनके यहाँ शहर के बड़े लोगों की मण्डली जुटती थी। ऐसी ही एक मण्डली में वे अपने यूरोप प्रवास की कहानी सुना रहे थे। नागेश्वर प्रसाद ने यूरोप की कला दीर्घाओं और कला स्कूलों की काफ़ी प्रशंसा की। उस दिन उस मण्डली में राधामोहन भी शामिल थे। उन्होंने नागेश्वर प्रसाद को पटना में अपने कला स्कूल खोलने की इच्छा से अवगत कराया। नागेश्वर प्रसाद ने उसी वक़्त पाँच सौ रुपये निकालकर उन्हें स्कूल के लिए दिये। यह एक छोटी–सी शुरुआत थी।

25 जनवरी, 1939 को पटना के गोविन्द मित्रा रोड में बसन्त पंचमी के दिन पटना स्कूल ऑफ़ आर्ट एण्ड क्राफ्ट की शुरुआत हुई। शुरू के दिनों में कलकत्ता स्कूल ऑफ़ आर्ट से शिक्षित श्यामलानन्द, हरिचरण मेहता और सिंहेश्वर ठाकुर अध्यापक बनाये गये। स्कूल को आर्थिक संकटों का सामना करना पड़ रहा था। इधर–उधर से चन्दा इकट्ठा कर किसी प्रकार स्कूल चलाया जा रहा था। राधामोहन के कई प्रयासों के बाद 1940 में पटना नगरपालिका ने बीस रुपये प्रतिमाह की मंजूरी दी। 1944 में बिहार सरकार ने एक सौ नब्बे रुपये की मंजूरी दे दी।

अनुग्रह नारायण सिंह के प्रयास से यह स्कूल गोविन्द मित्र रोड से खुदाबख़्श ख़ान लाइब्रेरी के निकट के एक मकान में एक रुपये माहवार पर ले जाया गया। कुछ दिनों के बाद इसे वहाँ से भी हटना पड़ा। काफ़ी आरज़ू मिन्नतों के बाद बिहार सरकार ने इसे बन्दरबग़ीचा के एक पुराने मकान वाइट हाउस में जगह दी। तब तक 1949 में सरकार ने इसे मान्यता दे अपने अधीन कर लिया था। राधामोहन इसके संस्थापक प्रिंसिपल बने रहे। प्रख्यात कला मर्मज्ञ और तत्कालीन शिक्षा सचिव जगदीशचन्द्र माथुर के प्रयास से पटना स्कूल ऑफ़ आर्ट एण्ड क्राफ्ट 1952 में गवर्नमेण्ट स्कूल ऑफ़ आर्ट एण्ड क्राफ्ट बना।

राधामोहन के अथक प्रयासों से यह वर्तमान भवन 1958 में बन कर तैयार हुआ। देश के कई प्रख्यात कला अध्यापकों की नियुक्ति की गयी। शीघ्र ही इस आर्ट स्कूल की गिनती देश के प्रमुख कला केन्द्रों में होने लगा। शुरू के दिनों में यहाँ श्रीलंका, मॉरीशस, लाओस और बँगलादेश के भी छात्र पढ़ने के लिए आने लगे। 1972 में यह गवर्नमेण्ट कॉलेज ऑफ़ आर्ट एण्ड क्राफ्ट बना। 1977 में इसे पटना यूनिवर्सिटी को हस्तान्तरित कर दिया गया।

पटना में जॉब चारनॉक ने हिन्दू विधवा से शादी की थी

लंकाशायर के रहने वाले ब्रिटिश अधिकारी जॉब चारनॉक को आमतौर पर कलकत्ता का संस्थापक माना जाता है। लेकिन उसने अपने जीवन का बड़ा हिस्सा सिंघिया (लालगंज) और पटना में बिताया, जहाँ उसने एक हिन्दू बाल विधवा के साथ शादी भी की थी।

1650 में इंग्लैण्ड में जॉब चारनॉक मौरिस थॉमसन नाम के एक निजी व्यापार संस्थान का मुलाज़िम था। 1655 में उसने ईस्ट इण्डिया कम्पनी में नौकरी की शुरुआत की। कम्पनी ने उसे 1655–56 में कसिमबाज़ार, हुगली में तैनात किया। हुगली में अभी उसे कुछ ही दिन हुए थे कि उसे शोरा के कारख़ाने की देखरेख के लिए पटना भेज दिया गया।

पटना में शोरा का कारख़ाना गंडक नदी के उत्तर में 15 मील की दूरी पर स्थित लालगंज के समीप सिंघिया में था। यद्यपि जॉब चारनॉक यहाँ पाँच वर्षों के लिए आया था लेकिन वह यहाँ बीस वर्षों तक रहा और ईस्ट इण्डिया कम्पनी को शोरे का निर्यात करता रहा। तब चेम्बरलेन कारख़ाने का प्रमुख हुआ करता था। बाद में उसकी जगह पर आयन केन की नियुक्ति हुई। चारनॉक पाँच पूरा होने पर इंग्लैण्ड लौट जाना चाह रहा था। लेकिन वह नये वर्ष हुई बंगाल फैक्ट्रीज के प्रमुख विलियम ब्लेक के इस आश्वासन पर रुक गया कि उसे पटना, कारख़ाने का प्रमुख बना दिया जायेगा।

जॉब चारनॉक स्थानीय निवासियों के साथ ख़ूब घुलमिल गया। वह हिन्दुस्तानियों की तरह कपड़े पहनने लगा। उसने उनके रहन–सहन को भी अपना लिया। इससे वह स्थानीय लोगों के बीच बहुत लोकप्रिय हो गया। उन्हीं दिनों एक ब्रिटिश अधिकारी हेनरी अलडवर्थ ने अपने हमवतन

थॉमस डेविस को पत्र लिख कर बताया था कि जॉब चारनॉक पहला अंग्रेज़ था जिसने अपने बाल छोटे कटवा लिए थे और विग को उतार फेंका था। उन दिनों अंग्रेज़ अधिकारियों में विग पहनने का रिवाज था।

1668 में जॉब चारनॉक ने एक हिन्दू विधवा से शादी भी कर ली थी। जैसा कि उसके एक सहयोगी एलेग्ज़ेंडर हैमिलटन ने बाद में लिखा, 'जॉब ने एक दिन गंगा किनारे एक अतीव सुन्दरी लड़की, जिसकी उम्र 13–14 वर्ष की रही होगी, को चिता पर पति के साथ सती होते देखा। बताया गया कि 15 वर्षीया वह लड़की किसी छोटी रियासत की राजपूत राजकुमारी थी जिसके पति का निधन हो गया था। रिवाज के अनुसार उसे पति के साथ सती होना था।'

जॉब चारनॉक या तो उस राजकुमारी की सुन्दरता पर मुग्ध हो गया था या उसे यह प्रथा बेहद अमानवीय लगी थी, उसने उसके सती होने का विरोध किया और पहले समझा कर बाद में उसके परिजनों को धमका कर उस राजकुमारी को अपने साथ ले आया। उसने उसके साथ शादी कर ली। यद्यपि चर्च ने इस शादी को मान्यता देने से इनकार कर दिया था। उसने राजकुमारी को एक नया नाम दिया–मारिया।

जॉब चारनॉक कम्पनी की नौकरी में बना रहा। उसकी तरक्की होती गयी। जिन दिनों वह बैरकपुर में था, मारिया का निधन हो गया।

यह उसके लिए एक अपूरणीय व्यक्तिगत क्षति थी। मारिया के साथ वह क़रीब पच्चीस वर्षों तक रहा था। वह उसे बेपनाह प्यार करने लगा था। इस दम्पति को एक बेटा और तीन बेटियाँ थीं। मारिया को ईसाई रिवाज के अनुसार दफ़नाया गया। उनकी बेटियों की शादी अच्छे अंग्रेज़ परिवारों में हुई।

चारनॉक जब तक जीवित रहा अपनी पत्नी के क़ब्र पर अक्सर जाता रहा। इसके कुछ ही वर्ष बाद 10 जनवरी, 1692 को कलकत्ता में जॉब चारनॉक की भी मृत्यु हो गयी। उसे सेंट जॉन्स चर्च के क़ब्रिस्तान में दफ़ना दिया गया।

डचों की कोठी से पटना कॉलेज तक

1632 में जब पुर्तगालियों को हुगली से बाहर निकाला गया तो पटना के साथ भी उनका व्यापारिक सम्बन्ध अचानक ख़त्म हो गया। ठीक उसी वर्ष पटना के बाज़ार में डचों (हॉलैण्ड के निवासी) का प्रवेश हुआ। डच ईस्ट इण्डिया कम्पनी 1602 में स्थापित एक चाटर्ड कम्पनी थी, जिसे नीदरलैण्ड के राज्यों से एशिया के बाज़ारों में 21 वर्षों तक व्यापार करने की अनुमति मिली हुई थी।

डच ईस्ट इण्डिया कम्पनी को दुनिया की पहली बहुराष्ट्रीय कम्पनी माना जाता है। यह पहली ऐसी कम्पनी थी, जिसने बाज़ार में शेयर जारी किये थे। डच ईस्ट इण्डिया कम्पनी ऐसी शक्तिशाली कम्पनी थी जो युद्ध छेड़ने की क्षमता रखती थी। इसे उपनिवेशों की स्थापना का अधिकार था और इसके स्वयं के सिक्के भी थे।

डचों ने गुजरात में कोरोमण्डल समुद्र तट, बंगाल, बिहार तथा उड़ीसा में अपनी व्यापारिक कोठियाँ खोलीं। डच लोग मुख्यतः मसालों, नीम, कच्चे रेशम, शीशा, चावल, शोरा व अफ़ीम का व्यापार भारत से करते थे।

पटना में उन्होंने अशोक राजपथ पर अपनी पहली व्यापारिक कोठी बनायी। पटना उन दिनों शोरा, अफ़ीम, सूती और सिल्क के कपड़ों के लिए मशहूर था। पटना और कसिमबाज़ार इन वस्तुओं के व्यापार के लिए काफ़ी समृद्ध और मुनाफ़े वाला केन्द्र माना जाता था। डचों की रुचि शोरा और अफ़ीम में ज़्यादा थी। उसके बाद सूती और सिल्क कपड़ों में।

अठारहवीं सदी के शुरू के वर्षों तक डचों ने बिहार में पटना, दौलतगंज, छपरा, सिंघिया और हाजीपुर में जमकर व्यापार किया और ख़ूब मुनाफ़ा कमाया। किन्तु 1712 में पटना में फर्रुख़सियर की ताजपोशी ने

डचों के व्यापार पर प्रतिकूल प्रभाव डाला। उधर यूरोप में भी डच कमज़ोर होते जा रहे थे। उसका प्रभाव हिन्दुस्तान पर भी पड़ा।

1717 में फर्रुख़सियर से फ़रमान हासिल करने के बाद ईस्ट इण्डिया कम्पनी ने डचों को निष्प्रभावी बना दिया। शोरा के व्यापार पर से डचों का नियन्त्रण समाप्त हो गया। धीरे–धीरे ईस्ट इण्डिया कम्पनी ने बंगाल और बिहार के बाज़ार में अपने को स्थापित कर लिया। डचों ने पटना में जो अपनी कोठी बनायी थी वह अंग्रेज़ों के अधीन हो गयी। काफ़ी दिनों तक यह अफ़ीम के एजेण्ट मिस्टर विल्टन का आवास रहा।

1828 तक इस डच भवन में पटना के कलेक्टर का कार्यालय चलता रहा। 2 फ़रवरी, 1835 को जब मैकॉले के मशहूर प्रस्ताव 'भारत में अंग्रेज़ी पढ़ाई जाय' को पारित किया गया तब उसके चार महीने के बाद जुलाई 1835 में इस भवन में पटना हाई स्कूल की स्थापना हुई। 1862 में यह कॉलेजिएट स्कूल बना। 9 जनवरी, 1863 को इसे एक नया नाम दिया गया, पटना कॉलेज।

क्या आप स्कॉटलैण्ड के इस पटना को जानते हैं?

क्या आप जानते हैं कि ब्रिटेन के स्कॉटलैण्ड में भी एक पटना है? गंगा नदी के किनारे बसे इस पटना से 10 हज़ार किलोमीटर दूर दून नदी के किनारे बसे उस पटना का एक गहरा रिश्ता भी है!

इस गाँव का नाम पटना रखा जाना महज़ एक संयोग नहीं, इसके पीछे एक इतिहास भी है। इसकी शुरुआत होती है 1744 में, जब स्कॉटलैण्ड, रोज़माउण्ट के सर्जन विलियम फुलर्टन ब्रिटिश ईस्ट इण्डिया कम्पनी की नौकरी लेकर बिहार आये। वे कम्पनी की नौकरी में अगले 22 वर्षों तक रहे।

इस अवधि में वे स्थानीय लोगों के साथ बहुत घुलमिल गये। इसलिए नौकरी से रिटायर होने के बाद भी वे पटना में ही बने रहे। गोरा मुग़ल के नाम से मशहूर विलियम पटना के लोगों के इतने चहेते थे कि मीर क़ासिम के हमले से भी स्थानीय लोगों ने उन्हें बचा कर रखा। वे अकेले यूरोपियन थे, जो उस हमले के बाद भी बचे रहे।

पटना में रहते हुए विलियम ने न केवल स्थानीय लोगों, इतिहासकारों के साथ सम्बन्ध बनाया बल्कि उसने कई कलाकारों के साथ दोस्ती भी की। उन्हीं कलाकारों में एक दीपचन्द भी थे। दीपचन्द से उन्होंने न सिर्फ़ अपना पोर्ट्रेट बनवाया बल्कि अपने सारे रिश्तेदारों की तस्वीरें भी बनवाईं। उसके साथ ही उन्होंने स्थानीय जनजीवन और त्योहारों की तस्वीरों का भी चित्रण करवाया। ये तस्वीरें अब विक्टोरिया एण्ड अल्बर्ट म्यूज़ियम के संग्रह में हैं।

उन दिनों पटना और उसके आसपास धान की खेती बड़े पैमाने पर की जा रही थी। और जो चावल तैयार हो रहा था वह बहुत ही उम्दा क़िस्म का होता था। पर्शिया (ईरान) में उस चावल की जबर्दस्त माँग थी। विलियम फुलर्टन ने चावल के धन्धे में हाथ डाला। वे यहाँ से चावल, जो पटना राइस के नाम से जाना जाता था, ब्रिटेन भेजने लगे।

उन्हीं दिनों उनके भाई जॉन फुलर्टन भी पटना आ गये। वे ईस्ट इण्डिया कम्पनी की सेना में मेजर जनरल थे और पटना में तैनात थे। वहीं 1774 में उनके बेटे का जन्म हुआ। उसका नाम चाचा के नाम पर विलियम फुलर्टन रखा गया।

विलियम ने चावल के धन्धे में बेशुमार धन कमाया। पटना में ही उन्होंने आख़िरी साँसें लीं। उनके भाई जॉन फुलर्टन भी रिटायर हो गये। जॉन अपने परिवार को लेकर स्कॉटलैण्ड लौट गये। तब तक यह परिवार काफ़ी सम्पन्न हो चुका था। इस परिवार ने वहाँ काफ़ी सम्पत्ति ख़रीदी। यह एक ज़मींदार परिवार बन चुका था। विलियम ने खदानों के कारोबार में हाथ डाला। इस इलाके में कोयला और चूना प्रचुर मात्रा में मौजूद था।

अपने कोयला खदान में काम करने वाले कामगारों के लिए विलियम ने 1802 में यहाँ एक गाँव बसाया। उस गाँव का उसने नाम रखा पटना। वह अपनी जन्मस्थली को नहीं भूल सका था। क़रीब 2,500 की आबादी वाला यह छोटा–सा गाँव अब पहले की तरह नहीं रहा। समय के साथ पटना की खदानें बन्द हो चुकी हैं, साथ–साथ कारख़ाना भी और रेलवे स्टेशन भी। गाँव में रोज़गार की बेहद कमी हो गयी इसलिए लोग काम की तलाश में शहर जाने लगे।

हम पटना के लोग स्कॉटलैण्ड के पटना के बारे में भले ही नहीं जानते हों, पर वहाँ अधिकतर लोगों को बिहार के पटना और अपने पटना के सम्बन्धों के बारे में ख़ूब पता है।

पूरे देश में थी पटने वाली ज़ोहरा की धूम

सत्रहवीं सदी तक पटना अन्तर्राष्ट्रीय व्यापार का केन्द्र बन चुका था। अंग्रेज़ 1620 में ही अपना कारख़ाना स्थापित कर सूती सफ़ेद कपड़ा और सिल्क की ख़रीद और उसका निर्यात करने लगे। शीघ्र ही यह शोरे के व्यापार का केन्द्र भी बन गया। शोरे के व्यापार में भारी मुनाफ़े को देखते हुए फ्रांस, डेनमार्क, हॉलैण्ड और पुर्तगाल के व्यापारी भी इस धन्धे में लग गये।

इन देशों के व्यापारियों के बहुत सारे गोदाम कुकुरमुत्तों की तरह उग आये। दूर देशों के व्यापारियों के लिए पटना महत्त्वपूर्ण केन्द्र बन गया। शहर का विस्तार होने लगा और विभिन्न पेशे के लोग यहाँ आ बसे।

1704 में औरंगज़ेब के प्रिय पोते मुहम्मद अज़ीम ने मुग़ल बादशाह से अनुमति ले इसका नाम अज़ीमाबाद रखा। हिन्दू और मुसलमानों की

मिश्रित आबादी वाले अज़ीमाबाद की शोहरत और रौनक उन दिनों इतनी बढ़ गयी थी कि यह पूरे हिन्दुस्तान का अज़ीज़ बन गया।

अपने एक से बढ़ कर एक फ़नकारों की वजह से गंगा–जमुनी तहज़ीब के लिए मशहूर अज़ीमाबाद मौसिकी–ओ–अदबो–तहज़ीब का भी केन्द्र माना जाने लगा। यहाँ एक से एक बढ़ कर गानेवालियाँ, तबलावादक और सारंगीनवाज़ हुए। गानेवालियों में बड़ी कनीज, मोहम्मद बांदी, अल्लाज़िलाबाई, रमजो, छुट्टन और ज़ोहराबाई जैसी फ़नकारा हुईं।

जोहराबाई कलकत्ते वाली गौहरजान, बनारस की विद्याधरी बाई, बड़ी मोती बाई, हुस्ना बाई, लखनऊ की नन्हवा–बचुआ, हैदरजान, इलाहाबाद की जानकीबाई, आगरेवाली ज़ोहराबाई की समकालीन थीं।

जोहराबाई को ठुमरी में महारत हासिल थी। मलिका–ए–ठुमरी ज़ोहराबाई की शोहरत की ऐसी धूम थी कि दूर–दराज से न केवल रसिक बल्कि जाने माने कला पारखी भी उसकी एक झलक देखने और सुनने अज़ीमाबाद आते थे।

अज़ीमाबाद का वह ज़माना तवायफ़ों और गानेवालियों को महज़ मन बहलाने और दिल्लगी का जरिया नहीं मानता था बल्कि उनकी तहज़ीब, अदब–क़ायदे, उनके तौर–तरीके, नियम–क़ायदे की भी क़द्र करता था। उस वक़्त के बड़े–बड़े रईस, नवाब, राजे–रजवाड़े अपने साहबज़ादों को तौर–तरीका और बातचीत करने के तरीकों को सीखने के लिए तवायफ़ों के कोठे पर भेजा करते थे। ज़ोहराबाई का कोठा भी इन चीज़ों के लिए मशहूर था।

बेमिसाल फन की मल्लिका ज़ोहरा का बचपन बेहद ग़रीबी में अपनी नानी के साथ दरभंगा में बीता था। यह महाराजा रामेश्वर सिंह का ज़माना था। महाराजा कला और संस्कृति को प्रश्रय देने के लिए मशहूर थे। वे कलापारखी थे और कलाकारों की क़द्र किया करते थे। नानी ने ज़ोहरा को महाराजा के हवाले कर दिया। उस्ताद अज़ीमबख़्श की देखरेख में ज़ोहरा की तालीम होने लगी। दरभंगा महाराज की यह रक्षिता आगे चलकर हिन्दुस्तानी संगीत में महारत हासिल कर पूरे देश में मशहूर हो गयी।

बाद के दिनों में किसी कारण महाराजा से नाराज़ होकर वह अपने उस्ताद अज़ीमबख़्श के साथ पटना आ बसी। पटना में शीघ्र ही ज़ोहरा

के गायन की धूम मच गयी। प्रख्यात संगीत मर्मज्ञ और कला समीक्षक पद्मश्री गजेन्द्र नारायण सिंह का मानना है कि ज़ोहराबाई के रूप में ठुमरी गायकी में एक ऐसी हस्ती का अभ्युदय हुआ, जो मौसीक़ी की तारीख़ में अब तक न हुई थी और न शायद होगी।

गजेन्द्र नारायण सिंह ने ज़ोहरा के बारे में लिखा है, 'जोहराबाई पटनेवाली का बालपन दरभंगा महाराज रामेश्वर सिंह के आश्रय में और उनके दरबारी गायक उस्ताद अज़ीमबख़्श और मौलाबख़्श की देखरेख में बीता। किसी बात से नाराज़ होकर भरी जवानी में वह अज़ीमाबाद (पटना) चली आयीं। जहाँ तवायफ़ का पेशा अख़्तियार कर वह कोठेवाली बन गयीं। कालान्तर में वह ठुमरी की ऐसी बेमिसाल अदाकारा हुईं कि पुरबिया गायकी की पर्याय बन गयीं।'

पटना में ही ज़ोहरा का निधन हुआ। पटना सिटी में उनकी मज़ार टूटी-फूटी हालत में अभी भी देखी जा सकती है।

तब इमारतों में लकड़ी के ख़ूबसूरत नक़्क़ाशीदार खम्भे होते थे

पटना सिटी की सड़कों से गुज़रते हुए अभी भी कुछ वैसी पुरानी इमारतें दिख जाती हैं, जिनके खम्भे और बरामदे की रेलिंग लकड़ियों से बने हुए हैं। लेकिन एक ऐसा भी वक़्त रहा है जब शहर के क़रीब–क़रीब सारी इमारतों में लकड़ी के नक़्क़ाशीदार शानदार खम्भे और फूलों के नमूने वाले रेलिंग बने होते थे। उस वक़्त लकड़ी पर नक़्क़ाशी के काम का उद्योग फल–फूल रहा था।

कौटिल्य ने भी अपनी पुस्तक 'अर्थशास्त्र' में पाटलिपुत्र के प्राचीन शहर को चौड़े लकड़ियों के खभों से घिरा हुआ बताया है। ये खम्भे बहादुरपुर, संदलपुर, बुलन्दीबाग़ और कुम्हरार की पुरातात्विक खुदाई में पाये गये हैं।

इमारतों में लकड़ियों का प्रयोग कालान्तर में घटता गया। 1903 में लकड़ी उद्योग पर शोध करने के क्रम में शेवलियर ओ गिलार्ड जब पटना आया तो उस वक़्त तक इमारतों में लकड़ियों का प्रयोग क्रमशः कम होने लगा था। उसने अपनी पुस्तक 'ए मोनोग्राफ़ इन वुड कार्विंग इन बंगाल' में लिखा है, 'लकड़ियों पर नक़्क़ाशी का काम अब नाममात्र ही रह गया है। पटना से लेकर बाँकीपुर तक सड़क के किनारे बने मकानों को अगर देखा जाय तो यह स्पष्ट दिखता है कि अतीत में यह उद्योग ज़्यादा समृद्ध था जब नक़्क़ाशी के काम में ज़्यादा बारीकी थी और कारीगर बेहतर काम कर रहे थे। अब की कारीगरी से उनकी तुलना की ही नहीं जा सकती।'

गिलार्ड शहर की इमारतों में लगे खम्भे पर की गयी नक़्क़ाशी, खम्भे के ऊपर लगी शहतीर, मेहराब पर की गयी नक़्क़ाशी और छत और बरामदे को सँभालने वाले ब्रेकेट की ख़ूबसूरती का उल्लेख करता है।

उसने बताया है कि इमारतों में आमतौर पर सागवान और शीशम की लकड़ियों का प्रयोग होता रहा है।

शहर में हो रहे नये निर्माण को देखकर गिलार्ड को निराशा होती है। वह लिखता है, 'दुर्भाग्यवश अब यहाँ के निवासियों की रुचि बदल गयी है। जब कोई पुरानी इमारत जीर्ण–शीर्ण होकर गिरती है और उसका जब पुनर्निर्माण होता है तो उसमें लकड़ी के नक़्क़ाशीदार खम्भों का प्रयोग नहीं होता है। लकड़ियों की जगह अब ईंटों ने ले ली है। अगर मकान मालिक पुराने खम्भों को बदलना भी चाहता है तो पहले की तरह उसे नक़्क़ाशीदार ख़ूबसूरत खम्भे नहीं मिल पाते हैं। उनकी जगह वह चौकोर लकड़ी के खम्भे लगाता है। यह फ़र्क़ स्पष्ट रूप से दिखता भी है।

गिलार्ड लिखता है, 'इससे धीरे–धीरे नक़्क़ाशी का काम करने वाले कारीगरों की संख्या भी कम होती चली गयी है। पटना से लेकर बाँकीपुर तक बनी किसी भी नयी इमारत में आपको लकड़ी के नक़्क़ाशीदार खम्भे, शहतीर और मेहराब नहीं मिलेंगे।'

अब ऐसे इमारतों की संख्या भी बहुत कम हो गयी है। लेकिन अभी भी अगर आप पटना सिटी की सड़कों पर भटकेंगे तो आपको ऐसे मकान दिख जायें।

पटना में बैंकिंग की शुरुआत गुजरी परिवार ने की थी

पटना इंजीनियरिंग कॉलेज के निर्माण में पटनासिटी के गुजरी मोहल्ले के एक रईस नवाब लुत्फ़ अली ख़ान की बड़ी भूमिका रही है। उन्नीसवीं और बीसवीं सदी के दौरान लुत्फ़ अली ख़ान के पूर्वजों का परिवार, जो नवाब बहादुर या गुजरी परिवार कहलाता था, पटना का सबसे अमीर परिवार था। शहर के दूसरे अमीरों की तरह यह परिवार बैंकिंग और तिजारत के धन्धे से जुड़ा था। पटना में बैंकिंग की शुरुआत का श्रेय इसी परिवार को जाता है।

लुत्फ़ अली ख़ान के पूर्वज पर्शिया (ईरान) के थे जो 1730 में नादिर शाह के पर्शिया पर आक्रमण के बाद हिन्दुस्तान के उत्तर पश्चिम में और बाद में अवध में आ बसे थे। उनका पटना अध्याय उन्नीसवीं सदी में सैयद अब्दुल्लाह के साथ शुरू होता है जब उन्होंने अपने परिवार को पटना में स्थापित कर लिया था।

औपनिवेशिक युग के कई अन्य प्रमुख कुलीनों की तरह इस परिवार ने भी ज़मीन में भारी निवेश किया था। यह निवेश उसने ज़मीन, खेत की ख़रीद और शहर के ज़रूरतमन्द निवासियों की ज़मीन पैसे देकर बन्धक रख कर किया। जल्दी ही गुजरी परिवार शहर का सबसे बड़ा ज़मींदार बन गया। बैंकर के रूप में यह परिवार कई बड़े ज़मींदारों का अंडरराइटर्स भी बना। बेतिया की ज़मींदारी के भी ये अंडरराइटर्स बने। यह परिवार जल्दी ही अकूत दौलत का स्वामी बन गया।

सैयद अब्दुल्लाह के निधन के वक़्त उनके पोते के मुताबिक़ दौलत के मामले में उनका कोई जोड़ नहीं था। उनकी वार्षिक आय दो लाख रुपये थी। उस वक़्त यह रकम बहुत हुआ करती थी। उनके मरने के बाद उनके चारों बेटों मेहँदी अली ख़ान (1793–1850), मोहम्मद अली ख़ान (1797–1826), क़ासिम अली ख़ान (1806–62) और लुत्फ़ अली ख़ान (1812–90) ने कारोबार को और भी समृद्ध बनाया।

जैसा कि हर परिवार में होता है इस परिवार में भी बँटवारा हुआ। 1850 के शुरू के वर्षों में यह परिवार चार हिस्सों में बँट गया। हर एक परिवार को अपने हिस्से के रूप में 1,840,500 रुपये मिले। बँटवारे के फलस्वरूप बैंक जिसे कोठी कहा जाता था, की स्थापना क़ासिम अली, लुत्फ़ अली और विलायत अली ने मोहम्मद अली के बेटे मोहम्मद बकर ख़ान के साथ मिल कर की। इनकी समृद्धि बढ़ती गयी।

1890 में जब लुत्फ़ अली मरे तो वे 32 लाख रुपये नकद और 5 लाख रुपये सालाना की ज़मींदारी अपने तीन बेटे और दो बेटियों के लिए छोड़ गये। विलायत अली ख़ान ने तो और भी ज़्यादा पैसा बनाया। सालाना आमदनी के अतिरिक्त उसने पैसे के लेनदेन में भी भारी मुनाफ़ा बनाया। 1860 में उसने पटना के कुख्यात कमिश्नर विलियम टेलर के साथ अनाज का धन्धा भी किया।

विलायत अली के एक वंशज नवाब वारिस इस्माइल के अनुसार 1880–1890 का समय नवाब बहादुर परिवार का स्वर्ण काल था जब बैंकिंग और ज़मींदारी से उन्हें सालाना दस लाख रुपये की आमदनी हो रही थी। 1915 में बैंकिंग के कारोबार में रुकावट आ गयी और इसे बन्द कर देना पड़ा। फिर धीरे–धीरे दूसरे कारोबारों पर भी इसका असर पड़ा। गुजरी परिवार के वंशज अभी भी पटना सिटी में हैं। गुजरी मोहल्ला इसी परिवार के नाम पर है।

पटना कलम के इतिहास से लोगों को मानुक ने कराया था परिचित

पटना के अशोक राजपथ स्थित बी.एन. कॉलेज के लम्बे–चौड़े परिसर के उत्तरी छोर पर यह इमारत कभी ब्रिटिश इण्डिया में पटना हाईकोर्ट के जज और भारतीय चित्रकला के घोर प्रशंसक पी. सी. मानुक का आवास हुआ करता था।

ब्रिटेन के सॉमरसेट में 1873 में पैदा हुए पी. सी. मानुक जिनका पूरा नाम पेर्सीवल चतर मानुक था, भारतीय लघु चित्रकला के अग्रणी संग्रहकर्ता थे।

उनके पास 1400 लघु चित्रकलाओं का विशाल और समृद्ध संकलन था। पटना कलम चित्रकला के इतिहास से लोगों का परिचय कराने का श्रेय मानुक को ही जाता है। मानुक ने ही सबसे पहले पटना कलम पर एक शोधपूर्ण आलेख लिखा था जिसे बिहार रिसर्च सोसाइटी ने 1943 में अपने जर्नल में प्रकाशित किया था। यह मानुक ही थे जिन्होंने मिल्ड्रेड आर्चर को पटना कलम से परिचित करवाया था और उन्हें उस पर पुस्तक लिखने को प्रेरित किया था।

मिल्ड्रेड आर्चर डब्ल्यू. जी. आर्चर की पत्नी थी, जो बाद के दिनों में पटना के ज़िलाधीश बने। आर्चर को 1940 में जनगणना अधिकारी बना कर पटना भेजा गया था। मानुक ने मिल्ड्रेड को जो अपने करीबियों में टिम आर्चर के नाम से मशहूर थी, को पटना कलम के आख़िरी चित्रकार ईश्वरी प्रसाद से मिलवाया था। टिम आर्चर की पुस्तक 'पटना पेंटिंग' 1947 में प्रकाशित हुई।

मानुक ने बैरिस्टर के रूप में पटना हाईकोर्ट में अपने कैरियर की शुरुआत की थी। शीघ्र ही उनकी ख्याति एक तेज़तर्रार वकील के तौर पर हो गयी थी। जस्टिस हरिहर महापात्र ने अपनी पुस्तक 'माय लाइफ माय वर्क' में मानुक की प्रशंसा करते हुए लिखा है, 'मैंने सर अली इमाम, हसन इमाम, सर सुल्तान, पी. के. सेन, के. बी. दत्ता और पी. सी. मानुक जैसे ज़हीन वकीलों को पटना हाईकोर्ट में देखा है। ये मेरे आदर्श थे। मैं इन्हें ज़िरह करते देख-देख वकील बना।'

अपने पेशे से अलग मानुक का पहला शौक़ भारतीय चित्रकला ही था। उनकी पटना के तत्कालीन चित्रकारों से गहरी मित्रता थी। वे अक्सर पटना सिटी स्थित उनके आवासों पर भी पहुँच जाया करते थे। यद्यपि उन दिनों पटना कलम चित्रकला अपने अवसान पर था। उन्होंने स्थानीय चित्रकारों और कला संग्राहकों से बड़ी मात्रा में तस्वीरों को ख़रीदा। पटना कलम के अतिरिक्त मुग़ल लघु चित्रकला, पहाड़ी पेंटिंग, काँगड़ा चित्रकला भी उन्होंने इकट्ठा की। इस तरह उनके पास 1400 लघु चित्रों का विशाल संकलन तैयार हो गया। इसके अतिरिक्त उनके पास यूरोपियन चित्रकला, चाइनीज़ चीनी मिट्टी के बर्तन, क्रिस्टल के बर्तन, दुर्लभ पाण्डुलिपियों का संग्रह भी था।

मानुक ने यह सारा संग्रह अपनी पत्नी की कमज़ोर मानसिक अवस्था के कारण अपनी महिला मित्र मैरी कोल्स, जो बाँकीपुर में ही रहती थीं को एक वसीयत के जरिये दे दिया था। लेकिन मानुक के पहले ही मैरी का निधन 4 जून, 1946 को हो गया। मरने के पहले मैरी सारा संग्रह मानुक के लिए छोड़ गयी। इसके कुछ ही दिनों बाद 6 अगस्त, 1946 को मानुक का भी निधन हो गया। दोनों उस वक़्त देहरादून में रह रहे थे। दोनों को वहीं दफ़न किया गया।

मरने के पहले मानुक ने अपना सारा संग्रह ब्रिटिश म्यूज़ियम, विक्टोरिया एण्ड अल्बर्ट म्यूज़ियम, फिट्ज़विलियम और ब्रिस्टल म्यूज़ियम को सौंप दिया। यह संग्रह इन जगहों पर मानुक और उनकी मित्र मैरी कोल्स के नाम से प्रदर्शित किया जाता है।

आर्चर दम्पति को पटना से था बेहद प्यार

पटना कलम चित्रशैली के इतिहास से तो पी. सी. मानुक ने दुनिया को परिचित करवाया था लेकिन पटना कलम पर शोधपूर्ण पुस्तक लिखने का श्रेय मिल्ड्रेड आर्चर को जाता है। मिल्ड्रेड पटना के कुख्यात ज़िलाधीश डब्ल्यू. जी. आर्चर जिसे 'बुचर आर्चर' भी कहा गया, की पत्नी थीं।

विलियम जॉर्ज आर्चर को 1942 के आन्दोलन के दौरान पटना में 11 अगस्त को सचिवालय पर झण्डा फहराने के प्रयास में जो सात किशोर शहीद हुए थे, उसके लिए ज़िम्मेवार माना जाता रहा है। लेकिन बाद में जो तथ्य प्रकाश में आये, उसमें वे निर्दोष माने गये।

दरअसल, आर्चर उतने क्रूर नहीं थे–जितना कि 1942 की उस हृदय विदारक घटना के बाद उन्हें समझा जाने लगा था। इसके विपरीत उन्हें भारत और उसकी संस्कृति से गहरा लगाव था।

मिल्ड्रेड (अपने दोस्तों में टिम के नाम से मशहूर) 1934 में डब्ल्यू. जी. आर्चर (दोस्तों के लिए बिल आर्चर) से शादी करने के बाद हिन्दुस्तान आ गयी थीं। इण्डियन सिविल सर्विस की परीक्षा में सफल होने के बाद आर्चर को बिहार भेजा गया था।

हिन्दुस्तान में अपनी नौकरी की अवधि का लम्बा समय बिल आर्चर ने बिहार में ही बिताया था। जब भी सम्भव होता मिल्ड्रेड अपने पति बिल आर्चर के साथ उसके अधिकार क्षेत्र में तम्बुओं में रात बिताते हुए घूमती रहीं। इस अवधि में वे मिथिला के समतल इलाकों में गये और छोटानागपुर के पहाड़ी इलाकों में भी। 1934 में आये भीषण भूकम्प के वक़्त मिथिला में घूमते हुए उन्होंने मिथिला चित्रकला को देखा था। उसकी मौलिकता से प्रभावित हो उसे बाहरी दुनिया से परिचित करवाया।

छोटानागपुर प्रवास के दौरान उन्होंने उराँव, सन्थाल और आदिवासी समुदायों को नज़दीक से देखा और उनकी कला और संस्कृति के बारे में लिखा। इस विषय पर उनकी तीन पुस्तकों 'वर्टिकल मून', 'ब्लू ग्रोव' और 'द डव एण्ड द लिओपार्ड' का प्रकाशन हुआ। 'वर्टिकल मून' में पश्चिम बिहार के सुदूर जंगलों में पाये गये आदिम युग के हिन्दुस्तानी मूर्तिशिल्प का अध्ययन था। 'ब्लू ग्रोव' और 'द डव एण्ड द लिओपार्ड' में उराँव आदिवासियों का अनुवाद था। इन अनुवादों में एक कवि की संवेदनशीलता थी।

1940 में बिल आर्चर का तबादला जनगणना आयुक्त के रूप में पटना हो गया। पटना में बिल और मिल्ड्रेड का परिचय पटना के प्रमुख कला संग्राहक और कला पारखियों, वाराणसी के रईस रॉय कृष्णदास, पटना के समृद्ध व्यापारी गोपी कृष्ण कनोडिया (फ्रेज़र रोड स्थित मारवाड़ी आवास गृह के मालिक) और अधिवक्ता पी. सी. मानुक से हुआ। मानुक ने मिल्ड्रेड के कलाप्रेम को देखते हुए उनका परिचय पटना कलम चित्रशैली के चित्रकारों के वंशज ईश्वरी प्रसाद से करवाया। पी. सी. मानुक ने मिल्ड्रेड को पटना कलम चित्रशैली पर पुस्तक लिखने को प्रेरित किया। तब मिल्ड्रेड ने ईश्वरी प्रसाद के संस्मरणों पर और

भी अतिरिक्त शोध करके पटना कलम पर पुस्तक लिखी। आर्चर दम्पति ने बड़े पैमाने पर ईश्वरी प्रसाद से पटना कलम की तस्वीरें ख़रीदीं। जो बाद में उनकी पुस्तक के लिए उपयोगी साबित हुईं।

इस बीच 11 अगस्त की घटना हुई। उस घटना ने आर्चर दम्पति को उद्वेलित कर दिया। आन्दोलनकारियों के प्रति आर्चर की सहानुभूति ब्रिटिश सरकार को अच्छी नहीं लगी। सरकार ने आर्चर को सन्थाल परगना का डिप्टी कमिश्नर बनाकर उनका तबादला दुमका कर दिया। आर्चर दम्पति ने इस तबादले को एक अवसर की तरह लिया। उन्होंने यहाँ आदिवासियों से ढेर सारी कलाकृतियाँ ख़रीद कर संग्रह किया और उन पर ढेर सारा लिखा।

हिन्दुस्तान की आज़ादी के बाद आर्चर दम्पति इंग्लैण्ड चले गये। उन्होंने अपना सारा संग्रह इण्डिया ऑफ़िस लाइब्रेरी एण्ड विक्टोरिया एण्ड अल्बर्ट म्यूज़ियम को दान में दे दिया। बिल आर्चर विक्टोरिया एण्ड अल्बर्ट म्यूज़ियम में इण्डियन सेक्शन के देखभाल करने वाले बनाये गये। मिल्ड्रेड को इण्डिया ऑफ़िस लाइब्रेरी में इण्डिया के प्रिन्ट और ड्राइंग्स सेक्शन का ज़िम्मा मिला।

बिल आर्चर को 1979 में लन्दन के अपने फ्लैट में सन्दिग्ध परिस्थितियों में मृत पाया गया। कहते हैं कि उन्होंने आत्महत्या कर ली थी। पटना में मरे सात किशोरों की मौत उन्हें आख़िर तक परेशान करती रही थी।

टिम आर्चर का निधन 4 फ़रवरी, 2005 को हुआ। इस दम्पति ने सम्मिलित रूप से अपनी आत्मकथा लिखी थी–'India Served and Observed'। इसमें उन्होंने अपने बिहार और पटना प्रवास को विस्तार से लिखा है। उन्होंने यह भी लिखा है कि वे पटना को कितना प्यार करते थे और इंग्लैण्ड जाकर भी नहीं भूल सके थे।

रोहतगियों ने सोने के सिक्कों से सड़कों को दिया था पाट

पटना में मारवाड़ी परिवारों का आना मुग़ल–काल में ही शुरू हो गया था। यद्यपि पटना उन दिनों तक व्यापार के केन्द्र के रूप में पूरी तरह स्थापित नहीं हुआ था लेकिन फिर भी इसकी प्रसिद्धि तेज़ी से उभरते शहर के रूप में हो गयी थी। अठारहवीं सदी में राजपुताना से बड़ी संख्या में मारवाड़ियों और अग्रवालों का पटना आना हुआ। ये सारे लोग बेहतर व्यापार की गुंजाइश देखते हुए यहाँ आये थे। इन्हीं में रोहतगी परिवार भी था।

अगले सौ वर्षों में इस परिवार ने अपने को पटना में पूरी तरह स्थापित कर लिया। धवलपुरा कोठी या कल्लू बाबू लल्लू बाबू नाम से विख्यात इनके फर्म ने बैंकिंग के क्षेत्र में पहले से स्थापित नवाब बहादुर परिवार या गुजरी परिवार को चुनौती देना शुरू कर दिया। हुंडी और साहूकारी (पैसे क़र्ज़ पर देने) में रोहतगी परिवार गुजरी परिवार से आगे निकल गया। यह फर्म कपड़े पर छपाई का काम भी करता था। इन दोनों धन्धों में रोहतगियों ने अकूत दौलत कमाई।

अब दोनों परिवार एक–दूसरे के प्रतिद्वन्द्वी हो गये थे। कहते हैं एक बार दोनों परिवारों में यह बाजी लगी कि कौन परिवार सोने के सिक्कों से शहर की गलियों को पाट सकता है। इसमें रोहतगी परिवार ने बाजी मारी। उसने तीन लाख एडवर्ड सोने के सिक्कों से भरी बैलगाड़ी खड़ी कर दी। एक दूसरी कहानी यह भी है कि इन दोनों परिवारों में यह होड़ लगी कि सोने के सिक्कों को अगल–बग़ल रखते हुए बाँकीपुर की ओर कौन कितनी दूर तक जा सकता है। जीत रोहतगी परिवार की हुई थी।

उन्नीसवीं सदी के शुरू के वर्षों में पटना में 24 अन्य बैंकर्स थे जिनकी पूँजी पचास हज़ार से पाँच लाख तक थी। 168 ऐसे महाजन थे जिनकी पूँजी एक हज़ार से एक लाख रुपये की थी। 30 ऐसे सूदखोर थे जो छोटी पूँजी लेकर ग़रीबों के बीच कारोबार कर रहे थे। इनके अतिरिक्त 321 पैसे बदलने वाले सर्राफ भी थे जो दस हज़ार से पचास हज़ार की पूँजी के साथ व्यापार कर रहे थे। साथ ही ये सर्राफ कपड़े और लकड़ी के धन्धे में भी शामिल थे।

1870 के दशक में पटना में 827 बैंकर्स थे। लेकिन बड़े बैंकों की संख्या सिमट कर दस हो गयी थी। बाक़ी छोटे–छोटे महाजन थे। 43 बड़े महाजन थे, जो हुंडी के कारोबार में थे। अगले दस वर्षों में ही बड़े महाजन जिनका पटना के कारोबार पर अपनी पूँजी की बदौलत नियन्त्रण था, अतीत बन गये थे। अगले पचास वर्षों में इनके बैंकिंग के कारोबार ख़त्म हो गये थे। उनकी जगह नये ज़मींदारों और साहूकारों का उदय हो गया था।

तब बग्घी ही रईसों का वाहन था

उन्नीसवीं सदी के मध्य में पटना शहर का विस्तार पश्चिम दरवाज़ा के पश्चिम में दूर तक हो चला था। नये शहर के वाशिन्दे, जिनमें यूरोपियन और सम्पन्न स्थानीय निवासी थे, की निर्भरता अलग–अलग ज़रूरतों के लिए पुराने शहर पर थी और पुराने शहर के वाशिन्दों का सरकारी दफ़्तरों और शिक्षण सुविधाओं के लिए नये शहर पर निर्भरता थी। दोनों की परस्पर निर्भरता को देखते हुए तेज़ गति वाले वाहन की ज़रूरत महसूस की गयी।

अब तक लोग टमटम की सवारी ही कर रहे थे। यह दो घोड़ों द्वारा खींची जाने वाली सदियों पुरानी व्यवस्था थी। लेकिन अब आम लोगों के लिए तेज़ गति वाले वाहन की ज़रूरत थी। अमीर और सम्पन्न लोग तेज़ घोड़ों की या घोड़ों द्वारा खींचे जाने वाले बग्घी की सवारी करते थे। यह जानना रोचक होगा कि पटना के उल्फत हुसैन फरयाद पहले हिन्दुस्तानी थे जिनके पास बग्घी थी। पटना के तत्कालीन कमिश्नर मेटकॉफ़ ने यह बग्घी इंग्लैण्ड से मँगवा कर फरयाद को तोहफ़े में दी थी। नवाब लुत्फ़ अली ख़ान दूसरे रईस थे जिनके पास यह बग्घी थी। उन्होंने इसे कलकत्ता से मँगवाया था। इसके बाद शीघ्र ही यह शहर के रईसों का पसन्दीदा वाहन बन गया। कौन कितने घोड़ों के वाहन की सवारी करता है, यह उस व्यक्ति की सम्पन्नता का मापदण्ड बन गया। विलियम टेलर चार मज़बूत और शानदार अरबी घोड़ों की बग्घी पर चढ़ता था।

पालकी का प्रयोग सार्वजनिक परिवहन के तौर पर होता था। शहर के अन्दर या बाहर जाने के लिए आम लोग इसका प्रयोग करते थे। अमीर लोगों की अपनी पालकी होती थी। बिशप हेबेर ने अपने पटना प्रवास में तोंजों नाम के एक अन्य वाहन को देखा था। यह कुछ–कुछ टमटम की

तरह होता था। इसमें एक तम्बुनुमा शामियाना लगा होता था जो पर्दा का काम करता था। यह एक घोड़े या दो बैलों द्वारा खींचा जाता था।

शहर के अमीर और रईस शाम की तफ़रीह के लिए चाँदी के ज़ेवरों से सजे हाथियों की सवारी भी करते थे। कुछ लोग बैलों द्वारा खींचे जाने वाले वाहन की भी सवारी करते थे। इन बैलों के सींग चाँदी से मढ़े गये होते थे। रात के वक़्त यात्रा के दौरान नौकर मशाल लेकर साथ–साथ रास्ता दिखाते चलते थे। कई बार जब रईसों की सवारी निकलती थी तो वर्दियों में सजे, हाथों में तलवार लिए उनके मुलाज़िम साथ होते थे।

तेज़ आवागमन के लिए अशोक राजपथ पर घोड़ों द्वारा खींचे जाने वाले ट्राम की योजना बनी थी लेकिन किन्हीं कारणों से वह सफल नहीं हो सका।

11 अगस्त, 1942 और पटना

अगस्त का महीना भारतीय स्वाधीनता संग्राम में महत्त्वपूर्ण स्थान रखता है। 7 अगस्त, 1942 को मुम्बई के गोवालिया टैंक मैदान में अखिल भारतीय कांग्रेस कमिटी का अधिवेशन शुरू हुआ और 8/9 की मध्य रात्रि को यह समाप्त हुआ।

उस अधिवेशन में 'अंग्रेज़ो भारत छोड़ो' का नारा सर्वसम्मति से पारित हुआ। यह नारा यूसुफ़ मेहरअली ने सुझाया था जिसपर गाँधी ने अपनी सहमति दी थी। गाँधी ने अपने भाषण में कहा, 'एक मन्त्र है, छोटा–सा, मैं तुम्हें दे रहा हूँ–इसकी छाप तुम्हारे हृदय पर पड़नी चाहिए और तुम्हारी हर साँस में यह अभिव्यक्त होता रहे। वह मन्त्र है–करो या मरो।'

9 अगस्त की सुबह गाँधी, नेहरू, आज़ाद और पटेल गिरफ़्तार कर लिए गये और कांग्रेस को अवैध घोषित कर दिया गया।

दूर पटना में इसकी जबर्दस्त प्रतिक्रिया हुई। छात्र उत्तेजित हो रहे थे। छात्र संघ के कार्यकर्ता घूम–घूम कर विद्यार्थियों को संगठित करने लगे। इसी वक़्त उन्हें मालूम हुआ कि बाबू अनुग्रह नारायण सिंह को गिरफ़्तार कर लिया गया है। बचे रह गये थे बाबू श्रीकृष्ण सिंह। श्रीबाबू को गाड़ी में बैठाकर बी.एन. कॉलेज लाया गया। श्रीबाबू ने विद्यार्थियों को ललकारते हुए कहा, 'गाँधी, राजेन्द्र, आज़ाद, पटेल को गिरफ़्तार कर मदान्ध अंग्रेज़ी सरकार ने देश को जो चुनौती दी है, उसका मुँहतोड़ जवाब देना ही पड़ेगा।'

भाषण देकर लौटते हुए श्रीबाबू को पुलिस ने गिरफ़्तार कर लिया। अब तो विद्यार्थी और भड़क उठे। तय हुआ, आज पटना सचिवालय पर झण्डा फहराना है। शहर के हर हिस्से से विद्यार्थियों की टोली सचिवालय की ओर बढ़ने लगी।

उन दिनों मि. बियॉन बिहार पुलिस के आई.जी. थे। उन्होंने उस दिन की घटना का ज़िक्र करते हुए अपनी रिपोर्ट में लिखा है, 'क़रीब 2.20 बजे डी.आई.जी. सी.आई.डी. ने मुझे ऑफ़िस में सूचित किया कि क़रीब पाँच हज़ार लोगों की भीड़ को नारे लगाते हुए सुना जा सकता है। मैंने पुलिस सुपरिण्टेण्डेण्ट और डी.आई.जी. को फ़ोन से सम्पर्क किया। पता चला कि उस भीड़ को रोकने में पुलिस असफल रही है। तब मैं वहाँ गया तो पाया कि भीड़ उत्तर, पूरब और दक्षिण से चली आ रही है जिसे बड़ी संख्या में वहाँ मौजूद पुलिस उन्हें रोकने का प्रयास कर रही है।'

स्थिति तेज़ी के साथ बिगड़ रही थी। आन्दोलनकारियों के हौसले बुलन्द थे। डब्ल्यू. जी. आर्चर, जो उन दिनों पटना के ज़िलाधीश थे, वहाँ पहुँच चुके थे। उन्होंने अपनी रिपोर्ट में लिखा है, 'मैं क़रीब 2.15 बजे सचिवालय पहुँचा तो पाया कि सचिवालय के अर्धचन्द्राकार पूर्वी हिस्से में भीड़ छायी हुई थी। यह क़रीब 1000 लोगों की भीड़ थी। मेरे पहुँचने के तुरन्त बाद उस भीड़ का एक हिस्सा सचिवालय परिसर के दक्षिणी भाग में घुस गया। तब तक वहाँ मि. बियॉन, आई. जी, पुलिस और मि. क्रीड पहुँच गये। मैं वहाँ उपलब्ध पुलिस बल का अनुमान लगा ही रहा था कि भीड़ की एक टुकड़ी पूर्वी दरवाज़े के दक्षिणी पाये पर चढ़ गयी और उस पर कांग्रेस का झण्डा फहरा दिया।'

आर्चर आगे लिखते हैं, 'तब मैं मि. बियॉन और मि. क्रीड के पास गया। हमने 6 सशस्त्र घुड़सवार, क़रीब 12 लाठीधारी कांस्टेबल और 12 गोरखा सैनिकों को गेट के बाहर तैनात किया। हम भीड़ को समझा–बुझाकर क़रीब 100 गज़ पीछे करने में समर्थ हुए। यद्यपि भीड़ चाह रही थी कि उसे सचिवालय परिसर के अन्दर प्रवेश करने और सचिवालय पर कांग्रेस का झण्डा फहराने की अनुमति दी जाय। कुछ समय तक मैंने, मि. बियॉन, मि. क्रीड और अनुमण्डलाधिकारी बाबू गया प्रसाद ने भीड़ को समझाने का प्रयास किया। हमारे सभी प्रयास असफल साबित हुए।'

आगे आर्चर ने लिखा है, 'तब शाम के 4.30 बजे थे। अचानक हमने देखा कि सचिवालय के उत्तरी छोर पर झण्डा फहराया गया है। जहाँ हम खड़े थे वहाँ से वह कांग्रेस का झण्डा ही नज़र आ रहा था। हमें नहीं मालूम हो सका कि झण्डा कैसे फहराया गया था। लेकिन यह अनुमान लगाया गया कि कुछ लोग परिसर में घुसे और सचिवालय के ऊपर पहुँच कर झण्डा फहराने में कामयाब हुए। इस तरह जब जुलूस को लगा कि वे मक़सद में कामयाब रहे तो भीड़ के एक हिस्से ने लौटने की घोषणा की। एक तिहाई भीड़ लौटने भी लगी।'

लेकिन भीड़ के एक हिस्से ने यह मानने से इनकार कर दिया कि वह कांग्रेस का झण्डा था। भीड़ लौट गयी और बेहद आक्रामक होकर सचिवालय की ओर बढ़ने लगी।

आर्चर ने लिखा है, 'मैंने मि. क्रीड और मि. बियॉन से मशविरा किया और हमने फ़ैसला किया कि अब गोली चलाने के सिवा कोई चारा नहीं है। भीड़ को चेतावनी दी गयी। उन्हें बताया गया कि हमें बाध्य होकर गोली चलानी पड़ेगी। भीड़ में से लोगों ने कहा कि उन्हें इसकी परवाह नहीं है। एक व्यक्ति सड़क के बीच में आया और छाती खोल कर खड़ा हो गया।'

मि. बियॉन ने अपनी रिपोर्ट में गोली चलने की घटना का ज़िक्र कुछ इस तरह किया है। उन्होंने लिखा, 'गोली चली। मैंने दो लोगों को गिरते देखा। उस तरफ़ की भीड़ थोड़ी छितरा गयी। लेकिन बायीं ओर वाली भीड़ और उत्तेजित हो गयी। मैंने एक व्यक्ति को पीछे से पत्थर फेंकते देखा। तब दूसरी बार गोली बायीं ओर की भीड़ पर चलाई गयी। मैंने पाँच लोगों को गिरते देखा। आन्दोलनकारी छितरा गये। किन्तु वे फिर लौटे और घायलों को उठा कर साथ ले गये।'

उस दिन की घटना में 25 लोग गम्भीर रूप से घायल हो गये थे। चार छात्रों की मृत्यु घटना स्थल पर हो गयी थी और तीन छात्रों की मृत्यु अस्पताल में हो गयी थी।

अगला दिन पटना के लिए बहुत पीड़ादायी था। उन सातों शहीदों की चिताओं को अग्नि देने पटना के हज़ारों लोग घाट पर जुट आये थे।

आँखों देखी पटना का सामूहिक नरसंहार

पटना सिटी की सड़कों से गुज़रते हुए पुराने यूरोपियन क़ब्रिस्तान का लोहे का विशाल जंग लगा दरवाज़ा अक्सर दिख जाता है। अब यहाँ कोई नहीं आता है सिवाय इसके केयरटेकर के जो बग़ल के छोटे दरवाज़े से अन्दर प्रवेश करता है। मीर क़ासिम के क़ैद में रहे यूरोपियनों के सामूहिक जनसंहार का प्रतीक स्मारक स्तम्भ भी देखरेख के अभाव में नष्ट हो रहा है। यही वह जगह है जहाँ हुई लोमहर्षक घटना इतिहास के पन्नों पर 'पटना मेस्सकर' के नाम से दर्ज है।

अंग्रेज़ों ने 1760 में बंगाल के नवाब मीर जफ़र को बेदखल कर उसके दामाद मीर क़ासिम को बंगाल की नवाबी दे दी। मीर क़ासिम अंग्रेज़ों को खुश करने के लिए उन्हें महँगे उपहार देता रहा। लेकिन जल्दी ही वह अंग्रेज़ों के अन्तहीन लालच और हस्तक्षेप से तंग आ गया। मुर्शिदाबाद को छोड़ उसने अपनी राजधानी मुंगेर बना लिया। अंग्रेज़ों से उसकी ठन गयी।

उसी का परिणाम यह सामूहिक जनसंहार था। इस निर्मम हत्याकाण्ड का एक चश्मदीद गवाह जेंटिल नाम का एक फ्रेंच था जिसकी मीर क़ासिम से अच्छी बनती थी।

जेंटिल ने अपने संस्मरण में लिखा है, 'उन अंग्रेज़ क़ैदियों को जिन्हें पहले मेंहदी अली ख़ान की हिरासत में रखा गया था उन्हें अब समरू के सिपाहियों के हवाले कर दिया गया। नवाब को सूचना मिली थी कि मुंगेर को क़ब्जे में लेने के बाद मेजर एडम्स पटना की ओर बढ़ रहा है। नवाब की ओर से मेरा बुलावा आया। गुर्गान ख़ान की मौत के बाद मैं नियमित रूप से अदालत जा रहा था। मैंने नवाब को अकेला पाया। उसने अपने मसनद के नज़दीक रखे एक तिपाई पर मुझे बिठाया। उसने मुझे कहा, 'मैंने मेजर एडम्स को लिखा है कि अगर वह राजमहल पार करता है तो मैं क़ुरान की कसम खाता हूँ कि मेरे क़ैद में जितने भी अंग्रेज़ क़ैदी हैं उन्हें मैं मार दूँगा। मेजर ने मेरी इस धमकी को मज़ाक़ में लिया है। क्योंकि अब वह मुंगेर पार कर चुका है क्या मुझे अपने कहे पर अमल नहीं करना चाहिए? अगर वह यहाँ आता है तो निश्चित रूप से वह मुझे बर्बाद कर देगा। तुम्हारी क्या सलाह है? क्या तुम मेरी बातों से सहमत हो?'

जेंटिल ने आगे लिखा है, 'नवाब के इस संकल्प से मैं स्तब्ध रह गया। मैंने कुछ नहीं कहा। नवाब ने मुझे समझाया कि तुम्हारी ख़ामोशी सिर्फ़ तुम्हारे आक्रोश को ही बतायेगी। अगर तुम मुझे वाजिब कारण बताओ तो मैं समझ सकूँगा। उसने मुझसे आग्रह किया कि मैं खुलकर साफ़–साफ़ अपनी सलाह दूँ।' तब मैंने कहा, 'जब आप मुझसे सलाह माँग रहे हैं तो मैं तो यही कहूँगा कि इस तरह के संकल्प को पूरा करना एक तरह का जुर्म होगा। इस जुर्म से कोई फ़ायदा भी नहीं। इस नृशंस अपराध के बाद समझौता का कोई रास्ता भी नहीं बचेगा। अगर ये अंग्रेज़ किसी युद्ध में मारे जाएँ तो कोई नहीं चिल्लायेगा। जंग में मौत का जोखिम बना रहता है। लेकिन अगर आप इन क़ैदियों को मारेंगे–जो आपको अपना दुश्मन नहीं समझते, जो आपका कोई नुक़सान भी नहीं कर सकते और जिन्होंने आपके सरदारों के कहने पर अपने हथियार डाल दिये–उनकी हत्या करना अत्यन्त घृणित होगा जो हिन्दुस्तान में आज तक न तो किसी हिन्दू ने किया होगा या मुसलमानों ने। आप तो उनकी हत्या तो नहीं ही करिए बल्कि आपको तो उनकी पूरी तरह हिफाज़त करनी चाहिए।'

लेकिन नवाब ने जवाब दिया, 'और अगर मैं अंग्रेज़ों के हाथ आ गया तो वे मुझे नहीं छोड़ेंगे। वे मुझे बर्बाद कर देंगे।' आपको इन बातों पर विश्वास नहीं करना चाहिए। मैंने कहा, 'वे आपके साथ वही करेंगे जो उन्होंने आपके श्वसुर मीर जफ़र के साथ किया जब उनकी जगह उन्होंने आपको दी। वे आपके जीवन निर्वाह के लिए आपकी गरिमा के अनुकूल रकम देंगे। 'इन अंग्रेज़ क़ैदियों की मेरे लिए क्या उपयोगिता है', नवाब ने जानना चाहा।' मैंने बताया कि इनमें से आप दो प्रभावशाली लोगों को चुनिए जो आपके लिए समझौते की बात कर सकें।

इसी बीच समरू वहाँ आया। सलाम करने के बाद वह हमसे दूरी बना कर बैठ गया। नवाब क़ासिम अली ख़ान ने उसे नज़दीक आ बैठने को कहा। जब वह नज़दीक आ गया तो नवाब ने मुझे वहाँ से जाने को कहा। नवाब ने मुझे भी कहा कि आज शाम की कौंसिल में मैं शामिल नहीं होऊँ।

जैसे ही मैं नवाब के तम्बू से बाहर निकला समरू नवाब को सलाम कर अंग्रेज़ों को मारने की तैयारी में जुट गया।

समरू ने हथियारों को उस जगह छत पर इकट्ठा किया जहाँ से नीचे आँगन के खुले में रात का खाना खा रहे अंग्रेज़ों को निशाना बनाया जा सके। समरू ने ख़ुद उन पर गोलियाँ बरसाना शुरू किया। जो भी दरवाज़े से भागने की कोशिश कर रहे थे उन सबों को मार दिया गया। एक ने अपने को एक गड्ढे में छुपा लिया था उसे भी तीन दिनों के बाद मार दिया गया। क़रीब पैंतालीस अंग्रेज़ अधिकारी या कर्मचारी मारे गये। क़रीब दो सौ से ज़्यादा अंग्रेज़ सिपाही दूसरी जगहों पर मारे गये।

इतिहासकारों में यहाँ मारे गये अंग्रेज़ों की संख्या को लेकर अलग–अलग राय है। कोई यह संख्या 198 बतलाता है कोई कुछ और। लेकिन क्योंकि जेंटिल इस घटना का चश्मदीद गवाह था उसकी बात प्रामाणिक माननी चाहिए।

जब अकबर पटना आया

4 अगस्त, 1574। उस दिन तेज़ मूसलाधार बारिश हो रही थी जब शहंशाह अकबर विद्रोहियों को सज़ा देने और पटना क़िला (पटना सिटी स्थित जालान क़िला हाउस इसी क़िले का एक हिस्सा है) पर फतह करने पटना पहुँचा। पटना के क़िले का निर्माण यद्यपि शेरशाह ने करवाया था लेकिन वह इसमें एक दिन भी नहीं रह सका था। उसे शीघ्र ही दिल्ली के लिए प्रस्थान करना पड़ा। उसने सुलैमान कर्रानी को बिहार का गवर्नर नियुक्त किया। सुलैमान इस क़िले में आधिकारिक हैसियत से 1572 तक रहा।

सूरी साम्राज्य के पतन के बाद काफ़ी शक्तिशाली और सम्पन्न होने के बावजूद सुलैमान ने अकबर की अधीनता स्वीकार कर ली। उसने मुग़लों के साथ दोस्ताना सम्बन्ध रखा। लेकिन उसके बाद उसका उत्तराधिकारी, उसका बेटा दाऊद ख़ान ने विद्रोही तेवर अपना लिया। अकबर को नाराज़ करने के साथ–साथ उसने अपने कई ताकतवर समर्थकों को भी अलग थलग कर दिया।

तब दाऊद को नियन्त्रित करने के लिए अकबर ने मुनीम ख़ान को पटना भेजा। मुनीम ख़ान इसमें सफल नहीं हो सका। तब अकबर को स्वयं पटना आना पड़ा। बरसात का मौसम अपने चरम पर था।

ऐसे में अकबर नदी मार्ग से होते हुए पटना आकर एक बड़े मैदान (गोलघर के समीप) के सामने उतरा। अकबर की सेना, रथ, तोपें और हथियार वगैरह सड़क मार्ग से पहुँचीं। अकबर अपने चहेते हाथी बाल सुन्दर और समन को अलग–अलग विशाल नावों में अपने साथ लेता आया था। उनके साथ दो हथनियाँ भी थीं।

उस दिन को याद करते हुए अकबर के वजीर अबुल फज़ल ने अकबरनामा (हेनरी बेवरिज द्वारा अनूदित) में लिखा है, 'आश्चर्यजनक दृश्य। विभिन्न प्रकार की कई नावें, आकाश में ऊँचे उठे हुए मस्तूल, नदी की तेज़ धारा, हवा की तेज़ रफ्तार, बारिश की आवाज़, बादलों की गड़गड़ाहट और बिजली की चमक, सब मिलकर अजीब नज़ारा पेश कर रहे थे।'

चौसा और मनेर होते हुए नावों का बेड़ा पटना पहुँचा था। पटना क़िले को फतह करने के लिए यह ज़रूरी था कि हाजीपुर के क़िले को पहले फतह किया जाय। अबुल फज़ल ने लिखा है, 'हाजीपुर का क़िला पटना के सामने गंगा के उस पार था। दो शहरों के बीच क़रीब दो कोस चौड़ी तेज़ बहाव वाली गंगा थी। अगले दिन अकबर ने ख़ान आलम के नेतृत्व में अली आलम शाही, सैयद शम्स बोखारी, उसके औलादों और राजा गजपति को प्रचुर मात्रा में ऊँटों, हथियारों के साथ उस पार भेजा। युद्ध शुरू हुआ। अकबर स्वयं ऐसी जगह पर चला गया जहाँ से हाजीपुर स्पष्ट दिख रहा था। पटना क़िला से भेजी जा रही मदद को भी बीच में ही क़ब्जे में कर लिया जा रहा था। पटना क़िला का पतन तय हो गया था।'

अपनी पराजय देख रात के अँधेरे का फ़ायदा उठा दाऊद ख़ान नदी मार्ग से मोकामा होते हुए बंगाल भाग गया। जब अकबर को उसके भागने की ख़बर मिली तो उसने उसका पीछा करना चाहा। लेकिन मुनीम ख़ान के कहने पर वह ठहर गया। रात बीती। अगली सुबह 9 अगस्त, 1574 को पश्चिम दरवाज़ा होते हुए शहंशाह अकबर अपने लाव लश्करों के साथ पटना में प्रवेश किया। इस मौक़े की याद में पश्चिम दरवाज़ा को नया नाम दिया गया–दिल्ली दरवाज़ा। अकबर 20 अगस्त तक पटना में रहा। अकबर अकेला मुग़ल बादशाह रहा जो पटना आया था।

ब्रिटेन की औद्योगिक क्रान्ति और पटना

मध्यकाल में पटना की शोहरत देश की सरहदों को लाँघ कर विदेशों तक पहुँच गयी थी। यह पटना का स्वर्णिम काल था। पटना उत्पादन और व्यापार के केन्द्र के रूप में देश ही नहीं विदेशों में भी मशहूर हो गया था।

सत्रहवीं सदी में पटना की शोहरत और उसका महत्त्व हिन्दुस्तान के एक ऐसे शहर के रूप में हो गयी थी, जिसके व्यापारिक सम्बन्ध यूरोप, एशिया और अफ्रीका जैसे महादेशों के साथ थे।

पटना की शोहरत सिल्क और सूती कपड़ों के व्यापारिक केन्द्र के रूप में भी थी। पटना के आसपास के पचास मील का इलाका रुई के उत्पादन में लगा हुआ था। सूती कपड़ों के दो ख़ास क़िस्म एम्मरटीज और कैलिको (सफ़ेद कपड़ा) के लिए पटना विशेष रूप से प्रसिद्ध था। 1683 में मनूची ने पटना में कई व्यापारियों को उम्दा क़िस्म से सफ़ेद सूती कपड़ों का कारोबार करते पाया था।

पटना अपने उत्कर्ष पर था। मुग़ल साम्राज्य के बिखराव का फ़ायदा भी पटना को मिल रहा था। यह और भी समृद्ध होता चला जा रहा था। रईसों, सूफ़ी सन्तों, शायरों, कलाकारों, सिपाहियों और विभिन्न पेशों से जुड़े लोगों का दिल्ली से पटना आना जारी था। फलस्वरूप अठारहवीं सदी में पटना मुग़ल संस्कृति का महत्त्वपूर्ण केन्द्र भी बन गया था।

उन्हीं दिनों ईरानी यात्री बाहाहानी पटना आया था। पटना को देख उसने लिखा था, 'यह रोचक और सस्ता शहर है। यहाँ का मौसम बहुत ही सुहाना है। यहाँ के बाज़ार में विभिन्न प्रकार की खाद्य वस्तुएँ और उम्दा क़िस्म के कपड़े मिलते हैं। ये सभी चीज़ें यहाँ से दूसरी जगहों पर ले जाई जाती हैं। बंगाल ही नहीं पूरे हिन्दुस्तान में इतनी क्षमता वाले कम ही शहर होंगे। पटना को अगर 'जन्नतु ल हिन्द', हिन्दुस्तान का जन्नत कहा जाय तो ग़लत नहीं होगा।'

फिर ईस्ट इण्डिया कम्पनी का आगमन हुआ। वे यहाँ व्यापार करने आये थे। एक चतुर व्यापारी की तरह उन्होंने यहाँ के बाज़ार का भरपूर दोहन किया। फिर जब उनके हाथों में हुकूमत आयी तो उन्होंने अपने फ़ायदे के लिए यहाँ के उद्योग धन्धों को नष्ट ही कर दिया।

बदलते हुए समय ने यहाँ के बाशिन्दों पर भी प्रभाव डाला। कोई भी अछूता नहीं रह गया था। पटना के एक शायर गुलाम अली रसिक (1749–1823) ने अपनी मसनवी (विवरणात्मक कविता) में उस वक़्त की पीड़ा को व्यक्त किया है। उसने लिखा है, 'अज़ीमाबाद, जो कभी गुलाबों की सेज थी अब काँटों का बग़ीचा बन गया है। एक बग़ीचा जहाँ का बसन्त अब पतझड़ बन गया है।'

उसने आगे लिखा है, 'अब यह बग़ीचा बिना पत्तों का रह गया है, भयावह हो गया है यह। कोई भी अवशेष नहीं बचा उन अद्‌भुत दिनों का। कोई भी दौलतमन्द नहीं बचा इस बग़ीचे में, कोई भी धनी व्यक्ति नहीं जो इसे फूलों की तरह गमका सके।'

रसिक ने पटना के बाशिन्दों की दुर्गति पर लिखा है, 'सभी मुफलिसी के हो गये शिकार, ग़रीबी ने बख़्शा नहीं किसी को। कहाँ गये वे सुख के दिन, बग़ीचे की घुमक्कड़ी गयी कहाँ। अब उन सुखों को कौन याद करे, अब किसी को फ़ुरसत कहाँ। सोने–चाँदी की उम्मीदें ख़त्म हुईं, पीले चेहरे और सफ़ेद आँसू ही हैं यहाँ।'

उसने लिखा है, 'जो रईस थे अब शाम की रोटी के लिए भटक रहे हैं, अमीर भिखारी बन गये। सम्राट, मंत्री सब हो गये कंगाल, एक वक़्त के रईसों को अब खैरात भी नहीं। अब सड़क की धूल ही उन पेशानियों पर दिखती है, जिन पर थे कभी हीरे–जवाहरात। गद्दे, कालीनों पर सोने

वालों को अब ताड़ की चटाई भी मयस्सर नहीं। सैकड़ों गुलाम लड़के लड़कियों को रखने वाले रईस, अब ज़िन्दगी बचाने ख़ुद को लगे बेचने। महलों–हवेलियों में रहने वाले अब मकड़ी के जालों के बीच कर रहे गुजर।'

गुलाम अली रसिक ही अकेले नहीं थे जो बर्बाद हो रहे पटना की पीड़ा से व्यथित थे। शाह अयातुल्लाह जौहरी ने भी 1750 या 1760 में शहर–ए–आशोब में इसे व्यक्त किया है।

ब्रिटेन में जो औद्योगिक क्रान्ति हुई, उसे जो समृद्धि मिली, वह पटना जैसे शहरों की कीमत पर ही थी।

पटना के चीज़ों की शोहरत दूर तक थी

उन्नीसवीं सदी में जब पटना का विस्तार हो रहा था, कई अंग्रेज़ महिलाएँ अपने पति, भाई या पिता के साथ हिन्दुस्तान आयी थीं। कुछ ने तो अपने पतियों या पिता के साथ सामान्य जीवन जिया वहीं कुछ महिलाओं ने यहाँ के रोचक प्रसंग लिखे। उनके संस्मरणों से तत्कालीन पटना को समझा जा सकता है।

ऐसी महिला लेखकों में एमिली और उसकी बहन फेनी एडेन, इसाबेला फेन और एमा रॉबर्ट्स प्रमुख हैं।

अपनी बहन और उसके पति कैप्टेन नहटन के साथ 1828 के फ़रवरी में हिन्दुस्तान आयी ब्रिटिश लेखिका एमा रॉबर्ट्स ने यहाँ रहकर विभिन्न पत्रिकाओं और जर्नल्स, ख़ासकर एशियाटिक जर्नल के लिए लगातार लिखा। इनके लेखों को पर्याप्त प्रशंसा मिली। अपनी पुस्तक 'सीन्स एण्ड करक्टेरिस्टिक्स ऑफ़ हिन्दोस्तान विद् स्केचेस ऑफ़ एंग्लो–इण्डियन सोसाइटी' में पटना के बारे में विस्तार से लिखा।

इसाबेला फेन भी ऐसी ही ब्रिटिश युवती थी। इंग्लिश फोर्स के कमाण्डर इन चीफ़ की बेटी इसाबेला 1835 में हिन्दुस्तान आयी थीं। पटना की शोहरत से प्रभावित इसाबेला अपने पिता से ज़िद कर स्टीमर द्वारा कलकत्ता से 30 सितम्बर, 1836 को पटना चली आयीं।

वह शुक्रवार का दिन था और पूरे दिन तेज़ बारिश होती रही थी। मौसम ठण्डा हो गया था। उसने लिखा है, 'गंगा नदी के किनारे बसा यह शहर छह मील लम्बा है। लेकिन यह उदास करने वाला शहर है जहाँ थोड़े से सुन्दर घर हैं। यह शहर मोमबत्तियों, एक ख़ास क़िस्म के सूती कपड़े से बने टेबल क्लॉथ, टेबल नैपकिन और तौलिये के लिए मशहूर है। ये बेहद सस्ते और उपयोगी हैं।'

यद्यपि इसाबेला के पिता ने उसके लिए कलकत्ता में ही इन चीज़ों की ख़रीदारी कर ली थी लेकिन उसकी ज़िद थी कि उसे पटना में, पटना में निर्मित टेबल क्लॉथ और नैपकिन चाहिए। सो वह पटना चली आयी। शाम में बाँकीपुर के नज़दीक उनके स्टीमर ने लंगर डाला। रात उन्होंने स्टीमर पर ही बितायी।

अगली सुबह वे किनारे पर आये। बाँकीपुर के रहने वाले मिस्टर ट्रॉटर, अफ़ीम के एक व्यापारी ने उनकी आगवानी की। इसाबेला ने लिखा है, 'मिस्टर ट्रॉटर ने अपने आलीशान ख़ूबसूरत बँगले में सुबह के नाश्ते पर हमें आमन्त्रित किया।'

शाम के वक़्त उनका स्टीमर दानापुर के घाट पर लगा। ब्रिगेडियर बीचर की बग्घी से वे पटना की ओर चले। इसाबेला ने लिखा है, 'रास्ते में मक्के की फ़सल दूर तक लहलहा रही थी। मुझे बताया गया था कि यह ज़िला अफ़ीम के लिए मशहूर है लेकिन इस हिस्से में मैंने मक्के की ही फ़सल पायी।'

अगले दिन रविवार को इसाबेला चर्च गयी। उसके बाद बाँकीपुर में रह रहे यूरोपियन परिवारों से उनका मिलना–जुलना हुआ। उनका सारा वक़्त डिनर और पार्टी में ही व्यतीत हो गया जहाँ सिर्फ़ अंग्रेज़ पुरुष और

औरतें ही आमन्त्रित थीं। इसाबेला ने मिस्टर हॉवेल के दीघा फार्म के बारे में भी सुन रखा था।

हॉवेल के फार्म का तैयार किया हुआ चटनी, सॉसेज़, बेकन, हैम्स, बीफ़ इत्यादि बड़े पैमाने पर कलकत्ता भेजे जाते थे। कलकत्ता से ये लन्दन निर्यात किये जाते थे। इनकी गुणवत्ता किसी भी तरह से इंग्लैण्ड में तैयार ऐसे खाद्य पदार्थों से कम नहीं होती थी। इसाबेला अपने स्थानीय हमवतनों के साथ दीघा फार्म गयीं। वहाँ उन्होंने सॉसेज़ ख़रीदी। दूसरे लोगों ने अन्य खाद्य वस्तुएँ।

पटना से इसाबेला बक्सर गयीं जहाँ बंगाल आर्मी के लिए घोड़े तैयार करने वाला घुड़साल था।

इसाबेला के संस्मरणों में दो रोचक तथ्य मिलते हैं। एक तो पटना के उत्पादों की शोहरत दूर तक थी। इतनी कि एक ब्रिटिश युवती ज़िद कर इन चीज़ों को ख़रीदने पटना आती है। दूसरा, यहाँ के दीघा फार्म में उत्पादित यूरोपियन खाद्य वस्तुओं का निर्यात यूरोप तक हो रहा था। पहले यहाँ रह रहे यूरोपियन इन खाद्य वस्तुओं का आयात करते थे। अब ये खाद्य वस्तुएँ यहाँ से यूरोप निर्यात की जा रही थीं।

अंग्रेज़ों ने जब पटना में मुग़लों की तरह दरबार लगाया

इसाबेला फेन के करीब एक वर्ष बाद 1837 के नवम्बर में हिन्दुस्तान के गवर्नर जनरल जॉर्ज ईडन की बहनें एमिली और फेनी एडेन अपने भाई के साथ शाही दौरे पर पटना आयीं।

4 नवम्बर को क़रीब साढ़े तीन बजे उनका स्टीमर पटना के मुहाने पर पहुँचा। सम्भवतः उस दिन छठ था। घाट पर रंग–बिरंगे लिबास में लोग सूर्य को अर्घ्य देने जुटे हुए थे। फेनी इस दृश्य को देख अभिभूत हो गयी।

उसने अपने संस्मरणों की पुस्तक 'टाइगर्स, दरबार'स एण्ड किंग्स : फेनी ईडन'स इण्डियन जर्नल्स 1837–38' में लिखा है, 'अपने बेहतरीन पोशाकों में सजे, फल और सब्ज़ियों से भरे टोकरे लिए स्थानीय निवासियों

का घाट पर जमा हो जाने से गंगा नदी बेहद ख़ूबसूरत दिखने लगी थी। यह इन लोगों का तीन दिनों तक मनाया जाने वाला धार्मिक त्योहार है। मुझे यह देख थोड़ा अजीब लगा कि वहाँ मौजूद स्त्री, पुरुष और यहाँ तक कि छोटे बच्चे भी चमकीले नारंगी, गुलाबी और लाल रंग के कपड़ों से पूरी तरह ढँके हुए थे। छोटे बच्चों का सिर्फ़ चेहरा ही बाहर दिख रहा था। सैकड़ों की संख्या में मौजूद लोग अपने फलों से भरे टोकरियों को गंगा में डुबो कर प्रार्थना कर रहे थे। इससे सुन्दर और कोई दृश्य नहीं हो सकता था।'

क़रीब तीन मील की दूरी तय कर रात साढ़े आठ बजे उनके स्टीमर ने पटना घाट पर लंगर डाला। एक कोलोनियल बँगले में उनके ठहरने का इन्तज़ाम था। फेन ने लिखा है, 'यह बहुत भव्य आलीशान बँगला था। इसके साथ तम्बुओं की लम्बी क़तार भी थी जो हमारे साथ आये हुए लोगों के लिए थी। ये तम्बू भी पूरी तरह सुसज्जित थे, जो आमतौर पर कम ही होता है। नौकरों के लिए अलग तम्बू का इन्तज़ाम था।'

अगला दिन रविवार था। दोनों बहनें चर्च गयीं। वहाँ कोई पादरी नहीं था। स्थानीय कोर्ट में काम करने वाले दो यूरोपियनों ने पादरी की भूमिका निभाई। उन्होंने सिखों के गुरुद्वारे को देखने की इच्छा प्रकट की। इसका रखरखाव पंजाब के शासक महाराजा रंजीत सिंह कर रहे थे। वे पंजाब में महाराजा रंजीत सिंह से मिल आये थे। वहाँ जाने का रास्ता सँकरा था इसलिए उन्हें हाथी की सवारी करनी पड़ी।

इसके बाद उन्हें अफ़ीम के गोदाम पर ले जाया गया। वहाँ क़रीब पन्द्रह लाख रुपये का अफ़ीम मौजूद था, जिसे चीन निर्यात किया जाना था। इसके बाद वे गोलघर देखने गयीं जहाँ अनाज संग्रह किया जाता था। लेकिन उन दिनों वह बन्द था।

अगले दिन 6 नवम्बर को गवर्नर जनरल का दरबार था। विशाल तम्बू के अन्दर दरबार लगाया गया। सैकड़ों की संख्या में लोग गवर्नर जनरल के दर्शन के लिए उपस्थित हुए। किसी जागीर के एक राजा ठोस सोने के हौदे उपहार में देने के लिए अपने हाथी सहित उपस्थित हुए थे। एक–दूसरे राजा ने चाँदी के बने हौदे को उपहार में दिया। कुछ राजाओं को दरबार की ओर से जरी के पोशाकों से सम्मानित भी किया गया। यह बिल्कुल मुग़ल दरबार का दृश्य था जिसे पटना में अंग्रेज़ों द्वारा प्रस्तुत

किया गया था। दोनों बहनें परदे के पीछे खड़ी इन दृश्यों को कौतुक के साथ देख रही थीं।

अगले दिन 7 नवम्बर को गवर्नर जनरल जेल का भ्रमण करने गये तो दोनों बहनें पटना की सड़कों पर निकल आयीं। एमिली निपुण चित्रकार थीं। (उसके बनाये चित्र कोलकाता के विक्टोरिया मेमोरियल सहित ब्रिटेन की आर्ट गैलरियों की शोभा बढ़ा रहे हैं) एमिली ने आसपास की इमारतों को स्केच करना शुरू किया। एमिली ने अपनी किताब 'अप द कंट्री' में लिखा है, 'ये इमारत जर्मनी के घरों की तरह दिखते हैं। लेकिन इनमें रहने वाले उनकी तरह नहीं हैं।' एमिली ने हैरत के साथ लिखा है कि इतनी घनी आबादी मैंने आज तक नहीं देखी है।

इसके बाद तीन दिन और पटना में बिताने के बाद गवर्नर जनरल का कारवाँ बलिया की ओर निकल गया।

ध्यान रहे यह वह वक़्त था जब मुग़लों की हुकूमत बरकरार थी। वे अभी भी शासन कर रहे थे। जबकि अंग्रेज़ों को अभी सिर्फ़ बंगाल, बिहार और ओडिसा की दीवानी ही मिली थी। लेकिन उन्होंने मुग़लों की तरह दरबार लगाना शुरू कर दिया था।

पटना के हस्तनिर्मित उद्योगों को अंग्रेज़ों ने नष्ट किया

आज यह कल्पना करना भी असम्भव–सा प्रतीत होता है कि पटना कभी हस्तनिर्मित उद्योगों के लिए विश्वविख्यात था। अंग्रेज़ों ने सबसे ज़्यादा क्षति पटना के हस्तनिर्मित उद्योगों को पहुँचाई।

उन्नीसवीं सदी में दानापुर में उम्दा क़िस्म के लिनेन, विभिन्न प्रकार की लकड़ियों के ख़ूबसूरत और मज़बूत फ़र्नीचर और अलमारियों का उत्पादन और वहाँ से उसका निर्यात हो रहा था। पटना सिटी में लगभग सभी प्रकार के हस्तनिर्मित वस्तुओं के उद्योग थे। यहाँ कालीन, गलीचे, दरियाँ, जरी, बेलबूटेदार वस्त्र, चिकेन की कढ़ाई, मिट्टी के पात्र, पीतल के बर्तन, लकड़ी के खिलौने, आतिशबाज़ी, लाह के आभूषण, सोने और चाँदी के तार और पत्तियाँ, उम्दा क़िस्म के जूते और बूट, और लकड़ी के अलमारियों का निर्माण बड़े पैमाने पर हो रहा था। पूरे देश सहित इनकी विदेशों में जबर्दस्त माँग थी।

सुल्तानगंज, पीरबहोर और सिटी चौक अपनी दरियों के लिए विश्वप्रसिद्ध था। कढ़ाई और जरी वस्त्र के लिए चौक और ख़्वाज़ा कलां (अब खाजेकलां) थाना मशहूर था। दानापुर अपने फ़र्नीचर और अलमारियों के लिए जाना जाता था। दानापुर में उम्दा क़िस्म के तौलिये, बिछावन के चादर, टेबल क्लॉथ, नैपकिन का निर्माण हो रहा था। स्थानीय अंग्रेज़ इनकी ख़रीद तो कर ही रहे थे, इनकी माँग यूरोप के दूर देशों तक थी।

पटना के निकट बाढ़ में चमेली का सुगन्धित तेल, मोटिया कपड़ा, पीतल और काँसा के बर्तनों का निर्माण हो रहा था। बिहारशरीफ साबुन, सिल्क के कपड़े, मस्लिन, सूती के कपड़े, हुक़्क़ा के लिए नलियों, पीतल और लोहे के बर्तनों के निर्माण के लिए जाना जाता था।

1811–12 में जब बुकानन सर्वेक्षण के क्रम में पटना आया, उस वक़्त

तक ये सारे उद्योग फल–फूल रहे थे। दूरदराज से आये व्यापारी इन्हें ख़रीद नदी मार्ग से ले जा रहे थे। इसके क़रीब 95 वर्षों बाद ओ' मैली जब पटना गज़ेटियर के लिए सर्वेक्षण कर रहा था उस वक़्त इन उद्योगों का पतन शुरू हो चुका था। मशीनों से बने सस्ते सामानों ने इनके बाज़ार को अपूरणीय क्षति पहुँचाई थी। यद्यपि सूती वस्त्रों के हथकरघे, छोटे पैमाने पर ही सही अभी टिके हुए थे।

पटना, दानापुर, बिहारशरीफ में कमोबेश सूती कपड़ों, जिन्हें मोटिया कहा जाता था, का उत्पादन हो रहा था। ये कपड़े सस्ते होते थे और ग़रीब तबके के लोग इनके मुख्य रूप से ख़रीददार थे। जाड़ों में यह आरामदेह होता था। इनसे मर्दों के लिए धोती, जैकेट, लबादा, रज़ाई और औरतों के लिए साड़ियाँ बनायी जाती थीं। पास के मसौढ़ी थाने के गड़ेरिये कम्बल बुना करते थे, जिनकी भी बहुत माँग थी।

दरियों के निर्माण के लिए पटना का सुल्तानगंज, आलमगंज और पीरबहोर इतना विख्यात था कि 1907 में तैयार किये गये एक मोनोग्राफ़ (बंगाल में दरी, कालीन निर्माण) में एक पूरा चैप्टर ही 'द ग्रेट सीट ऑफ़ दरी मैनुफैक्चर इन बिहार' को समर्पित है।

जब पीर अली को फाँसी दी गयी

पटना के ज़िलाधीश की कोठी के पास से गुज़रते हुए पीर अली बरबस याद हो आते हैं। इसी के समीप 7 जुलाई, 1857 की शाम को उन्हें ब्रिटिश हुकूमत के ख़िलाफ़ विद्रोह और ओपियम एजेण्ट डॉ. लॉयल की हत्या के आरोप में फाँसी पर लटका दिया गया था। तत्कालीन पटना कमिश्नर विलियम टेलर का आवास इस जगह से चंद एकदम के फ़ासले पर ही था, जो इन दिनों मुख्य न्यायाधीश का आवास है।

3 जुलाई, 1857 की रात विलियम टेलर अपने आवास पर जब भोजन की तैयारी में जुटे थे उसी वक़्त मजिस्ट्रेट ने आकर सूचना दी कि सैकड़ों बाग़ियों के झुण्ड ने कैथोलिक चर्च के पादरी के घर पर हमला कर दिया है। टेलर ने तुरन्त ही कैप्टेन रैट्रे को 150 सिख सिपाहियों के साथ बाग़ियों से निबटने के लिए रवाना कर दिया। स्वयं टेलर घोड़े पर सवार होकर आसपास रहने वाले यूरोपियनों को सावधान करने निकल पड़ा। उसने जगह–जगह पर बाग़ियों से निबटने के लिए सिख सिपाहियों को तैनात कर दिया।

पूरी तैयारी कर लेने के बाद टेलर अपने आवास के बाहर ही खड़ा होकर हरकारे की प्रतीक्षा करने लगा जो उसे घटनास्थल की ख़बरों से अवगत करवाता। तभी हाथ में नंगी तलवार लिए हुए हरकारे ने आकर टेलर को बताया कि बाग़ियों ने डॉ. लॉयल की हत्या कर दी है। उसने यह भी बताया कि बाग़ियों की संख्या ज़्यादा थी इसलिए हमारे सिपाहियों को वहाँ से भागना पड़ा।

तब टेलर ने अपने एक नौकर को सबसे तेज़ भागने वाले घोड़े पर दानापुर फ़ौजी छावनी के जनरल के पास रवाना कर दिया ताकि वो वहाँ से 50 यूरोपियन सिपाहियों को भेज सके। तब तक टेलर को

सूचना मिली कि बाग़ी वहाँ से भाग गये हैं। तब तक सुबह के चार बज गये थे।

उस रात की मुठभेड़ में ज़ख़्मी एक बाग़ी विलियम टेलर के हाथों में पड़ गया। 4 तारीख़ की सुबह टेलर उसे अपने घर पर ले आया। वह बुरी तरह ज़ख़्मी था। पहले तो उसने कुछ भी नहीं बताया। टेलर ने उसे सिख हॉस्पिटल में डॉ. सदरलैण्ड और डॉ. कॉट्स के पास भेज दिया। वहाँ दोनों डॉक्टरों ने बहुत सावधानी के साथ उसका इलाज किया।

उसे अब उम्मीद होने लगी थी कि वह अब बच जायेगा और उसे फाँसी की सज़ा नहीं होगी तो उसने पीर अली सहित सारे बाग़ियों की जानकारी टेलर को दे दी। उसी दिन डिप्टी मजिस्ट्रेट मौलाबक्श ने पीर अली के घर और उसके दुकान की तलाशी ली। वहाँ उसे कुछ घातक हथियार और चिट्ठियों का पुलिन्दा मिला जो उसके ख़िलाफ़ पर्याप्त सबूत थे।

पीर अली को उसके 33 सहयोगियों के साथ गिरफ़्तार कर लिया गया। 21 लोगों को उसी दिन पेड़ के सहारे फाँसी पर लटका दिया गया। पीर अली ज़ख़्मी था। टेलर ने उस दिन उसे फाँसी नहीं दी। वह पीर अली से कुछ जानकारी हासिल करना चाहता था।

फाँसी की सज़ा सुनाने के बाद टेलर ने उसे अपने निजी कमरे में बुलाया और उससे कुछ पूछताछ करना चाहा। टेलर ने अपनी रिपोर्ट 'आवर क्राइसिस' में लिखा है, 'मैंने पीर अली से पूछा कि क्या वह कुछ ऐसा करना चाहेगा कि उसे हम फाँसी की सज़ा से बरी कर दें? तो उसने बेहद शान्ति और थोड़े हिकारत के साथ कहा, कुछ मामलों में जीवन बचाना अच्छा होता है लेकिन कुछ मामलों में इसे खो देना ही अच्छा होता है।' फिर उसने मेरे द्वारा किये गये जुल्म की भर्त्सना की और कहा, 'बेशक आप मुझे फाँसी पर चढ़ा दें, मेरी तरह के और लोगों को भी फाँसी पर चढ़ा दें, लेकिन हज़ारों लोग मेरी जगह पर उठ खड़े होंगे, आप अपने उद्देश्य में कभी सफल नहीं हो पायेंगे।'

इस चुनौती के बाद पीर अली ने हथकड़ी लगे अपने हाथों को जोड़कर बड़ी विनम्रता के साथ कहा, 'मैं आपसे कुछ पूछना चाहता हूँ'–'ठीक है, क्या पूछना चाहते हो?' बताओ, –'मेरा घर?'– 'उसे ढहा दिया जायेगा'– 'मेरी सम्पत्ति?'– 'उसे सरकार ज़ब्त कर लेगी'–'मेरे बच्चे?' और पहली बार वह कमज़ोर दिखा। वह हक़लाया। मेरे पूछने पर कि उसके बच्चे कहाँ हैं–तो उसने बताया कि वे अवध में हैं।

मैं उसे इतना ही बता सका कि अभी देश की जो परिस्थितियाँ हैं उसमें कुछ भी अनुमान लगाना या वायदा करना मुमकिन नहीं है। तब पीर अली उठा, उसने सलाम किया और ख़ामोशी के साथ कमरे से बाहर निकल गया।

इसके तीन दिनों के बाद 7 जुलाई को पीर अली को फाँसी दे दी गयी।

और बुद्ध की भविष्यवाणी सच हुई

गौतम बुद्ध अपने जीवन के आख़िरी वर्षों में पटना (तब का पाटलिग्राम) से गुज़रे थे। उस वक़्त अजातशत्रु पाटलिग्राम में एक क़िले का निर्माण करवा रहा था। उन्हें यह जगह अच्छी लगी थी। उन्होंने इस स्थान के महान भविष्य की भविष्यवाणी की थी। साथ ही उन्होंने यह भी कहा था कि इसे कलह, आग और बाढ़ से ख़तरा रहेगा।

उनकी भविष्यवाणी सही हुई थी। सातवीं सदी में ह्वेनसांग के पाटलिपुत्र आने से पहले लगातार कई दिनों की बारिश में पाटलिपुत्र पूरी तरह जलमग्न हो गया था। इसे अपार क्षति हुई थी। आग का ख़तरा भी यहाँ हमेशा बना रहा। शुरू के दिनों में अधिकांश घरों में लकड़ियों, बाँसों के प्रयोग की वजह से इसकी सम्भावना हमेशा बनी रही। ईस्ट इण्डिया कम्पनी के आगमन के बाद भी यह ख़तरा बना ही रहा।

1665 की सर्दियों में जब फ्रांसिसी व्यापारी टॉवेर्नियर पटना आया था तो उसने भी यहाँ के अधिकांश घरों को फूस, बाँस और मिट्टी से बना पाया था, वह भी तब जब उसने पटना को बंगाल के सबसे बड़े शहर के रूप में पाया, जो अपने व्यापार के लिए मशहूर था। उसने इसे हिन्दुस्तान के सबसे बड़े शहरों में माना था।

1765 में दीवानी मिलने के बाद अंग्रेज़ पटना पर अपनी पकड़ मज़बूत बनाने में जुट गये थे। उन्हें भी पटना में 1767 और 1770 में हुए दो भीषण अग्निकाण्डों का सामना करना पड़ा था। डब्ल्यू. के. फर्मिंगर ने 'अफेयर्स ऑफ़ ईस्ट इण्डिया कम्पनी' की रिपोर्ट में पटना के अफ़ीम फैक्टरी के तत्कालीन प्रमुख रम्बोल्ड के पत्र का उल्लेख किया है। इसे 18 मई, 1767 को बोर्ड के रिकॉर्ड पर रखा गया था।

इस पत्र में फैक्टरी प्रमुख रम्बोल्ड ने लिखा है, 'इंग्लिश फैक्टरी के समीप हुए भीषण अग्निकाण्ड से पटना शहर क़रीब–क़रीब पूरी तरह बर्बाद हो गया। इस भयानक आग में कम्पनी और दूसरे व्यापारियों के जितने भी गोदाम थे, सभी नष्ट हो गये। यह आग इतना तेज़ थी कि फैक्टरी में रखे कम्पनी के काग़ज़ातों को वह बड़ी मुश्किलों के साथ बचा पाया था। बग़ल के डच फैक्टरी के लोगों की भी यही स्थिति थी। शहर का बड़ा हिस्सा इस अग्निकाण्ड के चपेट में था। कोई दूसरा रास्ता न देख डच फैक्टरी के लोगों के साथ बाँकीपुर के कम्पनी बाग़ में शरण लेनी पड़ी।'

पटना में बार–बार होने वाली आगलगी से निबटने के लिए रम्बोल्ड ने अपने इस पत्र में बोर्ड से आग्रह किया था कि पटना में फ़ौजियों के लिए फूस और बाँसों के जो अस्थायी निर्माण होते हैं, उन्हें अब नहीं बनाया जाय। ये अक्सर आग के शिकार हो जाते हैं। उनकी जगह अब जो भी इमारत बनायी जाय वह पूरी तरह ईंटों की हो। उसकी सलाह मानी गयी। बोर्ड ने नया प्रस्ताव पारित करते हुए यह फ़ैसला लिया कि अब दानापुर और मुंगेर के नये कैंटोनमेंट की छतों में भी ईंटों का ही प्रयोग किया जाय।

आगलगी की एक दूसरी घटना 8 नवम्बर, 1770 को हुई थी। इसके अगले दिन रम्बोल्ड की अनुपस्थिति में इंग्लिश फैक्टरी सँभाल रहे कार्यकारी प्रमुख शिमोन ड्रॉज ने बोर्ड को एक पत्र लिख कर इस अग्निकाण्ड की सूचना दी। उसने लिखा, 'लालबाग़ में भयानक आगलगी हुई। इसने पूरे बँगले को अपनी गिरफ्त में ले लिया था। बँगले की छत, खिड़की,

दरवाज़े, मेरे सारे फ़र्नीचर, सारे साजो सामान नष्ट हो गये। किसी तरह मैं माननीय कम्पनी के कागज़ातों को बचा सका।'

उसने कम्पनी के उन कुछ कागज़ातों का भी ज़िक्र किया जो नष्ट हो गये थे। लेकिन उसने यह भी लिखा कि उन्हें फिर से तैयार कर लिया जा सकता है। उसने यह भी लिखा कि कुछ कागज़ात इसलिए भी बच गये क्योंकि वे बग़ीचे में बने ईंटों की इमारत में रखे हुए थे।

और कलह, तो यह कलह ही रहा होगा जिसकी वजह से एक वक़्त में पूरी दुनिया के आकर्षण का केन्द्र रहा पटना अपनी गरिमा को बचाये नहीं रख सका।

पुर्तगालियों ने ढूँढ़ा था हिन्दुस्तान का समुद्री मार्ग

पाँच सदी पहले पुर्तगालियों ने जब पहली बार हिन्दुस्तान की धरती पर क़दम रखा था, तब ब्रिटेन की महारानी एलिज़ाबेथ प्रथम का जन्म भी नहीं हुआ था। ईस्ट इंडिया कम्पनी का कोई नामोनिशान नहीं था और मुगल साम्राज्य का संस्थापक बाबर अभी काबुल की ऊँचाइयों से नीचे नहीं उतरा था।

वास्को द गामा ने हिन्दुस्तान का समुद्री मार्ग ढूँढकर यूरोप के दूसरे देशों को भी हिन्दुस्तान पहुँचने का रास्ता दिखा दिया। यूरोपियन हिन्दुस्तान के बहुमूल्य रत्नों और गरम मसालों के दीवाने थे। हिन्दुस्तानी मसालों से यूरोपियन ख़ूब परिचित थे। यूरोप के देशों में इनकी ज़बर्दस्त माँग थी। ख़ासकर काली मिर्च (गोल मिर्च) की। उन्हें हिन्दुस्तान के समुद्री मार्ग का पता नहीं था और सड़क मार्ग पर अरब और पर्शिया के लोगों का क़ब्ज़ा था। इन चीज़ों के लिए उनकी उन्हीं पर निर्भरता थी। ऐसे में वास्को द गामा की इस उपलब्धि ने यूरोप और एशिया के बीच के व्यापार के स्वरूप को ही बदल दिया।

समुद्री मार्ग की खोज और उस पर नियन्त्रण से पुर्तगालियों का हिन्दुस्तान और यूरोप के बीच के व्यापार पर एकाधिपत्य हो गया। वस्तुतः वे पुर्तगाली ही थे–जिन्होंने हिन्दुस्तान, ख़ासकर बंगाल में यूरोपीय व्यापार की बुनियाद रखी, जिसने आगे चलकर डच, अंग्रेज़ों और अन्य यूरोपियन देशों के लिए वाणिज्यिक उद्यम का मार्ग प्रशस्त किया। 17वीं सदी के शुरू के वर्षों में पुर्तगालियों का बंगाल में वही स्थान था–जो 18वीं सदी के मध्य में अंग्रेज़ों का था। उनकी बस्तियाँ और फैक्टरियाँ (तब व्यापार केन्द्र और गोदामों को फैक्टरी ही कहते थे) न केवल हुगली और चटगाँव में थे–बल्कि सुदूर गंगा के किनारे बसे पटना सहित बंगाल के अन्य पूर्वी और पश्चिमी इलाकों में थे।

वास्को की हिन्दुस्तान यात्रा के बाद पुर्तगाल ने भारत तथा पूरी दुनिया में व्यापार से अकूत धन कमाया। पुर्तगाल की व्यापारिक सफलता और समृद्धि से प्रभावित होकर दूसरे यूरोपीय देशों हॉलैंड, ब्रिटेन और फ्रांस के जहाज़ों ने भी हिन्दुस्तान के बन्दरगाहों की ओर रुख़ किया। यह स्वाभाविक ही था कि शुरू के अंग्रेज़ व्यापारियों ने बंगाल और उसके आसपास के उन्हीं इलाकों में अपने व्यापार की शुरुआत की, जहाँ पुर्तगाली पहले से व्यापार में लगे हुए थे।

बंगाल में पुर्तगाली कारोबार का सबसे अच्छा लेखा–जोखा फ्रे सेबेस्टियन मैनरिक ने अपनी यात्रा पुस्तक 'इटिनेररी ऑफ़ द ओरिएंटल मिशंस ऑफ़ फादर मैनरिक' में दिया है। मैनरिक पुर्तगाली धर्म प्रचारक और पर्यटक था। वह पूरब के देशों में सोलह वर्षों (1628–1643) तक घूमता रहा। मैनरिक जिन दिनों यहाँ आया था, उन दिनों पुर्तगालियों का व्यापार अपने उत्कर्ष पर था। मैनरिक ने जो कुछ यहाँ देखा उसने वही लिखा। उसने लिखा है कि पुर्तगाली जहाज़ दूसरे देशों से विभिन्न प्रकार के सामान बंगाल ला रहे थे। उनके जहाज़ दूसरे देशों–सुमात्रा, मलेशिया और बोर्निओ से जरी के कपड़े, मलमल, जामदानी साटन, चमकदार रेशम और मस्लिन ला रहे थे।

मलेशिया के मलेका से वे लौंग और जायफल, बोर्निओ से बेशक़ीमती कर्पूर ला रहे थे। सीलोन से दालचीनी और मालाबार से काली मिर्च ला रहे थे। चीन से वे सिल्क, सोने का पानी चढ़ा फर्नीचर–जैसे पलंग के पाए, टेबल, तिजोरी, बड़े सन्दूक, लिखने की मेज़ और बक्सों के साथ बहुमूल्य मोती और जेवरात ला रहे थे। ये सारी वस्तुएँ यूरोपीय शैली में बहुत दक्षता के साथ बनायी गयी थीं। चीन में श्रम सस्ता होने की वजह से ये वस्तुएँ बहुत सस्ती होती थीं।

मैनरिक लिखता है, 'पुर्तगाली मालदीव के द्वीपों से शंख और कौड़ियाँ ला रहे थे। बंगाल के हिन्दू राजा कौड़ियों का प्रयोग सिक्कों की तरह करते थे। बड़े आकार के शंखों को वे कोरोमण्डल के तटों से लाते थे। सोलोर और तिमोर द्वीपों से वे सफ़ेद और लाल चन्दन का आयात करते थे जिनकी बंगाल में ज़बर्दस्त माँग थी। पुर्तगाली इन सामानों को बहुत ऊँची क़ीमत में बेचते थे। पुर्तगाली जहाज़ चीन, जापान, फिलीपींस, इंडोनेशिया

के मालुकू द्वीप के दो–तीन खेप लगाकर अपने माल–असबाबों से हज़ार गुना ज़्यादा मुनाफ़ा कमा रहे थे।'

वे इतना मुनाफा कमा रहे थे कि फ्रांसीसी व्यापारी और पर्यटक तैवरनिये ने अपने वृत्तान्त में लिखा है, 'अगर डच हिन्दुस्तान नहीं आये होते तो पुर्तगालियों की फैक्टरियों में लगे लोहे की छड़ों की जगह सोने और चाँदी के छड़ लगे होते।' डचों के व्यापार में प्रवेश करने के बावजूद गोवा और हिन्दुस्तान के अन्य हिस्सों में रहने वाले पुर्तगालियों के पास सोना और चाँदी प्रचुर मात्रा में था।

ईस्ट इंडिया कम्पनी के अभिलेखों से भी हमें बंगाल में पुर्तगालियों के व्यापार और उनके नदी मार्ग पर नियन्त्रण की अच्छी जानकारी मिलती है। 26 फरवरी 1616 को सूरत के एक अंग्रेज़ आढ़तिये ने ईस्ट इंडिया कम्पनी को एक पत्र लिखकर सूचना दी थी कि जब तक गंगा के किनारे बसे शहरों के व्यापार पर पुर्तगालियों का नियन्त्रण है वहाँ व्यापार शुरू

करना सम्भव नहीं है। 1618 में लिखा गया एक दूसरा पत्र कहता है, 'कोई भी ऐसा बन्दरगाह नहीं बचा है जिस पर पुर्तगालियों का नियन्त्रण न हो।'

17वीं सदी के शुरू होते ही पूरब में पुर्तगालियों की ताक़त घटती गयी। एक छोटे से देश के लिए बहुत कठिन था, दुनिया के बहुत बड़े हिस्से पर अपना आधिपत्य जमाये रखना। इसके साथ ही अत्यधिक धन–सम्पदा ने पुर्तगालियों को आलसी बना दिया था। वे सुविधाभोगी और लापरवाह हो गये। शासक वर्ग भी सदाचार छोड़ भ्रष्टाचार और घूसखोरी में लिप्त हो गया। हिन्दुस्तान के पुर्तगाली कुलीनों के ऐश्वर्य और वैभव के नीचे विघटन का बीज छुपा था।

पुर्तगालियों की धार्मिक नीतियाँ भी उनके पतन का कारण बनीं। वे हिन्दुस्तानियों को जबरन ईसाई बना रहे थे। उन्होंने हिन्दू मन्दिरों को तोड़ा और हिन्दुओं को मुसलमानों से लड़वाना भी चाहा। उन्होंने लोगों पर अत्याचार भी किये। डचों के हिन्दुस्तान में आगमन के बाद पुर्तगालियों का एकाधिकार धीरे–धीरे ख़त्म होने लगा। अन्ततः वे व्यापार से बाहर हो गये। बावजूद उनका गोवा, दमन और दीप, दादरा और नागर हवेली पर नियन्त्रण बना रहा। 1961 में भारत सरकार की मदद से वहाँ के लोगों ने पुर्तगालियों से ख़ुद को आज़ाद किया।

पटना था पुर्तगालियों का पसन्दीदा बाज़ार

बंगाल में एक बार जम जाने के बाद पुर्तगालियों ने अपना कारोबार गंगा नदी के किनारे बसे पटना तक बढ़ाया। पटना में उनका कारोबार उफान पर था। वे यहाँ से न केवल निर्यात के लिए माल–असबाबों की ख़रीद कर रहे थे वरन् वे बाहर से आयात किये गये वस्तुओं को यहाँ के व्यापारियों के हाथों बेच भी रहे थे। पटना में उनकी व्यापारिक गतिविधियों का सबसे अच्छा वर्णन रॉबर्ट ह्यूज और जॉन पार्कर ने किया है। वे सूरत से पटना व्यापार की सम्भावनाओं की तलाश में आये थे।

1620 में उन्होंने ईस्ट इंडिया कम्पनी के बोर्ड ऑफ़ डायरेक्टर्स को लिखा था, 'पटना में पुर्तगाली काफ़ी दिनों से व्यापार में जमे हुए हैं। वे सुदूर बंगाल से मालों से भरे जहाज़ लाते हैं। वहाँ हुगली और चटगाँव में उनके दो महत्त्वपूर्ण बन्दरगाह हैं। वे यहां कोचीन और मलेका से मसाले और चीन में निर्मित वस्तुएँ लाते हैं। पटना से वे अम्बेरटी, कैलिको, कालीन और सभी प्रकार के उत्कृष्ट महीन सूती कपड़े ख़रीद कर सुदूर दक्षिण की ओर ले जाते हैं। पटना शहर गंगा नदी के किनारे बसा है। गंगा नदी के मार्फ़त उनके जहाज़ बंगाल पाँच या छह दिनों में आसानी से अपने गन्तव्य पर पहुंच जाते हैं।'

12 जुलाई 1620 के एक दूसरे पत्र में वे लिखते हैं कि थोड़े से पुर्तगाली अभी पटना में मौजूद हैं। अधिकांश पुर्तगाली जहाज़ों को लेकर यहाँ से बंगाल की ओर निकल गये हैं। मैंने जानकारी हासिल की तो पता चला कि वे यहाँ के बाज़ार में बेचने के लिए विभिन्न तरह के मसाले, चीनी रेशम और जवाहरात, जौनपुर की मोटी दरी लायेंगे। 6 अगस्त 1620 को उन्होंने कम्पनी को लिखा, 'चटगाँव के बन्दरगाह से आज बहुत सारे

पुर्तगाली जहाज़ पटना पहुँचे। यहाँ के व्यापारी उनके सामानों को हाथों –हाथ उठा लेते हैं। पटना के बाज़ार में पुर्तगाली जमकर सौदा करते हैं। ह्यूज ने तो यहां तक लिखा है कि पुर्तगाली व्यापारी पटना के बाज़ार में जिस चीज़ पर भी हाथ डालते हैं, उसे ख़रीद लेते हैं।

1629 में मैनरिक बंगाल होते हुए पटना आया था। उसने अपने वृत्तान्त में लिखा, 'पटना बड़ी आबादी वाला शहर है। यहाँ करीब दो लाख लोग निवास करते हैं। छह सौ बिचौलियों और दलालों सहित यहाँ बहुत बड़ी संख्या में बड़े व्यापारी रहते हैं। यह मुगल साम्राज्य के सबसे बड़े और समृद्ध शहरों में से एक है। यह विभिन्न देशों–पुर्तगाल और आर्मेनिया, मुगल, पठान, पर्सियन और पूर्वी बंगाल के व्यापारियों का मिलन स्थल है।

पटना के बाज़ार में उसने प्रचुर मात्रा में खाद्य पदार्थ बहुत सस्ती क़ीमतों में पाया। उसने लिखा है कि यहाँ सभी प्रकार के खाद्य पदार्थ पक्षियाँ, कबूतर, बधिया बकरा, जिसका मांस लोग ज़्यादा पसन्द करते हैं, बछड़े का मांस, सब्ज़ियाँ, चावल, मिठाइयाँ, मक्खन और दूध बहुत सस्ती क़ीमतों में आसानी से उपलब्ध हो जाते हैं।

मैनरिक पटना से बहुत प्रभावित था। उसने लिखा है, 'अगर हम बुतपरस्तों की कहानियों पर यकीन करें तो शायद हम यह मान लें कि ईश्वर, जो माया और जुपिटर की सन्तान थे–ने अपना बहुत सारा वक्त पटना में विभिन्न प्रकार की उम्दा वस्तुओं के साथ बिताया होगा।'

पटना में कई दिनों तक रहने के बाद मैनरिक ढाका चला गया। वह हिन्दुस्तान और उसके करीब के देशों में सोलह वर्षों तक घूमता रहा। 1641 में उसने हिन्दुस्तान छोड़ा। जुलाई 1643 में वह वापस अपने देश पुर्तगाल पहुँचा। 1669 में लन्दन में किसी ने उसकी हत्या कर दी।

डचों ने पूरब में पुर्तगालियों के एकाधिपत्य को ख़त्म किया। अब तक पुर्तगाली ही हिन्दुस्तानी उत्पादों को बेल्जियम के ब्रूज्स और ऐंटवर्प बन्दरगाह और नीदरलैंड के ऐमस्टरडैम में लाकर डचों, जर्मनों और अंग्रेज़ों को बेच रहे थे। उस वक़्त हॉलैंड स्पैनिश साम्राज्य का हिस्सा था। डचों ने 80 वर्षों की लम्बी लड़ाई लड़कर 26 जुलाई 1581 को अपने को आज़ाद किया। आज़ादी के बाद स्पेन, ऐंटवर्प और लिस्बन के बन्दरगाहों पर डचों की पहुँच ख़त्म हो गयी। अब उनकी मजबूरी थी कि वे हिन्दुस्तान सहित

पूरब के अन्य देशों के साथ प्रत्यक्ष व्यापार करें। शुरू में डच और अंग्रेज़ दोनों हिन्दुस्तान तक पहुँचने के समुद्री मार्ग की तलाश में जुटे। लेकिन पहले सफलता डचों को मिली।

डचों की सफलता के पीछे एक रोचक कहानी है। डचों को समुद्री मार्ग से हिन्दुस्तान तक पहुँचाने का श्रेय एक किताब को जाता है। हॉलैंड के हार्लेम में 1563 में पैदा हुआ जॉन ह्यूजेन स्पेन होता हुआ पुर्तगाल की राजधानी लिस्बन पहुँचता है। वहाँ अपने भाई विलियम की मदद से वह पुर्तगाली उपनिवेश गोवा के नवनियुक्त आर्चबिशप डोमिनिकन विसेंट डे फोंसेका का सचिव बन जाता है। 8 अप्रैल 1583 को वह आर्चबिशप के साथ गोवा के लिए रवाना होता है। गोवा प्रवास के दौरान वह आर्चबिशप का विश्वासपात्र बन जाता है। फिर अपने स्वामी के साथ विश्वासघात करते हुए वह समुद्री मार्ग के अति गोपनीय दस्तावेज़ों की पृष्ठ–दर–पृष्ठ

सावधानीपूर्वक नकल करता है। ये वो दस्तावेज़ थे जिन्हें पुर्तगालियों ने बड़े जतन से छुपा रखा था।

अपने देश में वापस लौट कर ह्यूजेन इन्हें पुस्तक का रूप देता है। इसी पुस्तक ने पहले डचों और फिर अंग्रेज़ों को हिन्दुस्तान तक पहुँचाया, जिससे पुर्तगालियों का हिन्दुस्तान पर एकाधिपत्य ख़त्म हो गया।

❑❑

सन्दर्भ सूची

निकोलाओ मनुची, मुग़ल इण्डिया 1653–1708 (लन्दन, जॉन मुर्रे, अल्बेमार्ले, 1907)

थॉमस ट्विनिंग, ट्रेवल्स इन इण्डिया ए हंड्रेड्स ईयर एगो विथ ए विजिट टू यूनाइटेड स्टेट्स (लन्दन, जेम्स आर. ऑसगुड मिल्वैने एण्ड कम्पनी 43, अल्बेमार्ले स्ट्रीट, 1893)

पीटर मुण्डी, द ट्रेवल्स ऑफ़ पीटर मुण्डी इन यूरोप एण्ड एशिया, 1608–1667, वॉल्यूम–2 सम्पादक ले.कर्नल रिचर्ड कार्नक टेम्पल (लन्दन, हेक्लूयट सोसाइटी, 1919)

जॉन बैप्टिस्ट टावेर्नियर, ट्रेवल्स इन इण्डिया वॉल्यूम–2 (लन्दन, मैकमिलन एण्ड कम्पनी, 1889)

एमा रॉबर्ट्स, सीन्स एण्ड केरेक्टरिस्टिक्स ऑफ़ हिन्दोस्तान (लन्दन, डब्ल्यू. एच. एलन एण्ड कम्पनी, 1835)

थॉमस बाउरे, लॉगबुक एण्ड जर्नल 1701 (येल यूनिवर्सिटी लाइब्रेरी)

शफ़ाअत अहमद ख़ान, जॉन मार्शल इन इण्डिया नोट्स एण्ड ऑब्ज़र्वेशन्स इन बंगाल (1668–1672), (लन्दन, ऑक्सफ़ोर्ड यूनिवर्सिटी प्रेस)

मार्क टली, नो फुल स्टॉप्स इन इण्डिया (पेंगुइन बुक्स इण्डिया, 1991)

आनन्द ए.यांग, बाज़ार इण्डिया : मार्केट्स, सोसाइटी, एण्ड द कोलोनियल स्टेट इन बिहार (यूनिवर्सिटी ऑफ़ कैलिफ़ोर्निया प्रेस)

सैयद गुलाम हुसैन ख़ान, सेईर मुताखेरिन (कलकत्ता, आर कैम्बे एण्ड कंम्पनी)

जॉन हॉर्टन रैली, राल्फ फिच; इंग्लैण्ड'स पायनियर टू इण्डिया एण्ड बर्मा : हिज कम्पैनियन्स एण्ड कंटेम्पोररिस, विथ हिज रिमार्केबल नैरेटिव टोल्ड इन हिज ओन वर्ड्स (लन्दन, टी. फिशर अनविन पब्लिकेशन, 1899)

जर्नल ऑफ़ फ्रांसिस बुकानन, सर्वे ऑफ़ ड्रिस्टिक्ट ऑफ़ पटना एण्ड गया इन 1811–1812 (पटना, गवर्नमेण्ट प्रिण्टिंग प्रेस, बिहार एण्ड उड़ीसा, 1925)

कुमकुम चटर्जी, मर्चेण्ट्स, पॉलिटिक्स, एण्ड सोसाइटी इन अर्ली मॉडर्न इण्डिया : बिहार, 1733–1820 (ब्रिल, 1996)

बिशप हेबेर इन नॉर्दर्न इण्डिया : सेलेक्शन्स फ्रॉम हेबेर'स जर्नल, एम.ए.लेयर्ड (कैम्ब्रिज यूनिवर्सिटी प्रेस, 2010)

अली मोहम्मद शाद, नक्श–ए–पैदार

सैयद बदरुल हसन, यादगार–ए–रोज़गार (पटना सिटी, मतबा–ए–सुलेमानी, शाह की इमली)
विलियम टेलर, आवर क्राइसिस और थ्री मंथ्स एट पटना ड्यूरिंग द इन्सरेक्शन ऑफ़ 1857 (पटना, खुदाबख़्श ओरिएण्टल पब्लिक लाइब्रेरी)
एम. आर. काज़िमी, एम.कुमार, हिस्टोरिक पटना सीरीज़–1 हेरिटेज बिल्डिंग्स (नयी रॉयल बुक कम्पनी, लखनऊ, 2013)
एम आर काज़िमी, एम. कुमार, हिस्टोरिक पटना सीरीज़–2 मोहल्लास (नयी रॉयल बुक कम्पनी, लखनऊ, 2013)
युगान्तर–24 अक्टूबर, 1956 (कलकत्ता)
के. के. दत्ता हिस्ट्री ऑफ़ फ्रीडम मूवमेण्ट इन बिहार (पटना, के. पी. जायसवाल रिसर्च इंस्टीट्यूट)
ओ मैली, एल.एस.एस, बिहार एण्ड उड़ीसा डिस्ट्रिक्ट गैज़ेटियर्सः पटना (रिप्रिण्टेड, 2005, नयी दिल्ली, लोगोस प्रेस)
एस. एच. अस्करी एण्ड कयामुद्दीन अहमद, द कम्प्रेहैन्सिव हिस्ट्री ऑफ़ बिहार वॉल्यूम 1–2 (पटना, के.पी. जायसवाल रिसर्च इंस्टीट्यूट, 1987)
पी.सी. मानुक, द पटना स्कूल ऑफ़ पेण्टिग (पटना, जर्नल ऑफ़ द बिहार रिसर्च सोसाइटी, 1943)
मिल्ड्रेड आर्चर, पटना स्कूल (पटना, जर्नल ऑफ़ द बिहार रिसर्च सोसाइटी, 1943)
अवधेश अमन, राधामोहन, मोनोग्राफ (नयी दिल्ली, ललित कला अकादमी)
गजेन्द्र नारायण सिंह, जोहराबाई
विपुल सिंह, द आर्टिसन्स इन एटीन्थ सेंचुरी ईस्टर्न इण्डिया : ए हिस्ट्री ऑफ़ सर्वाइवल, (नयी दिल्ली, कांसेप्ट पब्लिशिंग कम्पनी, 2005)
बिन्देश्वरी प्रसाद सिन्हा, द कम्प्रेहैन्सिव हिस्ट्री ऑफ़ बिहार वॉल्यूम–1, पार्ट–1 (पटना, के. पी. जायसवाल रिसर्च इंस्टीट्यूट)
डॉ. काली किंकर दत्त, द कम्प्रेहैन्सिव हिस्ट्री ऑफ़ बिहार वॉल्यूम–3, पार्ट–1 (पटना, के. पी. जायसवाल रिसर्च इंस्टीट्यूट)
आर. आर. दिवाकर, सम्पादक, बिहार थ्रू द एजेज (कलकत्ता, ओरिएण्ट लांगमैन'स प्राइवेट लिमिटेड, 1959)
अनिरुद्ध रे, ट्रांसफॉर्मेशन ऑफ़ बिहार : यूरोपियन डिस्कोर्सेस फ्रॉम लेट 16th टू 19th सेंचुरी (दरभंगा, महाराजाधिराजा कामेश्वर सिंह कल्याणी फ़ाउण्डेशन)
हरिहर महापात्र, माय लाइफ माय वर्क (एलाइड पब्लिशर्स प्रा. लि.)
एमिली इडन, अप द कंट्री : लेटर्स रिटन टू हर सिस्टर फ्रॉम द अपर प्रोविन्स ऑफ इण्डिया (रिचर्ड बेन्टले, लन्दन, 1867)
टाइगर्स, दरबार'स एण्ड किंग्स, फेनी इडन'स इण्डियन जर्नल ट्रान्सक्राइब्ड एण्ड एडिटेड बाय जैनेट डनबर, 1837–38 (लन्दन, जान मुर्रे)